Business Environment Index for China's Provinces

2020 Report

国民经济研究所系列丛书

中国分省企业经营环境指数2020年报告

王小鲁　樊纲　胡李鹏　著

社会科学文献出版社

SOCIAL SCIENCES ACADEMIC PRESS (CHINA)

目　录

前　言

　　本报告是国民经济研究所和中企会合作课题的研究成果，也是国民经济研究所历年延续的系列报告之一。本课题得到了中国经济改革研究基金会和中金公司的资助，在企业调查中得到了第 14 届中小商业银行 CEO 论坛组委会、慧聪书院、保定市企业家协会、山东华勤集团、宁夏黄河集团、天津商业企业协会、天津行政管理学会等若干机构的帮助和支持，还有许多学者、党政官员、民间机构从业者等各界朋友为这次调查提供了个人帮助，在此难以逐一说明，谨一并表示衷心感谢，同时向全国各地近两千家积极配合调查、提供信息的企业表示衷心感谢。没有上述这些机构和个人的帮助，本次调查研究无法完成。本报告的文字编辑和数据核对等工作由乔桐封和李爱莉承担。

一　关于中国分省企业经营环境指数

　　该指数体系形成于 2011 年，旨在对我国各省、自治区、直辖市（以下简称为"各省份"）的企业经营环境总体状况和各方面状况进行量化的评价和比较，并对各地企业经营环境的变化情况进行跟踪分析。我们对各地企业经营环境的调查和研究可以追溯到 2006 年。在本报告出版之前，我们已经公开出版了 2011 年、2013 年和 2017 年 3 个年份的报告[1]。这些

---

[1]　《中国分省企业经营环境指数 2011 年报告》，王小鲁、樊纲、李飞跃著，中信出版社，2012 年 1 月出版；《中国分省企业经营环境指数 2013 年报告》，王小鲁、余静文、樊纲著，中信出版社，2013 年 8 月出版；《中国分省企业经营环境指数 2017 年报告》，王小鲁、樊纲、马光荣著，社会科学文献出版社，2017 年 12 月出版。

研究都是在全国范围的大规模企业调查基础上完成的。本次调查于 2019 年开始进行，由于多种原因影响，部分调查推迟到 2020 年上半年完成。本报告为 2020 年报告，本次调查跨越了 2019 年和 2020 年。在报告中，我们将本次调查的数据结果统称为 2019 年数据。

企业是国民经济的基础。企业的发展受到多方面因素的影响，包括政治和社会稳定、宏观经济稳定、政策环境、政府行政管理状况、法治环境、企业的税费负担、金融服务条件、人力资源供应、基础设施条件、中介组织服务以及市场环境，等等。我们把这些影响企业发展的外部因素统称为"企业经营环境"，即营商环境。良好的企业经营环境，是企业顺利发展的先决条件。为了对不同省份的企业经营环境进行比较，我们的指数省略了全国各地基本相同的因素，如国家政治、社会和宏观经济稳定等条件，集中对各地有差异的因素进行比较。

我们在调查基础上编制中国分省企业经营环境指数的目的，是对各省份影响企业经营环境的各方面因素进行评价，用量化指标的横向比较反映各地企业经营环境状况的差异，辨别影响企业经营环境的各种因素，同时反映各地企业经营环境随时间变化的进步或退步，从而为各级政府调整政策、改善经营环境提供参考信息，为投资者和企业经营者做出合理的投资和经营决策提供帮助，也为学术界对影响企业发展的各种因素进行深入研究提供数据支持。

本报告使用的企业经营环境指数包括总指数、8 个方面指数和 30 个分项指数。与上一个报告（2017 年报告）相比，这次报告的方面指数没有变化，但在"企业的税费负担"方面，把原来的分项指数"税外收费"分解为"社保缴费"和"其他缴费"两个分项指数。

在这套指标体系中，我们用企业经营环境总指数的评分衡量各省份企业经营环境的总体状况，用方面指数和分项指数的评分衡量它们某一方面和某一单项的企业经营环境状况，而根据评分做出的各省份排序，则表示某一省份的企业经营环境与其他省份相比的相对位置。

企业经营环境总指数由各方面指数合成，是各方面指数的算术平均值，用以反映各地企业经营环境的总体评分和排名。每一方面指数由几个分项指数合成，同样以取算术平均值的方法生成。该指数体系的具体构造，在本报告第六部分表6-1中详细列出。

企业经营环境指数的基础数据完全来自对全国各地数千家企业的调查。调查问卷由企业主要负责人（一般为董事长、总经理或首席执行官）填写，以企业主要负责人对当地企业经营环境各因素的评价为主，也包括少数涉及比例关系和数值的客观指标，同样由企业主要负责人提供。本报告的指数评价与报告作者的主观印象或评价完全无关。大多数分项指数的评价是样本企业负责人在"很好"、"较好"、"一般"、"较差"和"很差"5个选项中选择的结果，分别按从5分到1分的评分赋值。3分表示中性评价，高于3分是比较正面的评价，而低于3分是偏于负面的评价。涉及比例或数值的客观指标按一定规则转换为从5分到1分的评分。

我们的企业经营环境指数之所以采取上述方法形成，是因为有很多影响企业经营环境的因素难以完全用量化的客观指标来衡量，或者虽然有可量化的客观指标，但缺乏相关统计数据，或者数据缺乏跨地区、跨行业的可比性。举例说，我们可以用企业完成某项行政审批所花费的时间长短和审批环节多少来衡量政府的办事效率，但不同类型的项目审批所要花费的时间和审批环节差别很大，而各地企业审批项目类别的分布可能很不相同，使这样的指标在地区间缺乏可比性或导致很大误差。而企业经营者对当地的经营环境有最直接的感受，因此在缺乏客观度量指标的情况下，由他们根据自己的经验进行主观判断，反而能够提供比较可靠的信息。

但也由于以上原因，这一评价体系不能完全排除主观评价导致的误差，这是本指数体系目前存在的局限性。一些省份跨年度的评分和排序跳跃较大，可能是当地的政策环境或其他因素变化所导致的，但不排除与企业负责人主观评价的随机误差有关，也不排除一些社会、政治、心理因素可能会影响评价结果。例如，企业经营者在本企业经营顺利时有可能对某些外部影响因素做出较积极的评价，而在本企业面临经营困难时对外部因素做出较消极的评价。某地发生在调查期间的某些暂时性事件也有可能影响企业经营者对当地企业经营环境的评价。他们还有可能出于某些顾虑而做出与事实有出入的评价。例如，我们发现某些经济发展程度较低的地区，有些企业负责人在对政府行政管理做出评价时顾虑较多，倾向于给出很高的评分。而较发达地区的企业负责人评价则往往更严格，因此可能导致某些指标的地区间评分存在差异。对这些问题，我们已经采取了若干措施进行纠正，例如在调查时尽量通过解释减少受访者的顾虑，以及对问卷进行逻辑检查以排除不合格问卷等，但仍有可能未完全排除这些评价误差的影响。评价误差还可能与企业样本数量有关，较小的样本数量可能导致较大的误差。而少数省份受经济发展程度等因素的影响，不容易取得满意数量的有效问卷。

由于上述这些原因，我们依据企业调查结果对各地经营环境做出的评分和排序是近似的，某些省份在某些年份的企业经营环境评分和排序，不一定能够完全准确地反映其实际企业经营环境状况，致使其有些年份的评分和排序发生跳跃。不过，由于我们的企业经营环境调查覆盖面广，参与企业众多，能够使这些正负误差的影响在相当大程度上互相抵消，所以一般情况下这类误差不会很大（但样本企业数量较少的省份，误差可能会大一些）。而且随着观察年份的增加，这些由误差导致的短期波动会受到过滤，使评分和排序的较长时期变动趋势基本能够反映各省份的实际情况和变化趋势。以上情况，请读者在对指数进行解读和使用时予以注意。我们也将继续探索完善信息收集方法和分析方法，尽量提高这一指数体系的准确性。

二　中国分省企业经营环境指数
与世界银行营商环境指数的比较

2019 年和 2020 年，世界银行分别发布了《全球营商环境报告
（2020）》和《中国优化营商环境的成功经验：改革驱动力与未来改革机
遇》两个研究报告。世界银行发布的报告认为，中国近年来营商环境有
大幅改善，2020 年报告与 2018 年报告相比，评分从 65.2 分上升到 77.9
分，全球排名从第 78 位跃升至第 31 位，是全球营商环境改善幅度最大的
十大经济体之一①。

世界银行使用的"营商环境"概念和本书的"企业经营环境"概念
基本一致。我们的最新调查显示，中国的企业经营环境近年来有小幅改
善。与 2017 年报告相比，本报告中，31 个省份（未包括台湾省和香港、
澳门特别行政区，下同）中有 24 个省份的企业经营环境评分有不同程度
的上升，31 个省份的平均得分从 3.56 分上升到 3.63 分（5 分为满分），
提高 0.07 分。我们的报告之所以与世界银行的报告有明显区别，在于两
者在调查范围、方法和内容方面有很大差异。下面逐项对我们的企业经营
环境指数与世界银行的营商环境指数的异同之处进行比较分析。

（一）调查范围的区别

世界银行的调查范围限于对象国的最大或第一、第二大商业城市，
在中国仅限于上海市和北京市。实际上最大城市的营商环境不能代表一
个国家的整体营商环境，不过对国别研究而言，这还是可接受的。因为

---

① 世界银行报告见世界银行网站。另据最近的报道，世界银行宣布在 2018 年和 2020 年全
球营商环境报告中发现某些数据异常，并暂停其 2021 年全球营商环境报告的发布。参
见 Financial Times 网站的报道："World Bank suspends its business climate index over data
'irregularities'"（2020 年 8 月 28 日）。

对象国的数量庞大，不可能在每个国家的各个地区、各个城市进行大规模调查。在各国都选最大的城市调查营商环境，仍有一定的代表性。而我们的中国企业经营环境指数调查则要求大体反映我国31个省份的营商环境状况，不能仅用一两个城市做代表。因此我们的样本企业数量很大，分布在全国31个省份的280个不同规模的城市和镇，涵盖所有主要行业。

上海和北京是中国营商环境最好和较好的地方（见本报告第一部分），但我国还有不少省份或区域，营商环境还不理想。因此我们的企业经营环境指数评价会差于世界银行指数的评价，所反映的改善幅度也可能小于世界银行指数反映的改善幅度。但就反映我国整体的营商环境而言，我们的指数应该更具代表性。

（二）调查对象的区别

我们的企业经营环境指数的全部原始数据来自企业调查。历年调查企业数量基本保持在2000～5000家的范围。本次调查遇到一些困难，获得问卷两千余份，经核查筛选后的有效问卷为1891份，涵盖了各地不同所有制、不同注册类型和不同规模的企业，对全国企业有较好的代表性。世界银行的营商环境调查并非直接针对企业，而是选择了一小批各领域的专家填写问卷。此次在北京和上海调查了300余位专家，包括律师、会计师、商业顾问、货运代理、政府官员及法律法规方面的管理和咨询人员。他们分10组分别填写10个营商环境问题的问卷，每组大致20～50人（人数最多的是关于获得电力的一组，115人）。根据他们的回答计算出企业获得行政许可的环节、天数，或进行评分。而根据我们的经验，关于营商环境的真正专家是企业经营者，其他相关专家掌握的主要是二手信息，还应考虑某些"专家"可能存在有名无实或专业不对口的情况。因此我们认为，企业经营者的评价比其他专家的评价更真实可靠，大样本企业调查比少数专家调查更真实可靠。

（三）调查方法的区别

世界银行采用了几个数量化指标对营商环境进行衡量，其余指标采用主观评分。数量化指标如：开办一家企业，企业获得建筑许可，获得电力供应，批准手续有几个环节，需要多少天，花费多少钱？这些数量指标在不同国家间可以比较，这是世界银行报告的一个优点。但由于数据并不直接来自企业，而是来自间接的专家估计，因此必须事先设定若干假设条件，而忽略了实际发生的许多特定情况。正如《全球营商环境报告（2020）》指出的，该营商环境指标"假定企业家充分了解现有法规并遵守这些法规，（但）在实践中，企业家可能花费大量的时间和精力去查找相应的法规……"因此其反映的情况是一种理想状况。

我们过去的调查发现，实际状况与理想状况之间可能差异巨大。例如，在有些地区、有些情况下，法规和办事程序透明度低或不公开，企业往往要花大量时间和成本进行查找，结果还有可能无从知晓。还有些政策法规比较笼统，缺乏具体标准，在执行中依赖政府官员的个人理解和解释，使官员的自由裁量权过大，同等条件下有的企业能轻松过关，有的则经历千辛万苦而一无所获。这背后常常涉及官员的寻租索贿等情况。此外，我们还发现，在不同情况下企业的申请程序和所需时间差异巨大。以建筑许可为例，不涉及土地审批（企业利用自有土地）时，手续可能很简单；如涉及土地审批，则手续往往十分繁杂，审批时间可能从一两个月延长到一年或更长，且结果难料。如果简单用审批环节数和批准天数来衡量，不同地区不同企业的数据往往缺乏可比性。

为了更客观地反映各地实际状况，需要尽量避免预设假想条件，因此只能舍弃一些具体的数量化指标，更多采纳企业经营者对各方面营商环境的直接评价。因此，我们认为，我们的企业经营环境指数在客观性方面具有一定优势。

（四）调查内容的区别

我们的企业经营环境指数内容比较全面，由以下 8 个方面指数组成（下设 30 个分项指数）：①政策公开、公平、公正；②行政干预与政府廉洁效率；③企业经营的法治环境；④企业税费负担；⑤金融服务和融资成本；⑥人力资源供应；⑦基础设施条件；⑧市场环境与中介服务。这些方面指数概括了政策、体制、企业负担、要素供应、软硬件设施等影响企业经营的基本因素。

世界银行的《全球营商环境报告（2020）》采用了以下 10 个方面的指数对营商环境进行评价：①开办企业；②获得建筑许可；③获得电力；④登记财产；⑤获得信贷；⑥保护中小投资者；⑦纳税；⑧跨境贸易；⑨执行合同；⑩办理破产。

可以看出，世界银行的指数更侧重于行政许可的手续和时间（第 1 ~ 4 项）。在这方面，我们第 2 方面指数下设的"审批手续简便易行"和企业负责人"与政府打交道占工作时间比例"分项指数调查了基本相同的问题，但世界银行的指数分项更细。

不过世界银行的指数没有或较少涉及营商环境的一些重要体制因素，例如政策公开、公平、公正问题，政府对企业直接干预的问题，政府廉洁问题，法治环境问题等。在政策方面，世界银行的指数只涉及了对中小投资者的保护，而我们则调查了政策的公开透明程度、对不同企业一视同仁的程度和行政执法公正程度等情况，还评价了地方政府排斥外来竞争的情况。政府直接干预企业和官员腐败问题在发展中国家频繁出现，而在世界银行的指数中是空缺。在法治环境方面，世界银行的指数只涉及合同履行和企业破产程序，而我们的指数还包括对当地司法公正和效率、经营者财产和人身安全保障、知识产权保护情况的评价。

我们的指数和世界银行的指数都涉及关于企业税负和融资条件的评价，在具体内容上两者各有所长。

在基础设施条件方面，世界银行的指数只评价了企业获得电力供应的难易程度，而我们的指数包括了"电水气供应""铁路公路运输""其他基础设施"，内容更全面。

世界银行的指数中包括了跨境贸易的方便程度，这在我们的指数中未具体包括。但我们的方面指数"市场环境与中介服务"包括了市场中介组织服务的情况，内容涵盖会计师、律师服务，进出口服务，技术服务，以及行业协会服务等，内容更广泛。此外，我们的指数还评价了各地市场需求和过度竞争的情况、人力资源（包括管理人员、技术人员、熟练工人）供应条件，这些在世界银行的指数中是空缺。

总体来看，本报告和世界银行的营商环境报告都反映了近年我国营商环境改善的情况。但关于改善程度和涉及内容，两者差异较大。我们的企业经营环境指数仍然有一些不足之处，但在数据来源的可靠性和指数设计的全面性上有若干优势。

还要说明，我们在调查中发现，各地企业在评价当地企业经营环境时，存在评价标准不尽一致的情况。一般而言，市场化程度较高的东部地区的企业评价标准更严格些，而某些中西部和东北地区的企业对当地的企业经营环境评价则可能更宽容，特别是在涉及对当地政府作用的评价时，不少企业更倾向于给予"很好"或"较好"的积极评价。一个原因是当地经营环境的确在改善，企业看到了进步，愿意做出更积极的评价，另一个原因是部分企业心存顾虑，担心影响与当地政府的关系，宁可多说好话（我们过去的调查经验显示，采用专家评分的调查方法也很难避免这类情况）。

为避免调查获得的信息不真实，我们在调查中注意尽量消除受访者的顾虑，承诺对问卷信息严格保密，不提供给任何第三方，同时加强了对问卷质量的审核。例如，若一份问卷对所有问题或绝大部分问题都做出同样的评价（如都是"很好"或都是"很差"），我们认为这样的评价是不客观的，会将其认定为无效问卷。对存在明显逻辑冲突的问卷，也会做同样的认定。经过这样的审核，大体保证了有效问卷评价的客观性，但不排除少数情况下仍有不准确的评价。我们今后将继续研究改进调查和审核方法，提高评价的准确性。

三　样本企业分布及本报告结构

本次调查因遇到一些困难，有效样本企业数量有所减少。本次调查有效样本企业总数为1891家。其中，国有和国有控股企业50家，非国有控股企业1841家，分别占3%和97%。大型、中型、小型和微型企业分别为106家、615家、836家和323家，分别占6%、33%、44%和17%。11家企业缺规模信息。样本中，中小型企业占大多数。上述分布总体上比较均衡。国有控股企业占比和大型企业占比较2016年调查有所下降，微型企业占比上升，更加符合我国企业的分布情况①。在行业分布方面，农林牧渔业企业126家，工业企业573家，建筑业企业204家，服务业企业981家，分别占样本企业的7%、30%、11%和52%。工业企业以制造业企业为主，含少部分采矿和电力热力企业。服务业企业中数量较多的有批发零售业、信息软件业、房地产业、居民服务业、租赁和商务服务业企业，合计占服务业企业的73%，此外还包括交通运输、金融、住宿餐饮、科研和技术服务、水利环境及其他行业的企业。

样本企业在地区分布方面，全国31个省份都有覆盖，其中北京、河北、江苏、浙江、山东、广东等东部省份的有效样本企业都超过了100家。东部省份总体上经济发展程度较高，企业数量众多，样本企业多一些是合理的。其余大多数省份的样本企业在30~100家，部分西

---

① 我国小微企业占全部企业数量的99%左右，但它们占就业人数、营业额和增加值的比重显著小于它们占企业数量的比重。例如在工业中，估计小微企业就业人数占企业总就业人数的80%以上，营业收入占总营业收入的40%以上。因此调查样本的选取并非按照各规模企业的数量比例，而是适度增加了大型、中型企业的比重。

部省份（广西、云南、甘肃、青海、宁夏、西藏等）的样本企业未能达到 30 家。样本量较小可能降低评价的准确性，请读者在使用指数时予以注意。

在本报告的第一部分，我们将报告各省份企业经营环境 2019 年的总指数评分和排序，并通过对 2006 年以来各省份历年的总体评分进行比较，反映全国和各地企业经营环境的发展变化。其中有些省份的经营环境排序和评分变化幅度较大，我们将对变动原因进行简要的分析。

报告的第二部分将分别报告企业经营环境在 2019 年 8 个不同方面的进展，并陈述各方面指数下设分项指数的变化情况。

在第三部分中，我们将对不同类型企业的经营环境差异进行比较分析。这包括国有企业与非国有企业的经营环境差异，大型、中型、小型和微型企业的经营环境差异，以及不同行业的企业经营环境差异，并试图对产生这些差异的原因进行解读。

报告的第四部分，按照我国东部、中部、东北及西部 4 个区域的划分，分析各地在企业经营环境各方面的发展变化，并对 4 个地区的经营环境总指数、各方面指数和分项指数 2019 年与以前年份相比的评分变化进行比较。

在第五部分中，我们分别列出每个省份总指数、各方面指数、各分项指数的评分及其在全国 31 个省份中的排序，以便读者能够更方便地了解单个省份的企业经营环境状况，及其与全国其他省份相比的相对位置。我们还对每个省份企业经营环境的具体情况进行简要的分析。

第六部分是企业经营环境指数体系整体构造和计算方法的详细说明，包括各方面指数和分项指数的构成，以及指数的数据来源和计算方法。该部分也将对本报告中指数体系的调整进行说明。

第一、第二和第三部分是本报告的关键部分。它们包含了企业经营环境指数的最主要信息。第四和第五部分是分区域和省份的具体描述。关心某些特定区域、特定省份企业经营环境状况的读者，可以从这两个部分中直接找到所关心的内容，而不必从全国的总指数、方面指数和分项指数中逐项搜寻所关心的区域和省份的数据。而对于关心指数构成和形成方法的使用者和研究者来说，第六部分提供了他们所需要的解释。

企业经营环境总体进展和分省排序

我国企业经营环境的总体进展情况

数据显示，近些年来，我国的企业经营环境总体而言发生了积极的变化。图 1 - 1 显示，全国各省份企业经营环境总体评分（总指数）的平均值大体呈波动上升趋势。2006 年全国平均值还在中性值 3 分以下，评价偏于负面，2008 年升至 3 分以上，超过中性值。但在 2008 ~ 2010 年出现了下降，2012 ~ 2016 年有较大幅度上升。2019 年，企业经营环境指数总指数平均值为 3.63 分，比 2016 年的平均分 3.56 分小幅上升了 0.07 分，显示企业经营环境总体上仍趋向于改善，但与 2012 ~ 2016 年（上升 0.51 分）相比，改善幅度显著缩小，不应过度乐观。表 1 - 1 给出了各省份历年的总指数评分及其变化。

我们在以前的报告中分析过，2008 ~ 2012 年企业经营环境恶化，与当时的大规模货币刺激和政府大规模投资有直接关系，连带出现了政策公开、公平、公正程度下降，政府干预企业及官员腐败情况增多，以及法治化程度下降等情况。而 2012 ~ 2016 年经营环境显著改善，主要是大规模刺激政策退出、大力度反腐以及简政放权的"放管服"改革的结果。这些政策变化减少了资源配置的扭曲，促进了市场在资源配置中起决定性作用，有助于公平竞争，对改善企业经营环境起了积极作用。

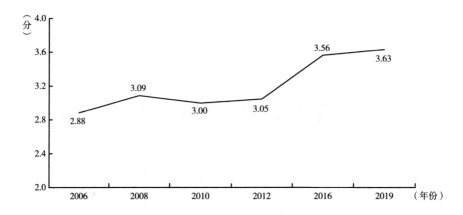

图 1 - 1　2006～2019 年企业经营环境总体评分（总指数）平均值的变化

2016～2019 年，企业经营环境总体有一定改善，主要得益于企业实际融资成本降低、人力资源供应增加、"放管服"改革（简政放权、创新监管、优化服务）和反腐倡廉继续推进，以及市场中介服务的改善。但其他某些方面则改善不明显或有所退步，包括政策公开、公平、公正程度评分有所下降，地方保护情况恶化，法治环境改善不显著，企业税负虽有所降低但社保和其他缴费负担有所增加（详见本报告第二部分）。

从全国 31 个省份的情况看，2016～2019 年，有 24 个省份的企业经营环境总指数有程度不等的上升，说明近年来全国企业经营环境维持改善态势，但多数省份的改善幅度不大。另有 7 个省份总指数下降（多数为小幅下降）。相比之下，2012～2016 年，除两个省份数据缺失外，所有省份均有明显改善，说明近年来全国企业经营环境改善有放缓的趋势。

表 1 - 1　2006～2019 年全国 31 个省份企业经营环境总指数评分及其变化

单位：分

省份	2006 年	2008 年	2012 年	2016 年	2019 年	评分变化（2016～2019 年）
北　京	2.99	3.25	3.17	3.72	3.70	- 0.02
天　津	3.06	3.24	3.44	3.71	3.64	- 0.07

续表

省份	2006 年	2008 年	2012 年	2016 年	2019 年	评分变化 （2016～2019 年）
河　北	2.92	3.12	2.97	3.54	3.59	0.05
山　西	2.82	2.93	2.94	3.33	3.53	0.20
内蒙古	2.83	3.06	3.01	3.38	3.49	0.11
辽　宁	2.98	3.13	3.05	3.55	3.66	0.11
吉　林	2.87	3.11	3.11	3.58	3.56	− 0.02
黑龙江	2.85	3.11	3.11	3.60	3.57	− 0.03
上　海	3.16	3.34	3.25	3.92	3.88	− 0.04
江　苏	3.08	3.27	3.14	3.66	3.87	0.21
浙　江	3.13	3.26	3.15	3.84	3.79	− 0.05
安　徽	2.96	3.13	3.04	3.61	3.67	0.06
福　建	2.99	3.16	3.06	3.71	3.80	0.09
江　西	2.77	3.02	2.94	3.59	3.70	0.11
山　东	3.00	3.13	3.07	3.63	3.75	0.12
河　南	2.86	3.08	3.05	3.49	3.63	0.14
湖　北	2.83	3.06	3.01	3.67	3.71	0.04
湖　南	2.75	2.97	2.98	3.57	3.60	0.03
广　东	2.99	3.12	3.07	3.64	3.83	0.19
广　西	2.80	3.07	3.09	3.68	3.69	0.01
海　南	2.81	2.95	3.01	3.47	3.47	0.00
重　庆	2.82	3.07	3.12	3.74	3.75	0.01
四　川	2.89	3.07	3.05	3.44	3.70	0.26
贵　州	2.75	3.02	2.99	3.49	3.57	0.08
云　南	2.83	2.98	2.86	3.38	3.63	0.25
陕　西	2.75	3.02	3.01	3.53	3.61	0.08
甘　肃	2.64	2.97	2.84	3.39	3.56	0.17
青　海	2.81	2.95		3.32	3.42	0.10
宁　夏	2.66	3.06	2.98	3.48	3.54	0.06
新　疆	2.84	2.97	2.8	3.32	3.45	0.13
西　藏				3.42	3.17	− 0.25
全　国	2.88	3.09	3.05	3.56	3.63	0.07

　　注：本表中的数字为各省份企业经营环境指数的总体评分，取值范围在 1～5 分，较高的评分表示较好的企业经营环境。最后一列数字表示 2019 年比 2016 年的评分变化幅度，正值表示评分上升（企业经营环境改善），负值表示评分下降。个别省份评分变化与两年评分的差额稍有出入，是尾数四舍五入所致。表中空格表示无数据。

当前我国经济正在走向恢复，但世界经济仍未摆脱疫情的影响，内需还未恢复常态，未来经济增长仍然面临严重的挑战。为此更需要改善国内营商环境，确立市场在资源配置中的决定性作用，特别需要形成公平竞争的政策环境，减少政府对市场、对企业的不当干预，改善法治环境，减轻企业负担，继续推进简政放权的"放管服"改革，形成市场主导、竞争中性、法治健全的营商环境，促进企业不断创新，这样才能使经济逆势而上，走上健康发展的轨道。

企业经营环境分省排序和评分

以下根据企业经营环境总指数的评分结果，对 2006～2019 年的中国各省份企业经营环境，按从好到差的顺序进行排序，如表 1-2 所示。

表 1-2　2006～2019 年全国 31 个省份企业经营环境位次排序

排名	2006 年	2008 年	2010 年	2012 年	2016 年	2019 年
1	上　海	上　海	上　海	天　津	上　海	上　海
2	浙　江	江　苏	江　苏	上　海	浙　江	江　苏
3	江　苏	浙　江	天　津	北　京	重　庆	广　东
4	天　津	北　京	浙　江	浙　江	北　京	福　建
5	山　东	天　津	北　京	江　苏	天　津	浙　江
6	广　东	福　建	安　徽	重　庆	福　建	重　庆
7	福　建	安　徽	河　南	黑龙江	广　西	山　东
8	北　京	辽　宁	广　东	吉　林	湖　北	湖　北
9	辽　宁	山　东	福　建	广　西	江　苏	北　京
10	安　徽	广　东	山　东	山　东	广　东	江　西
11	河　北	河　北	重　庆	广　东	山　东	四　川
12	四　川	吉　林	辽　宁	福　建	安　徽	广　西
13	吉　林	黑龙江	四　川	辽　宁	黑龙江	安　徽
14	河　南	河　南	湖　北	河　南	江　西	辽　宁
15	黑龙江	广　西	云　南	四　川	吉　林	天　津
16	新　疆	四　川	江　西	安　徽	湖　南	河　南

续表

排名	2006 年	2008 年	2010 年	2012 年	2016 年	2019 年
17	内蒙古	重 庆	山 西	内蒙古	辽 宁	云 南
18	云 南	湖 北	河 北	海 南	河 北	陕 西
19	湖 北	内蒙古	吉 林	湖 北	陕 西	湖 南
20	重 庆	宁 夏	黑龙江	陕 西	河 南	河 北
21	山 西	陕 西	湖 南	贵 州	贵 州	贵 州
22	海 南	贵 州	内蒙古	湖 南	宁 夏	黑龙江
23	青 海	江 西	海 南	宁 夏	海 南	吉 林
24	广 西	云 南	甘 肃	河 北	四 川	甘 肃
25	江 西	甘 肃	广 西	江 西	西 藏	宁 夏
26	陕 西	新 疆	宁 夏	山 西	甘 肃	山 西
27	贵 州	湖 南	陕 西	云 南	内蒙古	内蒙古
28	湖 南	海 南	贵 州	甘 肃	云 南	海 南
29	宁 夏	青 海	新 疆	新 疆	山 西	新 疆
30	甘 肃	山 西			青 海	青 海
31					新 疆	西 藏

注：2006 年和 2008 年西藏数据暂缺，2010 年和 2012 年西藏和青海数据暂缺。

从表 1-2 可以看到，2019 年各省份企业经营环境的排序较 2016 年发生了比较明显的变化，排在全国企业经营环境前 5 位的省份依次是上海、江苏、广东、福建和浙江。与 2016 年相比，江苏、广东、福建的位次分别上升了 7 位、7 位和 2 位，浙江的位次下降 3 位，北京、天津、重庆 3 个直辖市的下降幅度较大，退出了前 5 位。北京从第 4 位降至第 9 位，天津从第 5 位降至第 15 位，重庆从第 3 位降至第 6 位。

表 1-2 显示，排在全国企业经营环境前 10 位的省份，大部分仍然是经济相对发达的东部省份，同时包括重庆、湖北、江西 3 个中西部省份，其中江西的上升幅度较大，首次进入前 10 位。

排在中间位置（第 11~20 位）的，有安徽、湖南和河南 3 个中部省份和东北的辽宁，也有属于东部的天津、河北和属于西部的四川、广西、云南和陕西。值得注意的是，四川、云南、陕西 3 个西部省份和东北的辽宁、中部的河南的位次都出现上升，其中四川和云南位次的上升幅度较大。天津、河北、安徽、湖南和广西的位次出现不同程度的下降。

排在第20位以后（第21～31位）的，多属于西部省份，也包括黑龙江、吉林、海南和山西。前两者位次降幅较大，首次落入20位以后的区间。排在最后5位的，按从后到前的顺序依次是西藏、青海、新疆、海南和内蒙古。

上述情况说明，多数经济发展水平较高的省份企业经营环境较好，但企业经营环境并非简单由经济发展水平决定，而是与当地各界尤其是政府的努力相关。从分省排序的情况可以看到，有些经济发展水平仍然较低的省份也能够在企业经营环境排序中占据比较靠前的位置，相反，少数经济较发达省份的排名并不理想。可以预计，有些虽然当前经济发展水平较低，但企业经营环境持续较好或改善较快的省份，未来很可能会有超越式的经济发展；而企业经营环境不理想的较发达省份，如果不能改变这种状况，则有可能在经过一个时期后在经济上落伍。也就是说，企业经营环境的变化可能会在中长期对地方经济发展产生重要影响。

2016～2019年，有较多省份排名的上升或下降幅度在5位或5位以上。名次上升5位或以上的省份有：江苏、广东、四川和云南；名次下降5位或以上的有：北京、天津、黑龙江、吉林、广西、海南和西藏。

但排名的大幅变动并不一定是由评分的大幅变动导致的。由于很多省份的评分比较接近，因此某省评分幅度不大的变动，就可能导致其排名超越或落后于若干省份。例如，四川的评分从2016年的3.44分升至2019年的3.70分，云南的评分从2016年的3.38分升至2019年的3.63分，两者分别提高0.26分和0.25分，但两者排名分别跃升13位和11位。天津和黑龙江的评分分别只下降0.07分和0.03分，而排名分别下降10位和9位。因此，各省份在全国排名的上升或下降，取决于其企业经营环境与其他省份相比的改善情况。如果改善幅度超过多数省份，则排名可能上升，反之可能下降。

表1-3中列出了各省份2006～2019年企业经营环境在全国的总体排

名，以及 2006～2019 年和 2016～2019 年各省份名次的变化幅度。表中各
省份的排列顺序，是根据 2019 年企业经营环境总指数评分，按从好到差
的顺序排列的。

表 1－3　2006～2019 年全国 31 个省份企业经营环境总体排名变化

省份	2006 年	2008 年	2010 年	2012 年	2016 年	2019 年	2006～2019 年排名变化	2016～2019 年排名变化
上　海	1	1	1	2	1	1	0	0
江　苏	3	2	2	5	9	2	1	7
广　东	6	10	8	11	10	3	3	7
福　建	7	6	9	12	6	4	3	2
浙　江	2	3	4	4	2	5	－3	－3
重　庆	20	17	11	6	3	6	14	－3
山　东	5	9	10	10	11	7	－2	4
湖　北	19	18	14	19	8	8	11	0
北　京	8	4	5	3	4	9	－1	－5
江　西	25	23	16	25	14	10	15	4
四　川	12	16	13	15	24	11	1	13
广　西	24	15	25	9	7	12	12	－5
安　徽	10	7	6	16	12	13	－3	－1
辽　宁	9	8	12	13	17	14	－5	3
天　津	4	5	3	1	5	15	－11	－10
河　南	14	14	7	14	20	16	－2	4
云　南	18	24	15	27	28	17	1	11
陕　西	26	21	27	20	19	18	8	1
湖　南	28	27	21	22	16	19	9	－3
河　北	11	11	18	24	18	20	－9	－2
贵　州	27	22	28	21	21	21	6	0
黑龙江	15	13	20	7	13	22	－7	－9
吉　林	13	12	19	8	15	23	－10	－8
甘　肃	30	25	24	28	26	24	6	2
宁　夏	29	20	26	23	22	25	4	－3
山　西	21	30	17	26	29	26	－5	3
内蒙古	17	19	22	17	27	27	－10	0
海　南	22	28	23	18	23	28	－6	－5
新　疆	16	26	29	29	31	29	－13	2

续表

省份	2006 年	2008 年	2010 年	2012 年	2016 年	2019 年	2006~2019 年排名变化	2016~2019 年排名变化
青 海	23	29			30	30	-7	0
西 藏					25	31		-6

注：表中最后两列的排名变化，分别指2019年与2006年和2016年相比排名上升或下降的幅度，正值表示排名上升，负值表示排名下降。空缺部分无数据。

从表1-3还可以看到，有些省份的短期排名波动较大，或与长期变动趋势不一致，而长期趋势则比较稳定。例如，江苏和广东在2016~2019年排名都上升了7位，但在2006~2019年这一更长时期的排名则分别上升了1位和3位。重庆和广西的短期排名分别下降了3位和5位，但长期排名还是上升了14位和12位。短期波动既反映企业经营环境的变化，又可能受到某些临时性因素和数据随机波动的影响。

从长期看，各省之间的企业经营环境有分化趋势。例如，湖北、江西、湖南、重庆、广西等几个中西部省份在2006~2019年名次有大幅上升，而天津、河北、内蒙古和新疆等省份名次降幅较大。实际上所有省份的评分在长期都有明显上升，说明企业经营环境都有所改善，但改善程度不同决定了它们的名次上升或下降。评分提高幅度大于全国平均幅度的省份，排名很可能明显上升，而评分改善幅度较小的省份，排名则可能明显下降。

图1-2直观地显示了各省份2008年、2012年、2016年和2019年企业经营环境指数的总体评分情况，按照各省份2019年评分的位次排序。可以看到，2019年排名最高的上海和最低的西藏之间，评分相差0.71分，但相邻省份的评分差距并不大，特别是排在中间和偏下位置的省份（第10~24位），相邻省份的评分更接近。因此不难解释，某些省份评分的一定幅度变化，对它们的排名可能产生很大的影响。从图中还可以看到各省份企业经营环境改善的情况。从2006年到2019年，所有省份的企业经营环境都有显著改善，但改善幅度有明显差异。

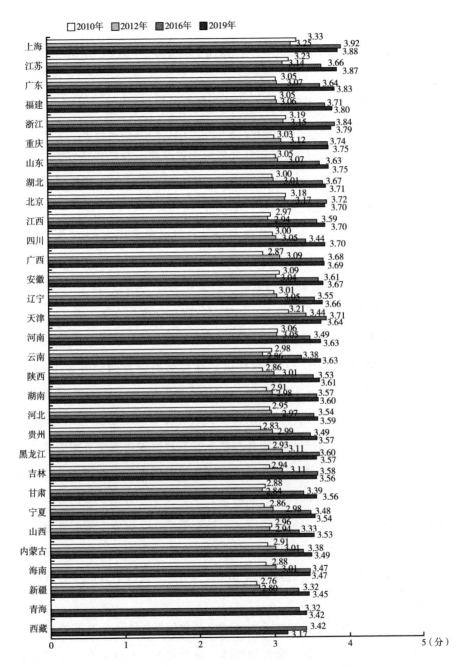

图 1 - 2　各省份企业经营环境指数总体评分和排序
（2010 年、2012 年、2016 年、2019 年）

部分省份企业经营环境排序和评分变动原因

如图 1-2 所示,大部分省份的企业经营环境总指数在 2016~2019 年有小幅改善。我们将在本报告第二部分具体分析企业经营环境 8 个不同方面的变化,并在本报告的第五部分分析每个省份的企业经营环境情况。在这一节里,我们将着重对 2016~2019 年企业经营环境评分和排名变化幅度较大的部分省份的变动原因进行简要分析。

2016~2019 年,企业经营环境总指数改善幅度平均为 0.07 分。其中提高 0.15 分以上的省份有:四川、云南、江苏、山西、广东和甘肃。它们的排序位次大部分有明显的上升,分别上升了 13 位、11 位、7 位、3 位、7 位和 2 位。上海的指数有小幅下降,但仍然维持在第 1 位。

上述这些省份在企业经营环境不同方面的进步存在差异,其中几个中西部省份(山西、四川、云南和甘肃)在金融服务方面提升幅度很大,评分分别上升了 1.02 分、1.51 分、0.56 分和 1.09 分,成为这些省份总指数上升的主要原因。银行或非银行渠道融资成本下降是该方面改善的一个重要因素。此外,山西、四川在行政干预和政府廉洁效率方面的改善幅度较大,云南、甘肃在人力资源供应方面的改善幅度较大。部分省份,如山西和甘肃,在企业的税费负担和政策公开、公平、公正方面的评分有所下降。东部的江苏在人力资源供应、市场环境和中介服务方面的评分上升较明显,分别上升 0.58 分和 0.47 分,广东在金融服务、人力资源供应方面的评分上升明显,分别上升 0.67 分和 0.37 分。两省的其他多数方面指数也有所上升。

同一时期,企业经营环境总指数下降的省份有 7 个,包括:北京、天津、吉林、黑龙江、上海、浙江和西藏。除西藏外,其他 6 个省份指数的降幅均不超过 0.1 分。虽然降幅不大,但由于全国其他多数省份都有进步,因此这些省份在全国的排名多出现明显下降,其中天津下降 10 位,黑龙江下降9位，吉林下降8位，北京下降5位。

这些省份多数在政策公开、公平、公正和企业的税费负担两个方面出现比较明显的退步。例如，在政策公开、公平、公正方面，北京下降0.36分，天津下降0.62分，吉林下降0.12分，黑龙江下降0.41分，西藏下降0.50分；在企业的税费负担方面，北京下降0.23分，天津下降0.48分，黑龙江下降0.29分，上海下降0.56分，浙江下降0.20分，西藏下降0.67分。这两方面的下降是这些省份总指数下降的主要原因。它们在其他方面既有改善也有退步。其中改善比较明显的有：在行政干预和政府廉洁效率方面，北京提高0.22分，上海提高0.30分；在人力资源供应方面，北京提高0.27分，浙江提高0.21分；在金融服务和融资成本方面，天津、黑龙江和上海分别提高0.46分、0.51分和0.21分。但这些改善没有抵消政策公开、公平、公正及企业的税费负担方面的评分下滑，因此它们的整体评分出现小幅回落。

二

企业经营环境8个方面的进展

严重影响企业经营的因素

在 2019 年的企业调查中，我们不仅分项收集了各地企业负责人对各项企业经营环境 30 个分项指标的评价，也征询了企业负责人关于严重影响企业经营的主要因素的意见。问卷中的这一问题是："以上 30 项中有哪些项对您的企业经营有严重影响？"（最多选 5 项）

样本企业中，总共有 441 位企业负责人对以上问题做出了回答。我们计算了全部影响因素的两个发生率。发生率 1 是指答题中被列为严重影响企业经营的各因素出现频次占总频次的比例，用来表现哪些影响因素的发生率相对更高。发生率 2 是指各因素出现频次占答题企业数的比重，用来反映答题企业中遇到此类问题的比例，或者说该问题的影响面。我们将这 30 项影响因素归并为影响企业经营环境的 9 个方面（这 9 个方面的分类与 8 个方面指数的分类基本一致，但把市场环境和中介服务条件分开了），并按照各方面问题的发生率高低进行排列，结果见表 2 - 1。请注意表中各影响因素是按问卷中的 30 个问题列出的，并非分项指数名称。

从表 2 - 1 可见，严重影响企业经营的第 1 位因素是金融服务和融资成本，发生率 1 为 21.6%，发生率 2 为 61%，表明回答问题的企业负责人中有 61% 提及这一因素。金融服务和融资成本方面问题的发生率比 2016 年

表 2 – 1　严重影响企业经营的主要因素

主要因素	发生频次	发生率 1（%）	发生率 2（%）
一、金融服务和融资成本	269	21.6	61.0
1. 企业能否通过正常渠道获得银行贷款	110	8.8	24.9
2. 企业能否从其他正规或民间渠道得到融资	55	4.4	12.5
3. 银行贷款一般年利率	71	5.7	16.1
4. 其他渠道融资借款一般年利率	33	2.7	7.5
二、企业的税费负担	180	14.5	40.8
5. 企业的法定税负是否合理	82	6.6	18.6
6. 税务机关是否依法征税	25	2.0	5.7
7. 社保缴费占企业销售额比重	48	3.9	10.9
8. 其他缴费及摊派占企业销售额比重	25	2.0	5.7
三、市场环境	164	13.2	37.2
9. 所在行业市场需求是否旺盛	82	6.6	18.6
10. 企业是否面临过度竞争的压力	82	6.6	18.6
四、人力资源供应	137	11.0	31.1
11. 在当地找到需要的技术人员是否容易	72	5.8	16.3
12. 在当地找到需要的管理人员是否容易	29	2.3	6.6
13. 在当地找到需要的熟练工人是否容易	36	2.9	8.2
五、企业经营的法治环境	124	10.0	28.1
14. 公检法机关能否公正有效执法,保护企业合法权益	26	2.1	5.9
15. 企业合同通常能否得到正常履行	52	4.2	11.8
16. 企业及经营者的财产和人身安全有无保障	27	2.2	6.1
17. 企业知识产权、技术、品牌能否依法得到保护	19	1.5	4.3
六、政策公开、公平、公正	119	9.6	27.0
18. 政府政策和规章制度是否公开透明	22	1.8	5.0
19. 不同类型企业是否能以平等地位公平竞争	36	2.9	8.2
20. 政府执行政策和行政执法是否公正	31	2.5	7.0
21. 企业在哪些省份遇到不合理的地方保护	30	2.4	6.8
七、基础设施条件	116	9.3	26.3
22. 电水气供应条件	43	3.5	9.8
23. 铁路公路运输条件	45	3.6	10.2
24. 其他基础设施条件	28	2.3	6.3
八、行政干预和政府廉洁效率	101	8.1	22.9
25. 政府在行政审批、执法检查、行业准入、投资和其他方面有过多干预	34	2.7	7.7
26. 各种登记注册审批手续是否简便易行	23	1.8	5.2

主要因素	发生频次	发生率1(%)	发生率2(%)
27. 当地党政官员是否廉洁守法	25	2.0	5.7
28. 企业负责人与政府及官员打交道的时间占工作时间比例	19	1.5	4.3
九、中介服务条件	34	2.7	7.7
29. 当地律师、会计师、技术服务、物流服务等条件	12	1.0	2.7
30. 当地行业协会的发展对企业是否有帮助	22	1.8	5.0
合计	1244	100.0	282.1

注：1. 表中所列障碍因素中，有些问题是正向的，例如"政策公开、公平、公正"，被列为影响经营的因素，其含义是没有做到公开、公平、公正，其余类推。

2. 表中"发生率1"是指各影响因素出现频次占各因素合计频次的比例。因为一家企业遇到的严重影响因素可能不止一项，某因素的发生率不代表遇到该问题的企业所占比例。"发生率2"是指各影响因素出现频次占答题企业数的比例。因企业遇到的严重影响因素可能不止一项，故发生率2的合计数大于100%。表中有些因素的比例加总与分类合计比例略有出入，是尾数四舍五入所致。

明显上升，从第4位变为第1位。从总体数据来看，2019年全部样本企业银行贷款平均利率和其他融资平均利率相对2016年都有明显下降（详见第三节：分方面指数和分项指数的全国进展），说明企业融资成本降低了，这是融资条件的改善。但是金融服务和融资成本问题对企业经营的影响面反而扩大了，背后的原因是贷款困难程度没有下降，其中不少中西部省份和少数东部省份的情况反而变差。在加总数据的层面，贷款难问题可能被平均融资成本下降的积极影响所掩盖。从4个分项的发生率来看，企业能否通过正常渠道获得银行贷款是最主要的问题，发生率1为8.8%，高于其他影响因素，且比2016年提高了1.6个百分点。在第三节方面指数分析中，我们将对这一现象进行更详细的讨论。

严重影响企业经营的第2位因素是企业的税费负担问题。2019年的发生率1为14.5%，与2016年基本持平，在答题企业中影响面占40.8%。其中，认为法定税负过高对企业经营造成影响的发生率比2016年有明显下降，从9.7%降至6.6%。但社保缴费和其他缴费合计对企业的影响明显上升。从本部分第三节分项指数的分析中可以看到，虽然

2019 年法定税负分项的情况有所改善，但企业缴费负担的加重，抵消了前者的积极影响，导致企业的税费负担评分下降。

排在第 3 位的问题是市场环境。2019 年的发生率 1 为 13.2%，与 2016 年基本持平，37.2% 的企业负责人反映存在这一问题。说明 2019 年市场需求疲软和企业间的过度竞争仍然是影响企业经营的重要问题，看来产能过剩问题并未得到有效解决。

人力资源供应问题排在第 4 位，相对 2016 年情况有显著改善，发生率 1 从 18% 降至 11%。2016 年，人力资源供应问题是影响企业经营排在首位的问题。2019 年，技术人员、管理人员和熟练工人短缺的程度都有明显下降，反映了人力资源供应情况好转，但技术人员短缺的程度仍相对较高。

排在第 5 位的问题是企业经营的法治环境问题。2019 年的发生率 1 为 10.0%，比 2016 年有所上升。其中，公检法机关执法公正问题和知识产权保护问题有所缓解，但企业合同正常履行情况和企业及经营者的财产和人身安全保障情况有所恶化。

在政策公开、公平、公正方面，发生率 1 比 2016 年没有明显下降。但 2016 年的评价未包括地方保护情况，有不可比因素，其他因素有所改善。

在基础设施条件方面，2019 年的发生率 1 为 9.3%，相对 2016 年的 1.8% 大幅上升，其中电水气供应、铁路公路运输和其他基础设施方面的问题发生率都上升了。而 2016 年基础设施方面是发生问题最少的方面，2019 年发生率上升的原因有待进一步研究。

在行政干预和政府廉洁效率方面以及中介组织服务条件方面，2019 年比 2016 年有明显改善，前者的问题发生率 1 从 15.2% 降至 8.1%，其中在行政干预、审批手续简便性、官员廉洁方面都有不同程度的改善。

总的来看，我国近年来企业经营环境在几个方面有明显改善。2016 年，严重影响企业经营的前 3 位问题是：人力资源供应、行政干预和政府廉洁效率、企业的税费负担。其中前两者的情况已经有显著改善，这两方面问题对企业的影响退居第4位和第8位。而金融服务和融资成本、企业的税费负担和市场环境上升为影响企业经营的前3位问题，说明一部分企业仍然面临融资难、税费负担重和市场需求不足的问题。

企业特别是中小企业融资难问题始终是困扰中国经济的一个重要问题。2019年企业经营环境调查的方面指数中，金融服务和融资成本方面延续了此前的改善趋势，并且是改善最多的方面指数。这一改善主要反映在企业平均融资成本下降（详见下文）。即使这样，企业仍然将融资难和融资贵列为影响企业经营的最重要因素。部分原因是2018年以来的金融去杠杆加强了对表外融资的管理，但并未解决民间中小微企业银行贷款难的问题，导致部分中小微企业面临信贷供给收缩的困境。这也反映了我国金融体系的结构性问题。中国金融体系是以银行为主，而银行通常是"嫌贫爱富"，需要良好的抵押品才能提供贷款，中小企业获得银行融资的难度较大。此外，中国银行体系以大银行为主，小型金融机构严重欠发展，进一步加大了中小企业获得融资的难度。如何解决中小企业融资难和融资贵问题是一个需要长期思考的问题。

税费负担重仍然是影响企业经营的重要因素，2019年被企业列为第2位的问题，比2016年上升了1位。近年来为应对经济下行压力、减轻企业负担，国务院多次出台减税降费措施，有助于降低企业的法定税负，但前文的数据反映出社保和其他缴费负担重的问题仍然是影响企业经营的重要因素。在改革税收制度、减轻企业税负的同时，需要采取更大力度的措施来解决企业的社保和其他缴费负担重的问题。

此外，随着中国经济增速逐步放缓，市场需求不足仍然是影响企业经营的重要因素，2020年以来的新冠肺炎疫情冲击会进一步加剧企业的经营困境，特别是餐饮、旅游、酒店等服务性行业。由于对大部分企业的调查于2019年进行，这些新情况基本没有反映在数据里。未来需要进一步推动体制机制改革，促进结构调整，激发市场主体活力，提高居民可支配收入，扩大国内有效需求。

企业经营环境8个方面的总体进展

我们的分省企业经营环境指数从8个方面来考察我国企业经营环境的进展状况。目前这8个方面包括：

(1) 政策公开、公平、公正；

(2) 行政干预和政府廉洁效率；

(3) 企业经营的法治环境；

(4) 企业的税费负担；

(5) 金融服务和融资成本；

(6) 人力资源供应；

(7) 基础设施条件；

(8) 市场环境和中介服务。

其中每个方面指数由几个分项指数（或称基础指数）组成。各方面指数和分项指数的全部名称请参见本报告第六部分的表6-1。请注意，在上述方面指数中，"企业的税费负担"与"金融服务和融资成本"的评分是税费负担越重、金融服务越差、融资成本越高，评分越低。所有指数较高的评分反映较好的经营环境。

图2-1给出了2006年、2010年、2016年和2019年全国企业经营环境指数8个方面的总体评价情况。这8个方面指数按照2019年的评分由低到高排列，依次为"市场环境和中介服务""企业的税费负担""政策公开、公平、公正""金融服务和融资成本""人力资源供应""行政干预和政府廉洁效率""企业经营的法治环境""基础设施条件"。其他年份的数据请见表2-2。

在8个方面指数中，"市场环境和中介服务""人力资源供应""企业的税费负担""政策公开、公平、公正"4个方面指数在2012年及以前的各省平均得分基本上均低于中性评价值3.00分，评价偏负面，2016年平

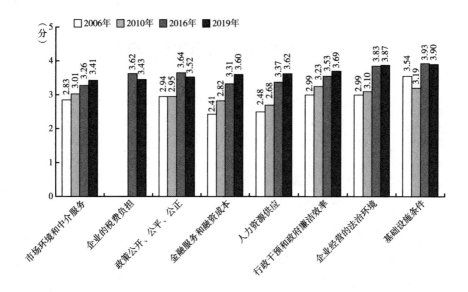

图2-1 全国企业经营环境指数8个方面的总体评价

均得分都超过了3.00分，有明显进步。

2019年与2016年相比，在8个方面指数中，"金融服务和融资成本"与"人力资源供应"的评分分别提高了0.30分和0.25分，改善相对显著。"市场环境和中介服务"与"行政干预和政府廉洁效率"的提高幅度相对较小，只分别提高了0.15分和0.16分，"企业经营的法治环境"没有明显改善。"企业的税费负担"和"政策公开、公平、公正"的评分分别下降0.19分和0.13分。

表2-2 全国企业经营环境指数8个方面的总体评价（按2019年评分排列）

单位：分

指数	2006年	2008年	2010年	2012年	2016年	2019年	2016~2019年变化
总指数	2.88	3.09	3.00	3.05	3.56	3.63	0.07
市场环境和中介服务	2.83	2.96	3.01	2.98	3.26	3.41	0.15
企业的税费负担				2.79	3.62	3.43	-0.19
政策公开、公平、公正	2.94	3.09	2.95	2.96	3.64	3.52	-0.13
金融服务和融资成本	2.41	2.90	2.82	3.07	3.31	3.60	0.30

指数	2006 年	2008 年	2010 年	2012 年	2016 年	2019 年	2016~2019 年变化
人力资源供应	2.48	2.74	2.68	2.79	3.37	3.62	0.25
行政干预和政府廉洁效率	2.99	3.17	3.23	3.23	3.53	3.69	0.16
企业经营的法治环境	2.99	3.24	3.10	3.45	3.83	3.87	0.04
基础设施条件	3.54	3.57	3.19	3.29	3.93	3.90	-0.03

历年来全国方面指数中评价最高的都是"基础设施条件",2019 年平均得分达到 3.90 分。2019 年在 8 个方面指数中评分最低的方面是"市场环境和中介服务",评分为 3.41 分,反映出市场竞争环境依然严峻。

需要注意的是,这里 8 个方面指数按评分从低到高的排序,与上一节所列企业负责人对严重影响企业经营因素的排序结果有若干一致和不一致之处。一致之处表现在,基础设施条件既是历来评分最高的方面指数,同时也是严重影响企业经营的因素中发生率较低的方面;企业的税费负担与市场环境和中介服务两个方面指数既是当前评分较低的方面,也是严重影响企业经营的因素中发生率较高的方面。此外,人力资源供应、行政干预和政府廉洁效率这两个方面在评分上的提高,与其发生率的下降,是一致的。而突出的不同之处是,尽管金融服务和融资成本方面 2019 年的评分有显著提高,但其对企业经营产生不良影响的发生率也明显上升了,成为排在第 1 位的问题(见上一节)。

之所以会出现这样的差异,如前所述,金融服务和融资成本方面指数评分提高的主因是平均融资成本明显下降。但一些企业贷款难的问题并未解决,而且由于地区间和企业间的融资条件分化,部分企业面临的问题反而可能加重。这种差异也与两种评价方式的区别有关。简要地说,指数评分的评价方式取决于某方面指数(或分项指数)的平均得分,而严重影响因素评价的是某方面因素负面影响的发生率。如果多数问卷在该方面的评分上升,或相当大数量问卷的评分大幅上升,平均分都可能上升。但如果同时企业状况出现分化，也有可能出现一部分企业面临困难的发生率反而上升的情况。存在类似情况的还有企业经营的法治环境方面指数。该指数按2019年平均得分仅次于基础设施条件，排在各方面指数的第2位，但按照影响企业经营的因素发生率，则排在各方面因素的中间位置，说明仍然有一定数量的企业受到法治环境不良的严重影响。

换言之，"严重影响因素"更多反映的是某些负面因素的影响深度，而指数评分更多反映的是某些问题的影响广度。

分方面指数和分项指数的全国进展

下面进一步报告各个方面指数及其分项指数的具体变动情况。

1. 政策公开、公平、公正

政策公开、公平、公正方面的评价，2006年全国平均得分为2.94分，2008年升至3.09分，提高到中性值以上。但2010年和2012年回落到2.95分和2.96分。2016年显著上升，达3.64分，但2019年再次回落至3.52分。该方面指数由4个分项指数构成，分别是"政策规章制度公开透明""行政执法公正""对不同企业一视同仁""地方保护"。最后一项反映各地有无针对外地企业在本地销售产品和开展其他经营活动的歧视性地方保护措施。

图2-2给出了"政策公开、公平、公正"方面指数各分项指数的具体进展情况。2019年与2016年相比，"政策规章制度公开透明""行政执法公正""对不同企业一视同仁"都有小幅改善，分别提高了0.06分、0.08分和0.03分，但"地方保护"出现明显退步，下降0.68分，拖累了该方面的进步。

在本次调查的1891份有效企业问卷中，有593家企业表示近两年在某些省份销售产品或从事其他经营活动时曾遇到过不合理的地方保护或行政性限制等不公平待遇，共1497件。值得注意的是，其中有311件是企业在本省遇到此类情况，占总数的 21%，说明有些地方保护行为发生在省级以下行政级别，不仅针对外省企业，可能也针对本省外市县的企业，或是针对本地不同类型的企业。这显然也是违背市场公平竞争原则的。

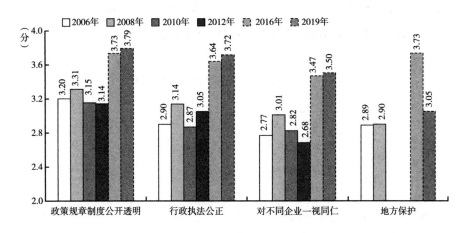

图 2 - 2　政策公开、公平、公正指数分项进展

2. 行政干预和政府廉洁效率

该方面指数 2016 年评分为 3.53 分，2019 年为 3.69 分，提高了 0.16 分。

该方面指数下设 4 个分项指数，包括"政府干预"（评价在行政审批、执法检查、行业准入、投资和其他方面政府干预是否过多）、"与政府打交道占工作时间比例"（企业经营者花在与政府机构及官员打交道上的时间占工作时间比例，从另一个角度反映政府对企业的干预程度）、"审批手续简便易行"（各种登记注册审批手续是否简便易行，衡量政府效率）和"官员廉洁守法"。其中比较突出的长期进展是"官员廉洁守法"方面的情况有明显改善，从 2006 年的 2.87 分上升到 2019 年的 3.78 分，提高了 0.91 分，其中从 2016 到 2019 年提高了 0.16 分。伴随着"行政干预和政府廉洁效率"指数的提高，在严重影响企业经营的因素中，这一方面因素对企业的影响从 2016 年的第 2 位显著下降至第 8 位（详见第一节）。

按照企业经营者的评价，认为当地政府官员在廉洁守法方面做得"很好"和"较好"的企业延续了 2012 年以来的上升趋势，从 2016 年的 58.3%上升到 2019 年的 61.9%，但是"很好"的占比下降了 12.1 个百分点，"较好"的比例则上升了 15.7% 个百分点。认为做得"较差"和"很差"的企业从 5.4%下降到 4.6%（但"很差"的比例没有下降）。中性评价"一般"的比例也有所下降，从 36.1%下降到 33.4%（见表 2 - 3）。

表 2 - 3　当地政府官员廉洁守法的情况

单位：%

年份	有效样本(个)	很好	较好	一般	较差	很差
2006	3461	1.5	19.1	43.7	24.0	11.7
2008	5911	3.0	23.3	43.6	20.9	9.2
2010	4200	2.0	21.9	45.4	21.2	9.5
2012	3902	7.3	24.3	40.4	17.8	10.1
2016	2122	13.2	45.1	36.1	4.4	1.0
2019	1502	1.1	60.8	33.4	3.5	1.1

注：有效样本是指对该问题做了有效回答的样本数。个别年份各项合计略低于100%，是四舍五入导致的尾数差别。（下同）

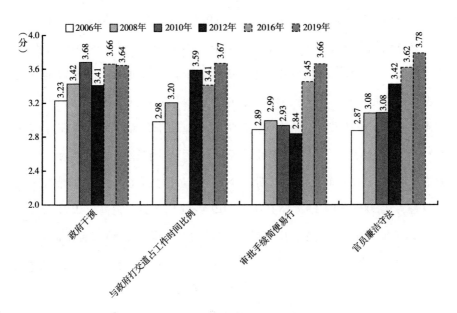

图 2 - 3　行政干预和政府廉洁效率指数分项进展

可以看到，反腐还在路上，还需要持之以恒地努力，尤其需要推进行政管理体制改革，实现依法行政、社会监督，把权力关进制度的笼子，从根源上铲除产生腐败的土壤。

其他分项指数中，2019年与2016年相比，"政府干预"没有改善，评分下降0.02分。但企业经营者"与政府打交道占工作时间比例"和"审批手续简便易行"两个分项指数，2019年比2016年分别提高0.26分和0.21分。上述评分变化情况见图2－3。

3. 企业经营的法治环境

企业经营的法治环境2019年评分为3.87分，比2016年提高0.04分，改善不明显。该方面指数从4个不同角度评价企业所面临的法治环境："司法公正和效率"，评价公检法部门司法、执法的公正程度以及能否有效保护企业合法权益；"企业合同正常履行"，评价企业合同能够得到正常履行的情况；"经营者财产和人身安全保障"；"知识产权、技术和品牌保护"。2016~2019年，各分项指数出现分化，其中"司法公正和效率"有较明显的改善，评分提高0.25分。"知识产权、技术和品牌保护"与"企业合同正常履行"没有明显改善，分别提高0.04分和下降0.01分。"经营者财产和人身安全保障"出现一定程度回落，下降0.14分。图2－4给出了各分项指数的具体情况。

关于经营者财产和人身安全保障指数的下降，过去某些城市在某些时期以拆除违建、整顿市容等名义驱赶有正当手续的普通商户、住户和外来务工者，某些地区为完成环保达标而对合法经营企业断水断电、强制关闭而没有给予合理补偿，侵犯了企业经营者和劳动者的合法权益。这些情况也许是该指数下降的部分原因。政府不能以执行某些政策法规为名而侵犯法律赋予企业和公民的合法权益，在新旧法律法规更替而需要采取某些措施时必须给予受损害者合理补偿，这应当作为政府执法中一条不能逾越的红线。

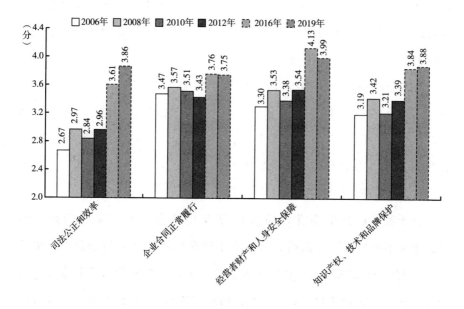

图 2 - 4　企业经营的法治环境指数分项进展

4. 企业的税费负担

"企业的税费负担"方面指数 2019 年的评分为 3.43 分，比 2016 年下降 0.19 分。目前该方面指数由 4 个分项指数组成，分别是"法定税负""依法征税""社保缴费""其他缴费"。前两者由企业经营者分别用于评价当前的法定税负是否合理以及税务机关是否依法征税。2016 年，"法定税负"为 3.30 分，2019 年升至 3.98 分，反映出近年来给企业减税降负的政策起到了明显的作用。"依法征税"也有改善，从 2016 年的 3.81 分上升至 4.08 分，为 4 个分项指数中最高。图 2 - 5 显示了企业的税费负担方面各分项指数的评分情况。

以前的报告中第 3 个分项指数称为"税外收费"（税外收费和集资摊派占企业销售额的比例）。本报告用"社保缴费"和"其他缴费"两个分项指数取代。原来的"税外收费"在评分计算上，我们定义没有任何税外收费的情况为 5 分，税外收费占企业销售额 0.1% 以内为 4 分，0.1% ~

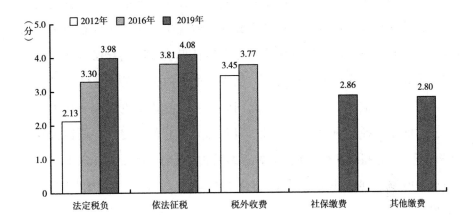

图2-5 企业的税费负担指数的分项评分

1.0%为3分，1%~5%为2分，5%以上为1分。本报告的"社保缴费"和"其他缴费"两个分项指数分别沿用了上述评分标准。

从表2-4可见，与2016年相比，两项缴费5分的比例显著下降了，3分、2分和1分的比例明显上升了（尽管现在两类缴费占企业销售额的比例是分别计算的）。这说明企业的缴费负担明显加重，抵消了减轻企业税负带来的好处，导致税费负担的评分下降。这一结果也与本部分第一节（严重影响企业经营的因素）的结论一致，该节显示，2019年在严重影响企业经营的因素中，"企业的税费负担"列为第2位。

表2-4 2016年、2019年社保缴费和其他缴费占企业销售额的比重

单位：%

项目	有效样本（个）	5分（0）	4分（0~0.1%）	3分（0.1%~1%）	2分（1%~5%）	1分（>5%）
2016年税外收费	2122	22.1	42.6	24.7	8.4	2.1
2019年社保缴费	1817	2.3	19.9	47.9	24.5	5.3
2019年其他缴费	1795	4.3	25.6	34.7	24.7	10.7

注：表头部分的百分比是指两项缴费占企业销售额的比例区间，各列下面的百分比是指落在该区间的样本企业占有效样本数的比重。

但上述问题需要从两方面来看。其中，社保缴费的负担上升反映了社保覆盖面扩大，这是具有积极意义的。前些年有相当多的企业未参加社保，也有不少企业只给少部分员工缴纳社保费，因此社保缴费平均负担不算高。目前这种情况在改变，说明有更多的企业员工被纳入了社保覆盖范围，这是一个进步。但与此同时，企业的负担也在显著加重。值得注意的是，各有约25%的企业，社保缴费和其他缴费占企业销售额的1%～5%；有超过5%的企业，社保缴费占企业销售额的5%以上；还有超过10%的企业，其他缴费占企业销售额的5%以上。这是相当重的负担。

这些情况说明，扩大社保缴费覆盖范围是非常必要的，但同时有必要减轻企业的缴费负担。我们认为进一步增加国有资本充实社保基金并降低社保缴费费率是必要的；同时还需要改善社保基金的管理和使用，杜绝流失，促进基金稳健增值。关于社保以外其他各种名目繁多的缴费，需要尽快在全国范围进行认真清理，取消其中不合理和非必需的收费，使企业负担能够确实降下来。

另外还需要说明，2019年两项缴费的评分与2016年的"税外收费"相比显著下降，可能还有另一个原因，即原来"税外收费"的定义没有做详细解释，不排除少数企业理解不完整，未把社保缴费包括在内，因此原来的评分可能有某种程度的虚高。

5. 金融服务和融资成本

2019年，"金融服务和融资成本"方面指数评分为3.60分，高于2016年的3.31分。总体来看，在企业融资方面延续了此前的改善态势。

"金融服务和融资成本"方面指数目前由以下4个分项指数组成。图2-6显示了各分项指数的具体变化情况。

"银行贷款"和"其他融资"分别考察企业能否通过正常渠道得到银行贷款、能否从其他渠道得到融资。2019年这两项评分分别为3.46分和3.27分，与2016年相比几乎没有变化。这反映出一些中小微企业贷款难的问题在此期间没有得到进一步解决。这也与本部分第一节（严重影响企业经营的因素）的结果基本一致，2019年"金融服务和融资成本"在严重影响企业经营的因素中排在首位，贷款难和其他融资难影响企业经营按总频次的发生率分别为8.8%和4.4%，略高于2016年。按答题企业数的发生率计算，则分别为24.9%和12.5%。在下一节的表2－25和表2－26中，可以看到全国31个省份中有17个省份的银行贷款难易度评分比2016年有所下降，15个省份的其他融资难易度评分出现下降。

另两个分项指数"贷款利率"和"其他融资利率"分别考察企业银行贷款的一般年利率，以及其他融资的一般年利率，以此考察企业的融资成本情况。利率数据折算为从1分到5分的评分（较低的融资成本得到较高的评分）。定义银行贷款年利率低于6%为5分，6%～6.9%为4分，7%～7.9%为3分，8%～9.9%为2分，10%或10%以上为1分。对于其他渠道的融资，我们定义年利率低于10%为5分，10%～12.9%为4分，13%～15.9%为3分，16%～19.9%为2分，20%及以上为1分。2019年"贷款利率"和"其他融资利率"的平均得分，分别为3.85分和3.83分，相对2016年分别提高0.51分和0.78分。说明信贷资金供应相对较宽松，利率水平下降了。另外可能也与银行管理更加规范、减少了正式利息以外的附加收费和表内资金表外运作等情况有关。融资成本下降是"金融服务和融资成本"方面指数评分提高的基本原因。

2019年，全部样本企业的银行贷款平均年利率和其他融资平均年利率分别为6.4%和10.9%，相对2016年分别下降1.3个和3.6个百分点。表2－5给出了2019年银行贷款和其他融资的利率分布情况并与2012年和2016年进行了比较。

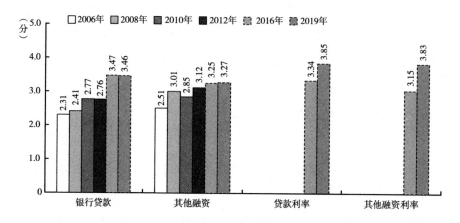

图2-6 金融服务和融资成本指数的分项进展

表2-5 企业银行贷款和其他渠道融资按利率分布的情况

单位：%

	有效样本（个）	≤6%	6%~10%	10%~14%	14%~18%	>18%	平均利率
银行贷款							
2012年	3665	7.7	68.5	21.1	2.1	0.6	8.9
2016年	1452	24.0	68.7	4.9	1.4	1.0	7.7
2019年	1454	58.5	36.3	2.2	1.2	1.8	6.4
其他融资							
2012年	3390	6.3	16.3	29.4	23.0	25.0	18.1
2016年	857	5.7	32.2	17.4	19.7	25.0	14.5
2019年	1377	24.8	33.2	13.0	19.2	9.8	10.9

注：表中2012年平均利率为近似推算数。

　　从表中可以看到，与2016年相比，2019年企业从银行贷款的年利率在6%及以下的比例从24%上升至58.5%，有大幅提高。而年利率在6%~10%的比例为36.3%，相对于2016年的68.7%有显著下降。利率超过10%的企业占比也有进一步下降，但仍占5.2%。这可能与货币和信贷政策的宽松程度有关，也说明银行在经营管理方面趋向于规范。但样本企业中仍有少数企业的贷款成本很高。

关于其他融资的利息成本，年利率不超过10%的企业从近38%大幅上升到58%，利率在10%～18%的企业从37.1%小幅下降到32.2%，利率在18%以上的企业则从25%下降到10%以下。平均而言，企业从其他融资渠道获得资金的成本下降了3.6个百分点，降幅较大。这显然与金融监管的规范化有关。但仍然有部分企业承受着18%以上的高利率。

需要说明的是，这里的评分仅仅是从企业融资成本的角度进行的。如果从宏观经济的层面看，当然利率水平并非越低越好，而是要考虑到宏观管理的需要。本项研究仅从微观层面考察企业经营环境，不涉及宏观经济层面的考察。

另一个值得注意的问题是，平均融资成本下降可能掩盖了局部地区和部分企业融资成本上升的情况。从下一节的表2-27可见，尽管全国平均的融资成本明显下降，但2019年有9个省份的银行贷款利率和6个省份的其他融资利率相比于2016年是上升的。与之相印证的是，本部分第一节（严重影响企业经营的因素）中，银行贷款利率和其他融资利率较高对企业经营产生不良影响的发生率也比2016年有所提高。

6.人力资源供应

2019年"人力资源供应"延续了此前的改善态势，平均得分相比2016年上升0.25分，相比2006年提升1.14分。"人力资源供应"方面指数持续改善，使得其在严重影响企业经营的因素排名中从2016年的第1位降至第4位（详见本部分第一节）。

该方面指数下设3个分项指数，分别为"技术人员""管理人员""熟练工人"，用于分别评价这3类人力资源短缺的程度。与2016年相比，3个分项指数分别上升了0.19分、0.29分和0.28分。其中技术人员的评分仍然相对较低，说明其短缺程度较高，管理人员次之。图2-7给出了这3个分项指数的具体情况。

近年来人力资源供应情况的好转，可能有两方面的影响因素。其一，可能与人力资源供应情况改善有关，不过近年的统计数据未能对此提供明

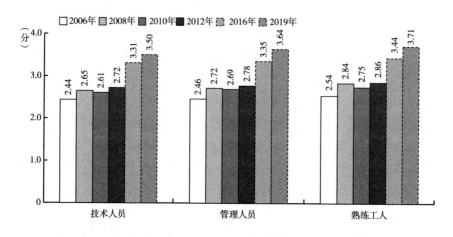

图 2-7　人力资源供应指数分项进展

确有力的支持。我国高校本专科毕业生人数还在继续增长，2016 年毕业 704 万人，2019 年毕业 758 万人，增加 54 万人；研究生毕业人数从 56 万人上升到 64 万人，增加 8 万人。不过，同时中等职业学校毕业生从 533 万人回落到 485 万人，减少 48 万人。其二，经济增长速度放慢带来的人力资本需求增长放慢，可能在一定程度上缓解了供求不均衡。

从长远看，人力资源供应情况将是一个持续影响企业经营环境的关键因素。我国一方面存在就业难（特别是高校毕业生就业难）的问题，另一方面人力资源仍然短缺，适用专业人才不足，推动科技和制度创新的人才不足。说明我国的人力资源存在供求错位，主要是教育体系在人力资源的培养方面还不能适应经济发展的需要，教育体制亟须改革。

7. 基础设施条件

"基础设施条件"的评分自 2006 年以来，在 8 个方面指数中基本上一直处于领先地位（其中只有 2010 年降至略低于"行政干预和政府廉洁效率"），说明企业经营者对基础设施条件总体比较满意。2019 年评分相对 2016 年有小幅下降，但仍高达 3.90 分，高于其他方面指数。

"基础设施条件"方面指数由 3 个分项指数合成，分别是"电水气供应条件""铁路公路运输条件""其他基础设施条件"。2019年"电水气供应"评分为4.01分，"铁路公路运输"为3.90分，"其他基础设施"为3.78分，均比2016年有轻微下滑，但都维持在较高水平。

应该注意到，企业经营者对基础设施条件的评价，并不仅仅包括对硬件设施的评价，同时也包括对基础设施软件即服务条件的评价。因为实际构成企业经营环境一部分的，是硬件设施和服务的综合条件。如果硬件设施良好而服务不到位，同样会影响企业经营。

图2-8显示了近年来基础设施条件各分项指数的评分情况。

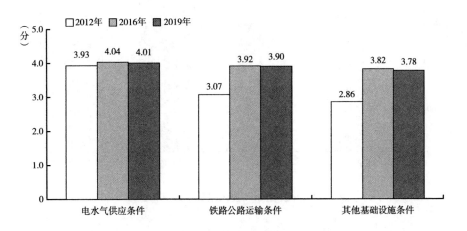

图2-8　基础设施条件指数的分项进展

8. 市场环境和中介服务

该方面指数原称"中介组织和技术服务"，2016年增加了反映市场环境的两个分项指数"市场需求"和"过度竞争"，分别评价企业所在行业的市场需求是否旺盛、企业是否面临过度竞争的压力。另外两个原有的分项指数是"中介组织服务"和"行业协会服务"，前者用于评价当地律师、会计师、技术服务、物流服务等条件，后者用于评价当地行业协会对企业有无帮助。

2019年，该方面指数评分为3.41分，是8个方面指数中评分较低的指数,但比 2016 年提高了 0.15 分。其分项指数的评分中,"市场需求"为 3.44 分,"过度竞争"为 3.21 分,"中介组织服务"为 3.66 分,"行业协会服务"为 3.33 分,相对 2016 年均有小幅提升。其中,"行业协会服务"改善比较明显,评分提高 0.22 分,大于其他几项的提高幅度。"过度竞争"的情况改善不明显,只提高 0.06 分。图 2 – 9 给出了该方面各分项指数的具体进展情况。

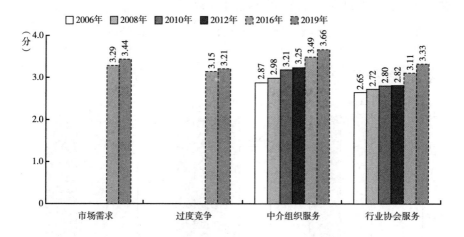

图 2 – 9 中介组织和技术服务指数具体进展

全国31个省份分方面进展情况

以下用表的形式显示全国各省份在企业经营环境 8 个方面指数和构成各方面指数的分项指数 2006 年、2008 年、2010 年、2012 年、2016 年和 2019 年的评分,并显示各方面指数和分项指数在 2016 ~ 2019 年的评分变化情况,分别由表 2 – 6 至表 2 – 40 显示。"变化"一栏中的正数表示评分上升(该方面或分项经营环境改善),负数表示评分下降(该方面或分项经营环境退步)。

各省份在表中的排列顺序,是根据它们 2019 年的该项评分,按从高

到低的顺序排列的。排在最上面的省份，2019 年该项评分最高；排在最
下面的省份，2019 年该项评分最低。

1. 政策公开、公平、公正

表 2 - 6 全国 31 个省份"政策公开、公平、公正"方面指数的进展

单位：分

省　份	2006 年	2008 年	2010 年	2012 年	2016 年	2019 年	2016～2019 年变化
江　苏	2.94	3.05	3.13	3.04	3.80	4.07	0.28
广　东	3.01	3.06	3.02	3.09	3.87	4.01	0.15
山　东	2.89	3.02	2.99	2.99	3.82	3.83	0.02
浙　江	3.05	3.14	3.13	3.14	3.89	3.83	-0.06
四　川	2.90	3.01	2.94	2.87	3.62	3.81	0.18
上　海	2.89	3.08	3.19	3.24	3.84	3.79	-0.04
福　建	3.10	3.19	3.00	3.02	3.74	3.78	0.04
重　庆	2.97	3.09	2.95	3.11	3.93	3.77	-0.16
江　西	2.86	3.04	2.95	2.83	3.71	3.77	0.06
广　西	2.96	3.16	2.84	3.01	3.85	3.76	-0.09
湖　北	2.76	2.99	2.91	2.91	3.80	3.73	-0.07
河　南	2.79	2.92	2.96	2.92	3.75	3.72	-0.03
安　徽	2.94	3.04	3.14	2.95	3.76	3.70	-0.06
云　南	2.92	3.02	2.99	2.81	3.70	3.69	-0.01
辽　宁	2.98	3.12	2.94	2.85	3.59	3.67	0.08
湖　南	2.67	2.81	2.87	2.78	3.68	3.67	-0.01
陕　西	2.86	2.98	2.84	2.99	3.63	3.61	-0.01
贵　州	2.88	3.10	2.78	2.96	3.67	3.47	-0.21
吉　林	3.09	3.25	2.84	3.06	3.49	3.37	-0.12
甘　肃	2.87	3.20	3.02	2.84	3.51	3.34	-0.17
河　北	2.87	2.96	2.88	2.78	3.48	3.26	-0.22
黑龙江	2.98	3.09	2.87	2.98	3.65	3.24	-0.40
北　京	2.82	3.04	3.02	3.09	3.58	3.22	-0.36
内蒙古	2.96	3.07	2.86	2.78	3.50	3.20	-0.30
宁　夏	3.05	3.44	2.72	2.78	3.58	3.19	-0.39
山　西	2.86	2.92	2.92	2.91	3.21	3.16	-0.04
天　津	3.05	3.15	3.15	3.45	3.77	3.15	-0.61
海　南	3.13	3.27	2.88	2.86	3.47	3.10	-0.37
新　疆	2.97	3.15	2.78	2.74	3.22	3.10	-0.12
西　藏					3.55	3.05	-0.50
青　海	3.15	3.37			3.33	2.91	-0.42

表2-7 全国31个省份"政策规章制度公开透明"分项指数的进展

单位：分

省 份	2006 年	2008 年	2010 年	2012 年	2016 年	2019 年	2016～2019 年变化
上 海	3.47	3.59	3.42	3.36	4.01	4.07	0.06
广 东	3.42	3.33	3.20	3.24	3.70	4.05	0.35
江 苏	3.39	3.43	3.25	3.19	3.76	4.00	0.24
浙 江	3.46	3.46	3.34	3.29	3.95	3.90	-0.05
江 西	3.11	3.33	3.23	2.98	3.70	3.89	0.19
河 北	3.23	3.29	3.15	2.92	3.86	3.89	0.02
北 京	3.37	3.57	3.22	3.23	4.08	3.89	-0.19
福 建	3.23	3.35	3.10	3.19	3.52	3.87	0.35
天 津	3.38	3.54	3.25	3.65	4.19	3.85	-0.35
海 南	3.06	3.26	2.91	3.10	3.55	3.84	0.29
安 徽	3.33	3.34	3.36	3.18	3.77	3.83	0.06
广 西	3.00	3.14	3.01	3.11	3.62	3.83	0.21
黑龙江	3.23	3.26	3.05	3.15	3.85	3.83	-0.02
湖 南	2.96	3.17	3.14	2.97	3.63	3.81	0.18
西 藏					3.73	3.80	0.07
重 庆	3.19	3.25	3.14	3.33	4.18	3.79	-0.39
山 东	3.32	3.42	3.22	3.23	3.82	3.78	-0.04
河 南	3.15	3.28	3.12	3.11	3.73	3.77	0.04
辽 宁	3.27	3.29	3.14	3.03	3.67	3.76	0.10
青 海	3.00	3.11			3.66	3.75	0.09
吉 林	3.30	3.38	3.02	3.20	3.63	3.75	0.12
云 南	3.05	3.24	3.24	2.98	3.70	3.73	0.02
四 川	3.27	3.23	3.13	3.04	3.56	3.72	0.16
山 西	3.07	3.07	3.12	3.12	3.43	3.71	0.28
宁 夏	3.14	3.42	3.04	3.00	3.59	3.68	0.09
湖 北	3.18	3.29	3.09	3.13	3.86	3.67	-0.19
内蒙古	3.13	3.18	3.19	3.00	3.63	3.66	0.03
甘 肃	2.92	3.34	3.36	2.94	3.61	3.65	0.04
贵 州	3.13	3.23	2.96	3.15	3.70	3.62	-0.08
新 疆	3.13	3.37	2.97	3.10	3.31	3.59	0.28
陕 西	3.14	3.24	3.09	3.14	3.69	3.57	-0.12

表2-8 全国31个省份"行政执法公正"分项指数的进展

单位：分

省 份	2006 年	2008 年	2010 年	2012 年	2016 年	2019 年	2016～2019 年变化
江 苏	3.12	3.29	3.08	3.14	3.70	4.00	0.30
上 海	3.33	3.47	3.18	3.43	4.01	3.98	-0.04
广 东	3.16	3.24	2.96	3.18	3.75	3.89	0.15
天 津	2.99	3.29	3.15	3.55	3.87	3.87	-0.00
北 京	3.09	3.35	2.97	3.21	3.86	3.84	-0.02
福 建	3.09	3.20	2.95	3.12	3.74	3.83	0.09
浙 江	3.15	3.27	3.00	3.25	3.83	3.83	-0.00
安 徽	2.97	3.21	3.01	3.06	3.74	3.81	0.07
河 南	2.71	3.07	2.86	2.99	3.49	3.81	0.31
西 藏					4.00	3.80	-0.20
河 北	2.88	3.07	2.67	2.78	3.59	3.79	0.20
宁 夏	2.81	3.14	2.63	2.86	3.37	3.77	0.40
四 川	2.95	3.13	2.94	3.02	3.51	3.76	0.25
湖 北	2.84	3.14	2.87	3.05	3.73	3.76	0.03
山 东	2.96	3.05	2.87	3.01	3.72	3.76	0.04
江 西	2.80	3.01	2.86	2.98	3.55	3.74	0.20
辽 宁	2.91	3.14	2.81	2.83	3.49	3.73	0.24
重 庆	2.75	3.23	3.01	3.22	4.02	3.72	-0.30
海 南	2.75	2.83	2.83	2.86	3.67	3.68	0.01
云 南	2.97	3.18	2.93	3.03	3.52	3.67	0.14
湖 南	2.76	2.98	2.84	2.87	3.61	3.65	0.04
山 西	2.71	3.02	2.85	2.98	3.27	3.62	0.35
吉 林	3.00	3.22	2.77	3.22	3.51	3.61	0.09
甘 肃	2.82	2.96	2.85	3.00	3.63	3.59	-0.05
黑龙江	2.85	2.99	2.75	3.02	3.64	3.59	-0.05
内蒙古	2.63	2.97	2.64	2.79	3.49	3.59	0.10
贵 州	2.66	3.11	2.78	3.15	3.33	3.58	0.25
广 西	2.78	3.13	2.72	3.06	3.62	3.56	-0.07
新 疆	2.82	3.18	2.67	2.72	3.44	3.56	0.12
陕 西	2.67	2.97	2.77	3.12	3.69	3.49	-0.21
青 海	3.10	3.32			3.47	3.38	-0.09

表 2-9　全国 31 个省份"对不同企业一视同仁"分项指数的进展

单位：分

省　份	2006 年	2008 年	2010 年	2012 年	2016 年	2019 年	2016～2019 年变化
江　苏	2.96	3.21	3.05	2.79	3.44	3.93	0.49
上　海	2.84	3.25	2.97	2.94	3.78	3.81	0.03
广　东	2.95	3.07	2.91	2.84	3.59	3.72	0.13
福　建	2.94	3.19	2.95	2.74	3.43	3.66	0.23
重　庆	2.77	2.90	2.69	2.79	3.71	3.62	-0.10
浙　江	3.05	3.23	3.05	2.88	3.65	3.61	-0.04
北　京	2.87	3.21	2.88	2.84	3.71	3.61	-0.10
山　东	2.90	3.13	2.88	2.73	3.61	3.60	-0.01
河　南	2.98	3.17	2.90	2.66	3.51	3.56	0.06
安　徽	2.82	3.02	3.03	2.62	3.46	3.56	0.10
广　西	2.71	2.94	2.80	2.86	3.41	3.56	0.14
陕　西	2.64	2.83	2.66	2.72	3.25	3.54	0.29
江　西	2.72	2.99	2.78	2.54	3.24	3.54	0.29
辽　宁	2.99	3.23	2.88	2.71	3.36	3.53	0.17
贵　州	2.58	2.88	2.62	2.58	3.45	3.50	0.05
四　川	2.81	2.93	2.76	2.53	3.38	3.50	0.13
云　南	2.51	2.70	2.79	2.42	3.36	3.50	0.14
山　西	2.78	2.80	2.78	2.62	3.25	3.49	0.24
湖　北	2.65	3.04	2.78	2.56	3.43	3.48	0.06
河　北	2.89	3.08	2.81	2.64	3.48	3.48	0.00
内蒙古	2.85	2.99	2.74	2.55	3.34	3.48	0.14
新　疆	2.67	2.82	2.72	2.38	3.31	3.48	0.17
黑龙江	2.85	3.03	2.80	2.78	3.45	3.45	-0.01
吉　林	2.84	3.17	2.72	2.77	3.29	3.43	0.14
海　南	2.44	3.21	2.91	2.62	3.52	3.41	-0.11
甘　肃	2.47	2.88	2.86	2.59	3.41	3.35	-0.06
湖　南	2.60	2.77	2.63	2.52	3.32	3.33	0.01
天　津	2.99	3.20	3.05	3.16	3.90	3.29	-0.61
青　海	2.60	2.63			3.47	3.25	-0.22
西　藏					3.77	3.20	-0.57
宁　夏	2.40	2.83	2.50	2.48	3.30	3.18	-0.11

表 2 - 10　全国 31 个省份"地方保护"分项指数的进展

单位：分

省　份	2006 年	2008 年	2010 年	2012 年	2016 年	2019 年	2016～2019 年变化
广　东	2.53	2.60			4.42	4.38	- 0.04
江　苏	2.29	2.26			4.28	4.36	0.08
四　川	2.57	2.77			4.05	4.24	0.19
山　东	2.38	2.47			4.11	4.20	0.09
广　西	3.36	3.42			4.76	4.10	- 0.66
浙　江	2.56	2.62			4.14	4.00	- 0.14
湖　北	2.37	2.49			4.17	3.99	- 0.18
重　庆	3.18	3.00			3.79	3.95	0.17
江　西	2.83	2.81			4.35	3.90	- 0.45
湖　南	2.37	2.30			4.15	3.88	- 0.27
云　南	3.16	2.94			4.20	3.86	- 0.34
陕　西	2.98	2.86			3.87	3.85	- 0.01
福　建	3.14	3.03			4.27	3.76	- 0.51
河　南	2.30	2.17			4.26	3.75	- 0.51
辽　宁	2.74	2.83			3.86	3.66	- 0.20
安　徽	2.62	2.59			4.07	3.58	- 0.49
上　海	1.93	2.02			3.54	3.31	- 0.22
贵　州	3.16	3.16			4.22	3.17	- 1.05
甘　肃	3.28	3.62			3.39	2.77	- 0.62
吉　林	3.22	3.24			3.55	2.69	- 0.86
宁　夏	3.86	4.35			4.06	2.13	- 1.94
黑龙江	2.97	3.08			3.65	2.10	- 1.54
内蒙古	3.24	3.13			3.55	2.09	- 1.46
河　北	2.49	2.39			2.99	1.88	- 1.11
山　西	2.91	2.80			2.87	1.84	- 1.03
新　疆	3.26	3.24			2.81	1.78	- 1.03
天　津	2.84	2.58			3.11	1.61	- 1.49
北　京	1.96	2.04			2.70	1.55	- 1.15
海　南	4.29	3.75			3.16	1.49	- 1.67
西　藏					2.70	1.39	- 1.31
青　海	3.91	4.43			2.75	1.28	- 1.46

2. 行政干预和政府廉洁效率

表 2-11 全国 31 个省份"行政干预和政府廉洁效率"方面指数的进展

单位：分

省　份	2006 年	2008 年	2010 年	2012 年	2016 年	2019 年	2016~2019 年变化
上　海	3.28	3.55	3.63	3.52	3.75	4.05	0.30
江　苏	3.33	3.48	3.50	3.52	3.86	3.92	0.06
天　津	3.10	3.36	3.46	3.72	4.03	3.89	-0.14
广　东	3.35	3.38	3.42	3.42	3.77	3.88	0.10
浙　江	3.37	3.46	3.48	3.50	3.85	3.85	0.00
福　建	3.19	3.34	3.30	3.36	3.38	3.80	0.42
四　川	3.14	3.23	3.30	3.22	3.37	3.78	0.41
山　东	3.10	3.24	3.29	3.25	3.75	3.77	0.02
北　京	3.12	3.41	3.41	3.29	3.55	3.77	0.22
辽　宁	3.11	3.28	3.26	3.16	2.96	3.75	0.79
云　南	2.87	3.05	3.32	3.11	3.65	3.73	0.08
黑龙江	2.88	3.10	3.14	3.25	3.73	3.70	-0.03
重　庆	2.88	3.15	3.28	3.22	3.54	3.69	0.15
安　徽	3.24	3.27	3.38	3.37	3.86	3.68	-0.18
河　南	2.95	3.14	3.31	3.17	3.60	3.68	0.08
陕　西	2.86	2.97	3.05	3.14	3.37	3.67	0.30
青　海	2.63	2.74			3.33	3.66	0.33
新　疆	2.72	2.87	2.85	2.86	3.05	3.66	0.61
贵　州	2.80	3.07	2.95	3.18	3.75	3.65	-0.10
宁　夏	2.79	3.05	3.01	3.10	3.41	3.64	0.23
湖　南	2.72	3.01	3.17	3.04	3.68	3.64	-0.04
江　西	2.91	3.23	3.19	3.11	3.82	3.63	-0.18
湖　北	3.03	3.23	3.35	3.24	3.52	3.62	0.10
河　北	2.99	3.13	3.15	3.00	3.43	3.60	0.18
内蒙古	2.90	3.02	2.95	2.99	3.11	3.60	0.49
广　西	2.91	3.17	3.10	3.33	3.79	3.57	-0.23
海　南	2.94	3.07	3.06	3.17	3.51	3.56	0.06
吉　林	3.07	3.30	3.18	3.34	3.38	3.55	0.17
西　藏					3.56	3.50	-0.06
山　西	2.86	2.86	3.08	3.07	2.93	3.47	0.53
甘　肃	2.72	3.07	3.17	3.07	3.23	3.37	0.14

表 2 - 12 全国 31 个省份"政府干预"分项指数的进展

单位：分

省 份	2006 年	2008 年	2010 年	2012 年	2016 年	2019 年	2016~2019 年变化
江 苏	3.53	3.62	3.90	3.61	3.80	4.08	0.28
上 海	3.40	3.70	4.04	3.65	4.03	3.99	-0.04
广 东	3.42	3.53	3.83	3.51	3.81	3.86	0.05
浙 江	3.57	3.72	3.89	3.63	3.94	3.82	-0.12
天 津	3.23	3.49	3.78	3.76	3.95	3.77	-0.18
北 京	3.29	3.59	3.90	3.52	3.77	3.76	-0.01
四 川	3.26	3.46	3.68	3.33	3.51	3.76	0.25
湖 北	3.38	3.66	3.90	3.54	3.63	3.76	0.13
重 庆	3.16	3.34	3.70	3.49	3.71	3.74	0.03
辽 宁	3.26	3.44	3.73	3.29	3.56	3.74	0.18
福 建	3.33	3.56	3.73	3.44	3.69	3.72	0.03
山 东	3.34	3.50	3.75	3.41	3.71	3.72	0.00
河 北	3.23	3.46	3.79	3.33	3.59	3.69	0.11
云 南	3.04	3.31	3.71	3.35	3.39	3.68	0.30
安 徽	3.46	3.56	3.73	3.42	3.74	3.65	-0.09
江 西	3.18	3.57	3.58	3.31	3.70	3.63	-0.07
新 疆	2.91	3.14	3.21	3.18	3.38	3.63	0.25
青 海	2.90	3.00			3.63	3.63	0.00
黑龙江	3.16	3.30	3.54	3.52	3.58	3.62	0.04
陕 西	3.16	3.31	3.58	3.24	3.83	3.58	-0.25
贵 州	3.25	3.30	3.44	3.58	3.55	3.58	0.03
海 南	3.19	3.58	3.50	2.86	3.64	3.57	-0.07
河 南	3.19	3.41	3.86	3.43	3.70	3.56	-0.14
内蒙古	3.13	3.31	3.44	3.24	3.34	3.55	0.21
宁 夏	3.14	3.19	3.57	3.21	3.74	3.55	-0.20
湖 南	3.04	3.32	3.62	3.31	3.65	3.52	-0.13
山 西	3.20	3.15	3.53	3.26	3.34	3.52	0.18
西 藏					3.77	3.40	-0.37
吉 林	3.36	3.46	3.66	3.63	3.46	3.36	-0.10
广 西	3.11	3.40	3.49	3.49	3.55	3.33	-0.22
甘 肃	3.03	3.37	3.68	3.24	3.76	3.18	-0.58

表2-13 全国31个省份"与政府打交道占工作时间比例"分项指数的进展

单位：分

省份	2006 年	2008 年	2010 年	2012 年	2016 年	2019 年	2016～2019 年变化
上 海	3.46	3.83	—	4.16	2.98	4.19	1.20
福 建	3.30	3.46	—	3.68	2.79	4.00	1.21
四 川	3.29	3.36	—	3.66	3.01	3.97	0.97
浙 江	3.43	3.60	—	3.96	3.93	3.89	-0.03
云 南	2.90	3.13	—	3.34	4.76	3.86	-0.90
广 东	3.69	3.71	—	4.09	3.87	3.85	-0.03
青 海	2.20	2.42			3.21	3.83	0.62
广 西	3.00	3.20	—	3.77	4.65	3.82	-0.83
重 庆	3.10	3.33	—	3.61	3.39	3.80	0.41
新 疆	2.48	2.71	—	3.03	1.85	3.80	1.95
陕 西	2.80	2.95	—	3.35	2.64	3.77	1.14
吉 林	3.07	3.45		3.58	3.39	3.77	0.38
内蒙古	3.02	3.11	—	3.29	2.33	3.77	1.44
北 京	3.04	3.41	—	3.76	3.18	3.77	0.59
山 东	2.98	3.15	—	3.55	3.97	3.75	-0.22
河 南	2.94	3.11	—	3.61	3.52	3.74	0.22
辽 宁	3.16	3.49	—	3.62	1.59	3.74	2.15
天 津	3.02	3.28	—	3.96	4.14	3.71	-0.43
黑龙江	2.68	3.09	—	3.40	4.38	3.68	-0.70
江 苏	3.47	3.68	—	4.04	4.40	3.65	-0.75
宁 夏	2.85	3.00	—	3.36	2.87	3.62	0.75
湖 南	2.69	3.01	—	3.39	3.90	3.60	-0.30
海 南	2.80	2.76	—	3.67	3.39	3.60	0.21
贵 州	2.52	2.98	—	3.31	4.46	3.59	-0.87
安 徽	3.19	3.17	—	3.59	4.59	3.52	-1.07
江 西	2.73	3.16	—	3.41	4.75	3.46	-1.29
甘 肃	2.66	3.20	—	3.79	1.98	3.31	1.33
河 北	3.00	3.21	—	3.34	2.93	3.24	0.30
山 西	2.81	2.90	—	3.18	1.62	3.23	1.61
湖 北	3.08	3.18	—	3.50	3.68	3.15	-0.53
西 藏					3.49	3.00	-0.49

表 2 – 14 全国 31 个省份"审批手续简便易行"分项指数的进展

单位：分

省 份	2006 年	2008 年	2010 年	2012 年	2016 年	2019 年	2016~2019 年变化
天 津	3.06	3.27	3.22	3.51	4.03	4.06	0.03
江 苏	3.33	3.41	3.32	3.24	3.67	4.04	0.37
上 海	3.07	3.22	3.30	3.12	3.96	3.92	- 0.04
广 东	3.18	3.07	3.15	3.07	3.75	3.80	0.05
西 藏					3.31	3.80	0.49
山 东	3.15	3.21	3.10	2.98	3.55	3.78	0.23
浙 江	3.33	3.24	3.25	3.15	3.70	3.78	0.07
安 徽	3.16	3.15	3.12	2.94	3.26	3.75	0.50
江 西	2.97	3.07	3.04	2.77	3.55	3.74	0.20
河 北	2.90	2.87	2.79	2.60	3.61	3.74	0.13
湖 北	2.87	3.01	2.94	2.90	3.27	3.73	0.46
北 京	2.98	3.24	3.04	2.86	3.52	3.71	0.19
贵 州	2.63	2.73	2.57	2.70	3.33	3.69	0.37
黑龙江	2.89	2.88	2.94	2.89	3.39	3.69	0.30
河 南	2.92	3.02	2.96	2.72	3.67	3.68	0.01
福 建	3.08	3.15	2.96	2.96	3.14	3.67	0.53
四 川	3.01	2.98	3.05	2.76	3.48	3.67	0.20
陕 西	2.73	2.67	2.65	2.69	3.22	3.67	0.44
宁 夏	2.75	3.17	2.67	2.79	3.15	3.64	0.49
湖 南	2.65	2.90	2.91	2.52	3.56	3.63	0.07
青 海	2.80	2.63			3.16	3.63	0.47
辽 宁	3.01	3.14	2.99	2.75	3.21	3.62	0.41
广 西	2.60	2.99	2.82	2.87	3.41	3.56	0.14
云 南	2.69	2.84	3.12	2.63	3.30	3.55	0.25
新 疆	2.52	2.70	2.52	2.34	3.34	3.52	0.17
海 南	2.81	2.84	2.68	2.86	3.45	3.46	0.00
山 西	2.70	2.68	2.73	2.78	3.39	3.43	0.04
吉 林	2.98	3.13	2.88	2.89	3.29	3.43	0.14
内蒙古	2.69	2.72	2.65	2.53	3.11	3.41	0.30
甘 肃	2.53	2.84	2.77	2.58	3.51	3.35	- 0.16
重 庆	2.61	2.91	2.93	2.85	3.65	3.33	- 0.32

表2-15 全国31个省份"官员廉洁守法"分项指数的进展

单位:分

省　份	2006 年	2008 年	2010 年	2012 年	2016 年	2019 年	2016～2019 年变化
上　海	3.20	3.44	3.56	3.74	4.03	4.11	0.08
天　津	3.08	3.40	3.38	3.89	4.01	4.04	0.03
广　东	3.10	3.21	3.26	3.53	3.65	3.99	0.34
江　苏	2.99	3.22	3.27	3.58	3.57	3.92	0.35
辽　宁	2.99	3.07	3.06	3.33	3.49	3.92	0.43
浙　江	3.13	3.26	3.30	3.63	3.82	3.91	0.09
重　庆	2.66	3.02	3.21	3.39	3.41	3.87	0.46
湖　北	2.81	3.09	3.21	3.35	3.52	3.85	0.33
北　京	3.16	3.41	3.28	3.52	3.72	3.84	0.12
山　东	2.91	3.10	3.03	3.32	3.76	3.83	0.08
黑龙江	2.77	3.13	2.94	3.42	3.58	3.83	0.25
云　南	2.85	2.93	3.12	3.41	3.16	3.82	0.66
安　徽	3.15	3.18	3.29	3.65	3.86	3.81	-0.04
湖　南	2.51	2.80	2.99	3.22	3.60	3.81	0.22
福　建	3.06	3.20	3.22	3.61	3.88	3.80	-0.08
西　藏					3.65	3.80	0.15
宁　夏	2.42	2.85	2.79	3.24	3.89	3.77	-0.12
河　北	2.82	2.97	2.88	3.03	3.59	3.75	0.16
河　南	2.76	3.00	3.11	3.30	3.52	3.74	0.22
贵　州	2.81	3.25	2.83	3.52	3.68	3.73	0.06
四　川	3.01	3.10	3.16	3.49	3.50	3.73	0.23
新　疆	2.96	2.92	2.84	3.16	3.63	3.70	0.08
江　西	2.75	3.13	2.95	3.22	3.27	3.70	0.43
山　西	2.75	2.72	2.97	3.19	3.39	3.69	0.30
陕　西	2.73	2.96	2.92	3.44	3.78	3.66	-0.12
内蒙古	2.76	2.93	2.74	3.26	3.66	3.66	-0.00
甘　肃	2.67	2.86	3.05	3.15	3.68	3.65	-0.04
吉　林	2.86	3.13	3.01	3.53	3.40	3.64	0.24
海　南	2.95	3.11	3.00	3.45	3.55	3.62	0.08
青　海	2.63	2.90			3.34	3.57	0.23
广　西	2.91	3.08	2.99	3.55	3.55	3.56	0.00

3. 企业经营的法治环境

表 2-16　全国 31 个省份"企业经营的法治环境"方面指数的进展

单位：分

省　份	2006 年	2008 年	2010 年	2012 年	2016 年	2019 年	2016～2019 年变化
江　苏	3.20	3.40	3.27	3.50	3.84	4.10	0.26
天　津	3.13	3.32	3.28	3.79	3.96	4.08	0.12
上　海	3.30	3.47	3.36	3.51	4.12	4.05	-0.08
广　东	3.07	3.24	3.11	3.45	3.88	3.98	0.10
浙　江	3.21	3.36	3.20	3.51	4.08	3.96	-0.12
山　东	3.10	3.24	3.12	3.46	3.86	3.96	0.10
北　京	3.07	3.34	3.18	3.52	3.88	3.96	0.08
安　徽	3.14	3.30	3.25	3.57	3.81	3.96	0.15
四　川	3.05	3.28	3.16	3.43	3.81	3.91	0.10
江　西	2.88	3.26	3.13	3.28	3.83	3.91	0.07
河　南	2.91	3.14	3.08	3.44	3.70	3.91	0.21
黑龙江	2.94	3.20	2.96	3.60	4.10	3.91	-0.19
广　西	2.91	3.19	2.96	3.55	3.81	3.90	0.09
湖　南	2.82	3.17	3.06	3.35	3.79	3.90	0.10
吉　林	3.07	3.39	3.11	3.61	3.96	3.89	-0.07
河　北	3.02	3.24	3.00	3.30	3.77	3.88	0.11
重　庆	2.94	3.24	3.27	3.51	3.94	3.88	-0.07
新　疆	2.95	3.18	2.92	3.26	3.53	3.85	0.31
福　建	3.07	3.26	3.15	3.46	4.02	3.85	-0.17
云　南	2.99	3.21	3.20	3.25	3.52	3.84	0.31
湖　北	2.91	3.19	3.09	3.40	3.90	3.83	-0.08
山　西	2.85	3.05	3.08	3.45	3.72	3.82	0.10
陕　西	2.84	3.19	3.03	3.40	3.90	3.81	-0.09
青　海	3.12	3.24			3.62	3.81	0.20
贵　州	2.86	3.22	2.90	3.39	3.78	3.77	-0.01
宁　夏	2.74	3.14	2.90	3.37	3.80	3.74	-0.05
辽　宁	3.04	3.26	3.09	3.40	3.85	3.73	-0.11
内蒙古	3.07	3.26	3.08	3.58	3.82	3.72	-0.11
西　藏					3.80	3.70	-0.10
甘　肃	2.81	3.04	3.06	3.31	3.85	3.69	-0.16
海　南	2.80	3.07	3.00	3.49	3.61	3.65	0.04

表 2 - 17 全国31个省份"司法公正和效率"分项指数的进展

单位：分

省 份	2006 年	2008 年	2010 年	2012 年	2016 年	2019 年	2016～2019 年变化
上 海	3.12	3.29	3.22	3.21	3.95	4.08	0.14
江 苏	2.98	3.16	3.05	3.13	3.58	4.06	0.48
天 津	2.84	3.05	3.04	3.47	3.90	4.00	0.10
浙 江	2.95	3.14	2.97	3.13	3.86	4.00	0.14
北 京	2.80	3.16	2.93	3.14	3.72	3.97	0.26
广 东	2.83	3.02	2.88	2.96	3.73	3.97	0.24
福 建	2.78	3.00	2.91	3.06	3.71	3.94	0.22
重 庆	2.67	2.96	3.17	3.16	3.63	3.92	0.29
云 南	2.66	2.99	3.04	2.92	3.32	3.90	0.58
河 北	2.66	2.91	2.65	2.70	3.55	3.89	0.34
广 西	2.55	2.95	2.73	3.09	3.62	3.89	0.27
安 徽	2.83	3.05	3.01	2.98	3.63	3.89	0.26
湖 南	2.40	2.88	2.79	2.78	3.49	3.88	0.39
山 东	2.73	2.94	2.85	2.94	3.68	3.88	0.20
湖 北	2.58	2.91	2.81	2.89	3.48	3.88	0.40
青 海	3.01	3.08		—	3.31	3.88	0.56
四 川	2.79	3.02	2.95	3.03	3.65	3.87	0.22
山 西	2.46	2.74	2.82	2.89	3.64	3.86	0.22
吉 林	2.68	3.16	2.74	3.10	3.60	3.86	0.26
辽 宁	2.74	2.95	2.77	2.99	3.62	3.85	0.23
新 疆	2.63	2.89	2.62	2.74	3.28	3.85	0.56
陕 西	2.47	2.93	2.75	2.99	3.72	3.83	0.11
江 西	2.49	2.95	2.84	2.75	3.73	3.81	0.09
河 南	2.46	2.80	2.76	2.83	3.58	3.80	0.23
西 藏					3.50	3.80	0.30
贵 州	2.56	3.04	2.67	2.92	3.48	3.77	0.29
黑龙江	2.46	2.92	2.63	2.99	3.61	3.76	0.15
甘 肃	2.55	2.72	2.73	2.73	3.76	3.71	- 0.05
宁 夏	2.39	2.83	2.52	2.66	3.52	3.68	0.16
海 南	2.38	2.63	2.78	2.93	3.42	3.62	0.20
内蒙古	2.63	2.88	2.67	2.76	3.51	3.62	0.11

表 2 - 18　全国 31 个省份"企业合同正常履行"分项指数的进展

单位：分

省　份	2006 年	2008 年	2010 年	2012 年	2016 年	2019 年	2016～2019 年变化
天　津	3.62	3.68	3.65	3.80	3.91	4.04	0.13
江　苏	3.62	3.69	3.65	3.46	3.85	4.00	0.15
山　东	3.64	3.60	3.55	3.39	3.77	3.95	0.18
北　京	3.48	3.50	3.50	3.44	3.86	3.90	0.04
吉　林	3.54	3.56	3.61	3.62	3.89	3.89	0.01
江　西	3.49	3.63	3.55	3.31	3.79	3.89	0.10
安　徽	3.62	3.62	3.53	3.47	3.60	3.87	0.27
上　海	3.59	3.69	3.65	3.47	3.97	3.87	- 0.11
黑龙江	3.47	3.53	3.41	3.60	4.06	3.86	- 0.20
广　东	3.53	3.57	3.52	3.53	3.87	3.86	- 0.01
河　南	3.52	3.58	3.57	3.42	3.59	3.84	0.25
浙　江	3.64	3.67	3.59	3.55	3.98	3.83	- 0.16
河　北	3.56	3.66	3.60	3.37	3.77	3.81	0.03
湖　北	3.50	3.59	3.55	3.35	3.96	3.79	- 0.18
福　建	3.52	3.55	3.52	3.44	3.67	3.79	0.12
四　川	3.41	3.62	3.47	3.44	3.61	3.78	0.17
新　疆	3.29	3.53	3.31	3.07	3.31	3.77	0.46
湖　南	3.48	3.62	3.43	3.38	3.74	3.77	0.03
山　西	3.34	3.50	3.44	3.49	3.48	3.69	0.21
陕　西	3.40	3.56	3.51	3.41	3.83	3.66	- 0.18
贵　州	3.39	3.55	3.24	3.39	3.55	3.65	0.10
宁　夏	3.25	3.39	3.54	3.24	3.52	3.64	0.12
青　海	3.30	3.53			3.81	3.63	- 0.19
广　西	3.41	3.47	3.44	3.59	3.76	3.61	- 0.15
西　藏					3.96	3.60	- 0.36
云　南	3.51	3.52	3.58	3.33	3.48	3.60	0.12
辽　宁	3.55	3.60	3.55	3.41	3.79	3.59	- 0.21
甘　肃	3.23	3.40	3.53	3.09	3.88	3.59	- 0.29
内蒙古	3.55	3.63	3.70	3.48	3.80	3.52	- 0.28
重　庆	3.39	3.50	3.43	3.48	3.98	3.49	- 0.49
海　南	3.44	3.50	3.26	3.38	3.42	3.38	- 0.05

表2－19　全国31个省份"经营者财产和人身安全保障"分项指数的进展

单位：分

省　份	2006 年	2008 年	2010 年	2012 年	2016 年	2019 年	2016～2019 年变化
天　津	3.41	3.59	3.61	3.88	4.09	4.23	0.14
江　苏	3.49	3.71	3.59	3.66	4.12	4.18	0.06
广　西	3.26	3.45	3.17	3.64	4.10	4.17	0.06
上　海	3.65	3.78	3.63	3.74	4.42	4.14	－0.28
重　庆	3.16	3.50	3.45	3.53	4.29	4.08	－0.21
安　徽	3.46	3.55	3.61	3.67	4.31	4.07	－0.24
浙　江	3.45	3.59	3.49	3.64	4.38	4.05	－0.33
北　京	3.39	3.73	3.61	3.70	4.13	4.05	－0.08
广　东	3.22	3.46	3.35	3.51	4.11	4.05	－0.06
山　东	3.46	3.55	3.44	3.62	4.24	4.05	－0.19
吉　林	3.38	3.72	3.39	3.72	4.26	4.04	－0.22
黑龙江	3.42	3.54	3.36	3.63	4.36	4.03	－0.33
湖　南	3.14	3.38	3.21	3.35	4.09	4.02	－0.06
河　南	3.31	3.42	3.38	3.60	3.82	4.02	0.20
四　川	3.34	3.56	3.41	3.45	4.05	4.00	－0.05
西　藏					4.04	4.00	－0.04
江　西	3.29	3.64	3.39	3.32	3.97	4.00	0.03
青　海	3.20	3.37			3.88	4.00	0.13
云　南	3.25	3.44	3.29	3.29	3.77	4.00	0.23
河　北	3.34	3.57	3.28	3.39	4.03	3.99	－0.04
宁　夏	3.17	3.50	3.17	3.55	4.26	3.95	－0.30
陕　西	3.16	3.38	3.22	3.45	4.33	3.94	－0.39
山　西	3.28	3.26	3.40	3.60	3.91	3.93	0.02
贵　州	3.07	3.39	3.06	3.39	4.10	3.92	－0.18
甘　肃	3.03	3.47	3.42	3.35	4.10	3.88	－0.22
福　建	3.42	3.65	3.46	3.53	4.33	3.85	－0.48
湖　北	3.16	3.47	3.37	3.51	4.21	3.85	－0.37
海　南	2.88	3.56	3.32	3.48	4.00	3.84	－0.16
新　疆	3.40	3.49	3.15	3.30	3.91	3.81	－0.10
内蒙古	3.54	3.61	3.47	3.72	4.17	3.76	－0.41
辽　宁	3.20	3.62	3.42	3.44	4.18	3.75	－0.43

表 2 – 20　全国 31 个省份"知识产权、技术和品牌保护"分项指数的进展

单位：分

省　份	2006 年	2008 年	2010 年	2012 年	2016 年	2019 年	2016 ~ 2019 年变化
江　苏	3.18	3.48	3.25	3.38	3.79	4.14	0.35
上　海	3.22	3.46	3.22	3.33	4.15	4.08	– 0.07
天　津	3.22	3.48	3.32	3.69	3.94	4.06	0.12
广　东	3.20	3.38	3.16	3.31	3.79	4.04	0.25
重　庆	3.11	3.55	3.23	3.51	3.88	4.03	0.15
安　徽	3.25	3.46	3.35	3.56	3.69	4.00	0.31
四　川	3.21	3.43	3.22	3.41	3.91	3.98	0.07
黑龙江	3.37	3.37	3.12	3.58	4.36	3.97	– 0.40
内蒙古	3.43	3.69	3.33	3.55	3.80	3.97	0.17
浙　江	3.33	3.47	3.21	3.33	4.09	3.97	– 0.12
河　南	3.27	3.43	3.26	3.30	3.81	3.96	0.16
新　疆	3.11	3.38	3.20	3.41	3.63	3.96	0.34
山　东	3.31	3.45	3.16	3.37	3.77	3.96	0.19
广　西	3.14	3.34	2.99	3.42	3.76	3.94	0.19
江　西	3.05	3.46	3.28	3.20	3.85	3.93	0.08
北　京	3.14	3.34	3.16	3.41	3.81	3.92	0.10
湖　南	3.12	3.41	3.34	3.32	3.86	3.91	0.05
河　北	3.26	3.47	3.19	3.13	3.75	3.85	0.10
云　南	3.19	3.29	3.18	3.14	3.52	3.85	0.33
陕　西	3.04	3.42	3.19	3.35	3.72	3.83	0.11
福　建	3.16	3.37	3.19	3.41	4.36	3.81	– 0.55
山　西	3.13	3.30	3.19	3.27	3.86	3.80	– 0.06
湖　北	3.08	3.36	3.20	3.34	3.95	3.79	– 0.16
吉　林	3.46	3.60	3.40	3.48	4.09	3.77	– 0.32
海　南	3.38	3.44	3.09	3.62	3.58	3.75	0.17
青　海	3.20	3.32			3.47	3.75	0.28
辽　宁	3.27	3.48	3.24	3.33	3.79	3.74	– 0.05
贵　州	3.02	3.28	3.08	3.39	3.98	3.73	– 0.24
宁　夏	2.88	3.47	3.14	3.32	3.89	3.70	– 0.19
甘　肃	2.93	3.22	3.21	3.50	3.66	3.59	– 0.07
西　藏					3.69	3.40	– 0.29

4. 企业的税费负担

表 2-21 全国 31 个省份"企业的税费负担"方面指数的进展

单位：分

省　份	2012 年	2016 年	2019 年	2016～2019 年变化
福　建	2.81	3.47	3.61	0.14
江　苏	2.68	3.66	3.58	-0.08
山　东	2.69	3.62	3.51	-0.11
贵　州	2.95	3.59	3.51	-0.08
广　西	2.86	3.66	3.51	-0.15
宁　夏	2.73	3.73	3.50	-0.23
天　津	3.21	3.98	3.50	-0.48
吉　林	2.73	3.51	3.49	-0.02
云　南	2.58	3.35	3.49	0.14
四　川	2.81	3.64	3.49	-0.15
北　京	2.87	3.71	3.48	-0.23
广　东	2.73	3.48	3.48	0.00
河　北	2.66	3.70	3.47	-0.23
河　南	2.76	3.48	3.47	-0.01
上　海	2.92	4.03	3.47	-0.56
浙　江	2.82	3.65	3.45	-0.20
安　徽	2.86	3.47	3.44	-0.02
江　西	2.68	3.62	3.44	-0.18
陕　西	2.84	3.53	3.43	-0.09
新　疆	2.61	3.49	3.43	-0.06
山　西	2.66	3.69	3.40	-0.29
内蒙古	2.56	3.37	3.39	0.02
重　庆	2.82	3.63	3.38	-0.25
湖　北	2.74	3.72	3.37	-0.35
甘　肃	2.86	3.88	3.33	-0.55
辽　宁	2.71	3.60	3.32	-0.28
海　南	3.12	3.62	3.32	-0.30
湖　南	2.77	3.54	3.32	-0.23
青　海		3.49	3.30	-0.19
黑龙江	2.87	3.59	3.30	-0.29
西　藏		3.87	3.20	-0.67

表2-22 全国31个省份"法定税负"和"依法征税"分项指数的进展

单位：分

	法定税负				依法征税		
省 份	2012年	2016年	2019年	2016~2019年变化	省 份	2016年	2019年	2016~2019年变化
重 庆	2.08	3.35	4.30	0.95	重 庆	3.82	4.26	0.44
福 建	2.09	2.95	4.19	1.24	福 建	3.76	4.20	0.43
新 疆	1.97	2.94	4.18	1.24	江 苏	3.87	4.18	0.31
广 西	2.21	3.34	4.14	0.80	广 东	3.81	4.18	0.37
辽 宁	2.02	3.21	4.14	0.93	北 京	4.03	4.18	0.15
上 海	2.04	3.92	4.13	0.22	上 海	4.22	4.16	-0.06
内 蒙 古	2.07	2.89	4.12	1.23	吉 林	3.66	4.13	0.47
四 川	2.07	3.21	4.09	0.88	甘 肃	3.98	4.13	0.15
江 苏	2.02	3.30	4.08	0.78	贵 州	3.85	4.12	0.27
山 西	2.18	3.39	4.08	0.69	河 北	3.82	4.12	0.29
河 南	2.09	3.12	4.04	0.92	安 徽	3.66	4.12	0.46
西 藏		3.50	4.00	0.50	新 疆	3.53	4.12	0.58
宁 夏	2.00	3.00	4.00	1.00	云 南	3.32	4.11	0.79
广 东	2.02	3.23	3.98	0.75	浙 江	3.89	4.10	0.21
山 东	2.10	3.36	3.97	0.62	山 西	3.95	4.10	0.15
湖 北	2.13	3.29	3.97	0.68	天 津	4.32	4.10	-0.23
江 西	2.17	3.39	3.96	0.57	黑 龙 江	3.73	4.07	0.34
云 南	1.97	3.20	3.95	0.75	山 东	3.81	4.07	0.26
甘 肃	2.26	3.90	3.94	0.04	陕 西	3.83	4.06	0.23
吉 林	2.11	3.23	3.92	0.69	海 南	3.76	4.05	0.30
浙 江	2.03	3.23	3.91	0.68	湖 南	3.68	4.05	0.36
黑 龙 江	2.26	3.52	3.90	0.38	宁 夏	3.89	4.05	0.16
北 京	2.15	3.62	3.89	0.28	四 川	3.86	4.04	0.18
贵 州	2.18	3.10	3.88	0.78	内 蒙 古	3.91	4.04	0.12
陕 西	2.22	2.92	3.88	0.97	河 南	3.63	4.04	0.41
河 北	2.06	3.44	3.87	0.43	西 藏	3.88	4.00	0.12
天 津	2.51	3.94	3.87	-0.07	辽 宁	3.85	4.00	0.15
青 海		3.16	3.86	0.70	广 西	3.76	4.00	0.24
湖 南	2.19	3.14	3.79	0.65	青 海	3.34	4.00	0.66
海 南	2.29	3.18	3.78	0.60	湖 北	3.68	3.97	0.29
安 徽	2.14	3.20	3.71	0.51	江 西	3.88	3.89	0.01

表2-23 全国31个省份"社保缴费"和"其他缴费"分项指数的进展

单位：分

税外收费			社保缴费		其他缴费	
省　份	2012年	2016年	省　份	2019年	省　份	2019年
宁　夏	3.46	4.30	福　建	3.16	天　津	3.12
西　藏		4.23	四　川	3.09	江　苏	3.10
湖　北	3.35	4.20	广　西	3.06	贵　州	3.08
新　疆	3.25	4.00	山　东	3.04	河　北	3.02
青　海		3.97	河　南	2.98	宁　夏	3.00
上　海	3.80	3.95	安　徽	2.98	江　西	3.00
海　南	3.95	3.91	吉　林	2.96	北　京	2.98
广　西	3.52	3.86	贵　州	2.96	山　东	2.98
四　川	3.56	3.85	江　苏	2.96	吉　林	2.96
河　北	3.27	3.84	宁　夏	2.95	安　徽	2.96
浙　江	3.61	3.84	云　南	2.95	云　南	2.95
陕　西	3.46	3.83	天　津	2.90	浙　江	2.92
贵　州	3.71	3.83	江　西	2.89	陕　西	2.91
江　苏	3.34	3.81	广　东	2.89	福　建	2.91
湖　南	3.35	3.81	北　京	2.89	广　东	2.87
甘　肃	3.45	3.76	陕　西	2.88	青　海	2.86
辽　宁	3.39	3.74	河　北	2.88	湖　北	2.84
重　庆	3.55	3.73	浙　江	2.87	广　西	2.83
山　西	3.14	3.73	新　疆	2.85	河　南	2.82
山　东	3.29	3.69	甘　肃	2.82	山　西	2.81
福　建	3.53	3.69	重　庆	2.82	上　海	2.77
河　南	3.43	3.69	上　海	2.81	四　川	2.74
天　津	3.92	3.68	黑龙江	2.79	海　南	2.72
吉　林	3.34	3.66	内蒙古	2.75	湖　南	2.69
江　西	3.20	3.58	湖　南	2.74	内蒙古	2.68
安　徽	3.59	3.54	海　南	2.70	新　疆	2.56
云　南	3.18	3.52	辽　宁	2.69	辽　宁	2.44
黑龙江	3.47	3.52	湖　北	2.69	黑龙江	2.43
北　京	3.59	3.49	山　西	2.62	甘　肃	2.41
广　东	3.45	3.40	西　藏	2.60	西　藏	2.20
内蒙古	3.06	3.31	青　海	2.50	重　庆	2.15

5. 金融服务和融资成本

表 2-24 全国 31 个省份"金融服务和融资成本"方面指数的进展

单位：分

省　份	2006 年	2008 年	2010 年	2012 年	2016 年	2019 年	2016~2019 年变化
福　建	2.75	3.12	3.08	2.99	3.21	3.82	0.62
甘　肃	2.06	2.82	2.78	2.79	2.72	3.81	1.09
四　川	2.41	2.85	2.83	3.06	2.29	3.80	1.51
重　庆	2.33	2.87	2.88	3.12	3.40	3.80	0.40
浙　江	2.97	3.37	3.33	3.32	3.76	3.80	0.04
黑龙江	2.31	2.91	2.69	2.99	3.28	3.79	0.51
湖　北	2.46	2.86	2.92	3.04	3.37	3.76	0.39
上　海	2.53	3.12	3.04	3.21	3.53	3.74	0.21
广　西	2.37	2.87	2.66	3.20	4.32	3.73	-0.58
江　苏	2.69	3.17	3.13	3.20	3.63	3.72	0.08
广　东	2.49	2.86	2.84	3.02	3.02	3.70	0.67
内蒙古	2.39	3.04	2.68	2.97	3.54	3.68	0.14
贵　州	2.43	2.87	2.74	3.00	3.26	3.68	0.42
辽　宁	2.52	2.85	2.76	3.10	3.96	3.66	-0.30
海　南	2.33	2.76	2.54	3.04	3.72	3.64	-0.08
青　海	2.22	2.86			2.62	3.63	1.00
宁　夏	2.06	2.89	3.02	3.45	3.33	3.58	0.25
山　东	2.42	2.94	2.79	3.02	3.28	3.57	0.29
陕　西	2.25	2.87	2.71	3.03	3.47	3.56	0.10
江　西	2.40	2.86	2.80	3.07	3.46	3.54	0.08
湖　南	2.27	2.73	2.73	3.17	2.96	3.54	0.57
天　津	2.44	2.90	2.84	3.33	3.07	3.52	0.46
吉　林	2.27	2.76	2.61	3.16	3.52	3.51	-0.01
北　京	2.41	2.94	2.86	2.96	3.68	3.51	-0.18
河　北	2.43	2.90	2.87	3.03	3.43	3.50	0.07
河　南	2.32	2.79	2.88	3.01	3.04	3.46	0.42
云　南	2.45	2.78	2.63	2.92	2.89	3.45	0.56
安　徽	2.58	3.02	2.94	3.04	3.84	3.42	-0.42
山　西	2.42	2.62	2.73	2.95	2.37	3.39	1.03
新　疆	2.27	2.71	2.48	2.84	3.03	3.33	0.29
西　藏					3.49	3.05	-0.43

表 2 – 25　全国 31 个省份"银行贷款"分项指数的进展

单位：分

省　份	2006 年	2008 年	2010 年	2012 年	2016 年	2019 年	2016～2019 年变化
重　庆	2.12	2.42	2.83	2.97	3.67	3.97	0.30
广　西	2.33	2.41	2.72	3.01	3.72	3.72	– 0.00
湖　北	2.23	2.40	3.00	2.78	3.54	3.70	0.16
福　建	2.80	2.67	3.02	2.79	3.14	3.68	0.54
山　东	2.31	2.47	2.82	2.77	3.51	3.62	0.12
上　海	2.64	2.78	3.01	2.95	3.74	3.61	– 0.12
黑龙江	1.94	2.32	2.58	2.52	3.50	3.61	0.11
四　川	2.39	2.46	2.78	2.78	3.23	3.60	0.37
海　南	1.94	2.05	2.25	2.71	3.58	3.59	0.02
云　南	2.41	2.42	2.49	2.32	3.05	3.59	0.54
内蒙古	2.25	2.23	2.50	2.23	3.17	3.59	0.41
贵　州	2.45	2.44	2.61	2.61	3.18	3.58	0.40
辽　宁	2.38	2.44	2.68	2.90	3.81	3.58	– 0.24
河　北	2.22	2.32	2.73	2.61	3.61	3.51	– 0.10
浙　江	3.07	3.09	3.42	3.23	3.87	3.51	– 0.36
广　东	2.52	2.55	2.86	2.76	3.52	3.50	– 0.02
甘　肃	1.77	2.27	2.75	2.39	3.37	3.47	0.10
宁　夏	2.14	2.56	3.13	3.03	3.33	3.45	0.12
江　苏	2.73	2.90	3.24	3.00	3.59	3.45	– 0.14
新　疆	2.11	2.35	2.47	2.62	3.69	3.41	– 0.28
湖　南	2.19	2.16	2.56	2.95	3.58	3.40	– 0.17
河　南	1.95	2.10	2.72	2.58	3.28	3.35	0.07
北　京	2.44	2.61	2.85	2.78	3.65	3.34	– 0.31
安　徽	2.51	2.60	3.00	2.84	3.59	3.33	– 0.25
山　西	2.15	1.98	2.51	2.51	3.20	3.31	0.10
吉　林	2.13	2.11	2.74	2.93	3.53	3.30	– 0.23
江　西	2.19	2.23	2.77	2.52	3.36	3.29	– 0.08
天　津	2.50	2.55	2.83	3.24	3.83	3.27	– 0.56
青　海	2.20	2.17			3.47	3.25	– 0.22
陕　西	2.19	2.28	2.54	2.79	3.46	3.12	– 0.34
西　藏					2.92	2.60	– 0.32

表 2-26　全国 31 个省份"其他融资"分项指数的进展

单位：分

省　份	2006 年	2008 年	2010 年	2012 年	2016 年	2019 年	2016~2019 年变化
广　西	2.41	2.95	2.56	3.21	3.22	3.61	0.39
重　庆	2.55	3.05	2.92	3.17	3.31	3.59	0.28
福　建	2.77	3.25	3.17	2.96	2.68	3.55	0.87
湖　北	2.68	3.01	3.00	3.13	3.30	3.55	0.24
四　川	2.46	2.93	2.84	3.10	3.12	3.41	0.29
湖　南	2.44	3.02	2.94	3.23	3.36	3.40	0.05
上　海	2.45	3.03	2.91	3.20	3.64	3.40	-0.24
内蒙古	2.59	3.35	2.78	3.19	3.43	3.38	-0.05
海　南	2.63	2.89	2.57	2.95	3.12	3.38	0.26
广　东	2.52	2.80	2.73	3.01	3.50	3.38	-0.12
江　苏	2.73	3.23	3.16	3.27	3.35	3.37	0.02
云　南	2.44	2.69	2.59	3.06	3.16	3.36	0.20
宁　夏	2.00	3.03	3.00	3.67	2.89	3.36	0.47
浙　江	3.00	3.49	3.39	3.38	3.14	3.36	0.22
河　北	2.64	3.14	2.98	3.13	3.47	3.33	-0.13
山　东	2.54	3.13	2.89	3.08	3.42	3.33	-0.09
辽　宁	2.63	2.95	2.80	3.13	3.62	3.30	-0.32
甘　肃	2.26	2.99	2.73	2.78	2.93	3.29	0.37
北　京	2.40	2.82	2.79	2.91	3.63	3.28	-0.35
黑龙江	2.59	2.95	2.71	3.00	3.44	3.25	-0.19
山　西	2.72	2.87	2.92	3.02	3.23	3.24	0.01
安　徽	2.61	3.16	2.97	3.00	3.10	3.22	0.13
江　西	2.55	3.08	2.89	3.31	3.45	3.21	-0.24
河　南	2.61	3.09	3.05	3.13	3.28	3.19	-0.08
贵　州	2.49	2.76	2.77	3.10	3.18	3.19	0.01
天　津	2.39	2.88	2.79	3.35	3.50	3.16	-0.34
新　疆	2.36	2.67	2.42	2.72	3.32	3.15	-0.17
吉　林	2.37	2.96	2.53	3.22	3.03	3.04	0.01
青　海	2.10	2.95			3.06	3.00	-0.06
陕　西	2.27	3.03	2.73	2.99	3.39	2.91	-0.47
西　藏					2.54	2.20	-0.34

表 2 – 27　全国 31 个省份"贷款利率"和"其他融资利率"分项指数

单位：分

	贷款利率				其他融资利率		
省　份	2016 年	2019 年	2016～2019 年变化	省　份	2016 年	2019 年	2016～2019 年变化
西　藏	5.00	4.75	– 0.25	陕　西	3.77	4.26	0.49
青　海	2.95	4.25	1.30	甘　肃	1.54	4.25	2.71
黑龙江	3.61	4.24	0.63	浙　江	4.29	4.15	– 0.14
甘　肃	3.05	4.21	1.17	福　建	3.35	4.11	0.76
浙　江	3.75	4.17	0.42	四　川	1.67	4.10	2.43
四　川	1.15	4.11	2.96	广　东	2.54	4.08	1.54
内蒙古	2.99	4.08	1.09	黑龙江	2.56	4.06	1.50
上　海	3.55	4.02	0.47	江　苏	3.89	4.06	0.17
江　苏	3.70	3.98	0.28	贵　州	3.33	4.00	0.67
陕　西	3.25	3.96	0.71	重　庆	3.26	4.00	0.74
福　建	3.66	3.94	0.29	青　海	1.00	4.00	3.00
贵　州	3.37	3.94	0.58	湖　北	2.98	3.97	0.99
辽　宁	4.05	3.91	– 0.14	吉　林	3.74	3.94	0.20
广　西	4.39	3.90	– 0.49	海　南	3.99	3.92	– 0.06
江　西	3.36	3.88	0.53	上　海	3.19	3.92	0.73
宁　夏	3.82	3.84	0.03	北　京	3.65	3.87	0.22
湖　北	3.65	3.83	0.18	河　南	3.06	3.86	0.80
广　东	2.54	3.82	1.28	天　津	2.49	3.86	1.37
天　津	2.46	3.82	1.35	辽　宁	4.36	3.85	– 0.51
湖　南	3.02	3.81	0.78	山　东	2.93	3.78	0.85
吉　林	3.80	3.78	– 0.02	江　西	3.67	3.77	0.10
海　南	4.19	3.68	– 0.52	广　西	5.93	3.70	– 2.23
重　庆	3.35	3.64	0.29	宁　夏	3.28	3.67	0.39
河　北	3.52	3.56	0.04	内蒙古	4.57	3.67	– 0.90
山　东	3.28	3.56	0.27	河　北	3.12	3.59	0.48
北　京	3.80	3.53	– 0.27	安　徽	5.00	3.59	– 1.41
安　徽	3.69	3.53	– 0.15	云　南	1.95	3.57	1.63
山　西	1.27	3.51	2.24	湖　南	1.90	3.54	1.64
河　南	2.53	3.43	0.90	新　疆	1.80	3.52	1.72
云　南	3.40	3.29	– 0.11	山　西	1.76	3.51	1.75
新　疆	3.33	3.23	– 0.10	西　藏		2.67	

6. 人力资源供应

表 2-28　全国 31 个省份"人力资源供应"方面指数的进展

单位：分

省　份	2006 年	2008 年	2010 年	2012 年	2016 年	2019 年	2016~2019 年变化
重　庆	2.51	2.85	2.66	3.01	3.63	3.98	0.35
福　建	2.35	2.56	2.44	2.57	4.15	3.91	-0.24
湖　北	2.47	2.71	2.63	2.75	3.53	3.89	0.36
辽　宁	2.75	2.82	2.84	2.79	3.35	3.86	0.51
北　京	2.61	2.83	2.90	2.86	3.58	3.85	0.27
江　苏	2.44	2.75	2.69	2.81	3.24	3.82	0.58
上　海	2.69	2.88	2.93	2.90	3.84	3.82	-0.02
江　西	2.27	2.63	2.63	2.83	3.22	3.81	0.59
广　东	2.44	2.69	2.62	2.72	3.40	3.77	0.37
云　南	2.54	2.69	2.85	2.71	3.31	3.76	0.45
山　西	2.54	2.75	2.78	2.83	3.50	3.75	0.25
山　东	2.51	2.75	2.64	2.87	3.35	3.75	0.40
甘　肃	2.39	2.79	2.48	2.42	3.11	3.74	0.62
浙　江	2.33	2.61	2.50	2.69	3.50	3.71	0.21
安　徽	2.50	2.76	2.67	2.59	3.25	3.70	0.45
四　川	2.53	2.78	2.70	2.77	3.50	3.67	0.17
内蒙古	2.26	2.57	2.34	2.79	3.21	3.60	0.39
河　南	2.62	2.90	2.94	2.99	3.29	3.59	0.30
陕　西	2.49	2.78	2.65	2.83	3.19	3.56	0.38
贵　州	2.31	2.86	2.66	2.76	3.10	3.56	0.46
湖　南	2.63	2.70	2.70	2.87	3.42	3.56	0.14
河　北	2.53	2.81	2.68	2.90	3.26	3.51	0.25
青　海	2.40	2.53			3.19	3.51	0.32
广　西	2.50	2.88	2.66	2.87	3.31	3.48	0.17
宁　夏	2.25	2.59	2.63	2.54	3.14	3.47	0.33
吉　林	2.36	2.70	2.75	2.84	3.49	3.45	-0.03
天　津	2.62	2.90	2.99	3.17	3.41	3.40	-0.01
黑龙江	2.51	2.85	2.87	2.89	3.43	3.39	-0.04
海　南	2.60	2.63	2.62	2.87	3.21	3.35	0.14
新　疆	2.44	2.52	2.29	2.33	3.36	3.21	-0.15
西　藏					2.87	2.73	-0.14

表 2 – 29　全国 31 个省份"技术人员"分项指数的进展情况

单位：分

省　份	2006 年	2008 年	2010 年	2012 年	2016 年	2019 年	2016 ~ 2019 年变化
福　建	2.31	2.50	2.37	2.55	4.10	4.11	0.01
湖　北	2.39	2.65	2.52	2.71	3.34	3.91	0.57
北　京	2.65	2.78	2.86	2.82	3.62	3.86	0.24
上　海	2.65	2.76	2.94	2.90	3.93	3.84	– 0.09
重　庆	2.43	2.74	2.56	2.89	3.51	3.82	0.31
江　苏	2.39	2.70	2.62	2.77	3.25	3.76	0.51
甘　肃	2.33	2.65	2.39	2.33	3.12	3.75	0.63
山　东	2.47	2.69	2.54	2.78	3.32	3.73	0.41
云　南	2.53	2.62	2.78	2.72	3.18	3.73	0.55
辽　宁	2.64	2.70	2.73	2.66	3.26	3.73	0.47
江　西	2.15	2.52	2.60	2.72	3.52	3.71	0.20
广　东	2.38	2.60	2.50	2.66	3.34	3.71	0.37
浙　江	2.24	2.52	2.42	2.65	3.47	3.69	0.22
山　西	2.52	2.68	2.63	2.68	3.43	3.69	0.26
安　徽	2.40	2.70	2.59	2.50	3.23	3.61	0.38
四　川	2.48	2.65	2.59	2.70	3.40	3.58	0.18
湖　南	2.65	2.60	2.61	2.81	3.19	3.58	0.39
河　南	2.61	2.80	2.88	2.92	3.29	3.58	0.29
河　北	2.50	2.77	2.63	2.84	3.28	3.50	0.21
陕　西	2.47	2.71	2.52	2.79	3.06	3.47	0.42
天　津	2.58	2.87	2.97	3.16	3.36	3.35	– 0.02
黑龙江	2.55	2.76	2.74	2.79	3.33	3.34	0.01
内蒙古	2.11	2.53	2.24	2.77	3.14	3.34	0.20
吉　林	2.32	2.59	2.63	2.74	3.37	3.32	– 0.05
贵　州	2.27	2.81	2.58	2.79	2.95	3.31	0.36
海　南	2.63	2.47	2.67	2.81	3.15	3.22	0.06
广　西	2.45	2.81	2.60	2.80	3.21	3.17	– 0.04
青　海	2.40	2.42			2.84	3.14	0.30
宁　夏	2.26	2.56	2.54	2.41	3.07	3.09	0.02
新　疆	2.41	2.39	2.34	2.27	3.63	2.93	– 0.70
西　藏					2.73	2.00	– 0.73

表2-30 全国31个省份"管理人员"分项指数的进展

单位：分

省　份	2006 年	2008 年	2010 年	2012 年	2016 年	2019 年	2016~2019 年变化
重　庆	2.56	2.88	2.71	3.01	3.73	4.10	0.37
辽　宁	2.79	2.83	2.91	2.76	3.41	4.03	0.61
上　海	2.78	2.99	3.07	3.04	3.90	3.95	0.05
北　京	2.62	2.81	2.87	2.86	3.63	3.89	0.26
湖　北	2.47	2.68	2.63	2.68	3.54	3.88	0.34
江　苏	2.51	2.78	2.82	2.89	3.15	3.87	0.72
福　建	2.46	2.54	2.50	2.59	4.17	3.83	-0.34
江　西	2.25	2.64	2.63	2.90	3.06	3.82	0.76
浙　江	2.40	2.63	2.61	2.72	3.61	3.81	0.20
广　东	2.54	2.83	2.72	2.83	3.44	3.80	0.36
贵　州	2.25	2.75	2.55	2.73	3.05	3.73	0.68
云　南	2.51	2.69	2.72	2.59	3.25	3.73	0.48
广　西	2.54	2.90	2.44	2.78	3.28	3.72	0.45
山　西	2.49	2.67	2.81	2.78	3.36	3.69	0.33
山　东	2.49	2.69	2.68	2.93	3.25	3.68	0.43
四　川	2.45	2.74	2.70	2.72	3.48	3.67	0.20
内蒙古	2.28	2.49	2.27	2.77	3.11	3.66	0.54
甘　肃	2.43	2.85	2.62	2.26	3.15	3.65	0.50
青　海	2.30	2.28			3.19	3.63	0.44
安　徽	2.48	2.68	2.65	2.54	3.20	3.57	0.37
陕　西	2.42	2.71	2.65	2.76	3.19	3.50	0.31
河　南	2.54	2.83	2.87	2.94	3.29	3.49	0.20
河　北	2.45	2.69	2.65	2.83	3.24	3.49	0.25
天　津	2.67	2.99	3.05	3.20	3.49	3.46	-0.03
宁　夏	2.11	2.53	2.54	2.38	3.11	3.45	0.34
吉　林	2.23	2.68	2.74	2.85	3.46	3.43	-0.03
湖　南	2.53	2.69	2.86	2.97	3.47	3.42	-0.06
黑龙江	2.42	2.87	2.99	2.87	3.45	3.34	-0.11
海　南	2.44	2.63	2.52	2.86	3.03	3.30	0.27
新　疆	2.31	2.51	2.27	2.47	3.38	3.22	-0.15
西　藏					2.81	3.00	0.19

表 2-31 全国 31 个省份"熟练工人"分项指数的进展

单位：分

省 份	2006 年	2008 年	2010 年	2012 年	2016 年	2019 年	2016~2019 年变化
重 庆	2.54	2.92	2.70	3.12	3.65	4.03	0.37
安 徽	2.61	2.89	2.78	2.72	3.31	3.91	0.59
江 西	2.42	2.72	2.66	2.88	3.09	3.89	0.80
山 西	2.63	2.91	2.91	3.04	3.70	3.88	0.18
湖 北	2.56	2.80	2.74	2.87	3.71	3.88	0.16
宁 夏	2.38	2.69	2.79	2.83	3.22	3.86	0.64
江 苏	2.43	2.78	2.64	2.77	3.33	3.84	0.51
山 东	2.57	2.85	2.71	2.91	3.49	3.83	0.35
辽 宁	2.81	2.93	2.87	2.93	3.38	3.83	0.44
云 南	2.58	2.77	3.04	2.81	3.50	3.82	0.32
甘 肃	2.42	2.86	2.43	2.65	3.07	3.82	0.75
广 东	2.39	2.65	2.64	2.66	3.41	3.80	0.39
内蒙古	2.38	2.69	2.50	2.84	3.37	3.79	0.42
北 京	2.56	2.90	2.97	2.89	3.50	3.79	0.29
福 建	2.27	2.64	2.44	2.56	4.19	3.79	-0.40
四 川	2.67	2.96	2.83	2.90	3.63	3.76	0.14
青 海	2.50	2.89			3.53	3.75	0.22
陕 西	2.58	2.92	2.79	2.93	3.31	3.72	0.42
河 南	2.70	3.08	3.07	3.11	3.30	3.71	0.41
湖 南	2.73	2.83	2.64	2.84	3.60	3.67	0.08
上 海	2.63	2.89	2.79	2.76	3.67	3.65	-0.02
贵 州	2.41	3.03	2.86	2.76	3.30	3.65	0.35
浙 江	2.35	2.69	2.48	2.71	3.43	3.63	0.19
吉 林	2.52	2.83	2.88	2.94	3.63	3.61	-0.02
河 北	2.65	2.96	2.76	3.03	3.27	3.56	0.28
广 西	2.50	2.94	2.94	3.04	3.45	3.56	0.11
海 南	2.75	2.78	2.68	2.95	3.45	3.54	0.09
黑龙江	2.56	2.92	2.89	3.02	3.52	3.48	-0.03
新 疆	2.59	2.67	2.25	2.27	3.09	3.48	0.39
天 津	2.60	2.84	2.95	3.16	3.38	3.38	0.01
西 藏					3.08	3.20	0.12

7. 基础设施条件

表 2 – 32 全国 31 个省份"基础设施条件"方面指数的进展

单位：分

省 份	2006 年	2008 年	2010 年	2012 年	2016 年	2019 年	2016 ~ 2019 年变化
上 海	3.91	3.80	3.73	3.49	4.54	4.41	– 0.13
北 京	3.57	3.82	3.56	3.45	4.22	4.27	0.05
广 东	3.44	3.51	3.39	3.21	4.17	4.23	0.07
天 津	3.87	3.68	3.44	3.53	4.12	4.16	0.04
浙 江	3.71	3.68	3.44	3.28	4.37	4.13	– 0.24
江 苏	3.87	3.88	3.65	3.44	4.13	4.13	– 0.00
山 东	3.80	3.52	3.40	3.44	4.00	4.06	0.06
湖 北	3.48	3.54	3.22	3.29	4.27	4.05	– 0.22
福 建	3.57	3.74	3.26	3.38	4.17	4.04	– 0.12
广 西	3.38	3.48	2.97	3.08	3.93	4.04	0.11
安 徽	3.53	3.56	3.27	3.32	3.74	3.99	0.25
河 北	3.67	3.70	3.08	3.32	3.90	3.99	0.09
江 西	3.45	3.37	3.17	3.23	3.89	3.99	0.10
黑龙江	3.65	3.67	2.96	3.24	3.80	3.93	0.13
辽 宁	3.61	3.65	3.20	3.46	3.91	3.92	0.00
重 庆	3.43	3.39	3.16	3.35	4.44	3.89	– 0.55
河 南	3.51	3.55	3.18	3.24	3.90	3.86	– 0.04
陕 西	3.39	3.53	3.01	3.29	3.89	3.85	– 0.04
甘 肃	3.28	3.46	2.85	3.12	3.69	3.84	0.15
山 西	3.36	3.28	3.03	3.33	4.08	3.83	– 0.24
吉 林	3.59	3.74	3.11	3.49	3.74	3.82	0.08
海 南	3.38	3.63	2.95	2.98	3.56	3.82	0.26
宁 夏	3.64	3.81	3.08	3.35	3.60	3.82	0.21
湖 南	3.39	3.41	2.98	3.25	4.11	3.81	– 0.30
云 南	3.34	3.23	3.09	2.86	3.62	3.74	0.12
四 川	3.50	3.47	3.25	3.31	4.04	3.72	– 0.32
贵 州	3.16	3.22	3.00	3.11	3.77	3.65	– 0.12
青 海	3.40	3.37			3.75	3.63	– 0.13
新 疆	3.64	3.56	3.03	3.03	3.61	3.62	0.00
内蒙古	3.59	3.78	3.05	3.45	3.67	3.47	– 0.20
西 藏					3.08	3.07	– 0.01

表 2-33 全国 31 个省份"电水气供应条件"分项指数的进展

单位：分

省　份	2012 年	2016 年	2019 年	2016~2019 年变化
上　海	3.92	4.58	4.46	-0.13
天　津	3.98	4.10	4.31	0.20
广　东	3.51	4.26	4.27	0.01
北　京	3.96	4.32	4.26	-0.06
浙　江	3.70	4.39	4.24	-0.15
黑龙江	4.23	4.09	4.21	0.12
江　苏	3.99	4.17	4.19	0.02
辽　宁	4.13	4.05	4.15	0.10
广　西	3.57	4.07	4.11	0.04
福　建	4.01	4.29	4.11	-0.18
山　东	4.09	4.15	4.10	-0.05
云　南	3.70	3.82	4.09	0.27
湖　北	3.90	4.21	4.06	-0.15
安　徽	4.01	3.86	4.06	0.20
河　北	3.98	3.93	4.04	0.11
重　庆	3.86	4.35	4.00	-0.35
江　西	3.81	3.97	4.00	0.03
海　南	3.62	3.79	4.00	0.21
宁　夏	4.38	3.93	3.95	0.03
吉　林	4.14	3.94	3.93	-0.01
河　南	3.81	3.87	3.91	0.04
山　西	3.98	4.25	3.90	-0.35
新　疆	3.70	3.94	3.89	-0.05
陕　西	3.93	4.06	3.89	-0.17
贵　州	3.77	3.93	3.88	-0.04
四　川	3.89	4.06	3.87	-0.19
湖　南	3.82	4.14	3.86	-0.28
甘　肃	4.09	3.78	3.82	0.04
内蒙古	4.48	3.66	3.66	-0.00
青　海		3.91	3.63	-0.28
西　藏		3.27	3.40	0.13

表2-34　全国31个省份"铁路公路运输条件"分项指数的进展

单位：分

省　份	2012 年	2016 年	2019 年	2016～2019 年变化
上　海	3.35	4.58	4.49	-0.08
北　京	3.29	4.19	4.33	0.14
广　东	3.12	4.15	4.30	0.15
浙　江	3.15	4.40	4.15	-0.25
山　东	3.19	3.92	4.13	0.21
湖　北	3.24	4.45	4.12	-0.33
江　苏	3.22	4.20	4.12	-0.08
天　津	3.44	4.19	4.12	-0.08
河　北	3.13	3.99	4.11	0.12
福　建	3.15	4.24	4.06	-0.17
广　西	2.91	3.83	4.06	0.23
重　庆	3.26	4.41	4.00	-0.41
陕　西	3.12	3.97	3.97	-0.00
辽　宁	3.30	3.95	3.95	0.00
河　南	3.04	4.06	3.95	-0.11
安　徽	3.10	3.74	3.94	0.20
江　西	3.01	3.79	3.93	0.14
海　南	2.95	3.52	3.92	0.40
甘　肃	2.71	3.83	3.88	0.05
山　西	3.11	4.02	3.88	-0.14
宁　夏	2.75	3.33	3.86	0.53
黑龙江	2.82	3.73	3.86	0.13
湖　南	3.10	4.11	3.84	-0.27
吉　林	3.26	3.69	3.79	0.10
四　川	3.11	4.14	3.65	-0.48
贵　州	3.03	3.73	3.65	-0.07
青　海		3.75	3.63	-0.13
新　疆	2.63	3.31	3.59	0.28
云　南	2.53	3.55	3.50	-0.05
内蒙古	3.07	3.66	3.45	-0.21
西　藏		3.04	2.80	-0.24

表 2 -35 全国 31 个省份 "其他基础设施条件" 分项指数的进展

单位：分

省　份	2012 年	2016 年	2019 年	2016～2019 年变化
上　海	3.20	4.47	4.29	-0.18
北　京	3.10	4.16	4.23	0.07
广　东	3.01	4.08	4.12	0.03
江　苏	3.10	4.02	4.08	0.06
天　津	3.18	4.05	4.06	0.01
江　西	2.87	3.91	4.04	0.13
浙　江	2.98	4.32	4.00	-0.32
安　徽	2.86	3.63	3.98	0.35
湖　北	2.73	4.14	3.97	-0.17
福　建	2.98	3.98	3.96	-0.02
山　东	3.05	3.94	3.95	0.01
广　西	2.77	3.90	3.94	0.04
甘　肃	2.57	3.46	3.82	0.36
河　北	2.84	3.78	3.82	0.03
吉　林	3.07	3.60	3.75	0.15
河　南	2.85	3.77	3.74	-0.03
湖　南	2.83	4.07	3.72	-0.35
山　西	2.90	3.95	3.71	-0.24
黑龙江	2.67	3.58	3.71	0.14
陕　西	2.81	3.64	3.69	0.05
重　庆	2.93	4.57	3.67	-0.90
辽　宁	2.94	3.74	3.65	-0.09
四　川	2.92	3.91	3.64	-0.28
宁　夏	2.93	3.56	3.64	0.08
云　南	2.34	3.50	3.64	0.14
青　海		3.59	3.63	0.03
海　南	2.38	3.36	3.54	0.18
贵　州	2.53	3.65	3.40	-0.25
新　疆	2.76	3.59	3.37	-0.22
内蒙古	2.80	3.69	3.31	-0.38
西　藏		2.92	3.00	0.08

8. 市场环境和中介服务

表 2-36 全国 31 个省份 "市场环境和中介服务" 方面指数的进展

单位：分

省　份	2006 年	2008 年	2010 年	2012 年	2016 年	2019 年	2016~2019 年变化
上　海	3.24	3.35	3.33	3.29	3.73	3.70	-0.03
广　东	3.13	3.12	3.12	3.13	3.55	3.63	0.07
福　建	2.97	3.02	3.13	3.05	3.54	3.62	0.08
江　苏	2.99	3.11	3.23	3.04	3.12	3.59	0.47
重　庆	2.76	2.98	2.96	3.02	3.39	3.59	0.20
浙　江	3.09	3.13	3.20	3.12	3.58	3.55	-0.02
北　京	3.13	3.26	3.29	3.30	3.58	3.54	-0.04
山　东	2.95	3.03	3.07	2.99	3.35	3.52	0.17
江　西	2.67	2.79	2.94	2.77	3.17	3.51	0.33
广　西	2.73	2.86	2.86	3.01	3.04	3.50	0.46
河　北	2.80	2.93	2.97	2.90	3.31	3.47	0.17
安　徽	2.85	3.00	3.09	2.92	3.11	3.46	0.35
新　疆	2.77	2.85	2.89	2.78	3.23	3.44	0.20
湖　北	2.74	2.88	2.96	2.90	3.25	3.43	0.18
吉　林	2.78	2.90	3.02	2.90	3.54	3.43	-0.11
陕　西	2.68	2.88	2.85	2.92	3.26	3.40	0.13
四　川	2.78	2.92	2.90	2.92	3.23	3.39	0.15
天　津	3.13	3.18	3.30	3.41	3.33	3.38	0.05
甘　肃	2.55	2.81	2.92	2.74	3.13	3.38	0.25
宁　夏	2.50	2.92	2.76	2.79	3.29	3.38	0.09
山　西	2.73	2.90	2.98	2.72	3.13	3.38	0.25
河　南	2.88	2.98	3.01	3.05	3.14	3.36	0.22
辽　宁	2.95	3.01	3.00	3.00	3.19	3.36	0.17
湖　南	2.72	2.87	2.97	2.95	3.40	3.34	-0.07
云　南	2.67	2.86	2.97	2.80	2.98	3.33	0.36
贵　州	2.74	2.79	2.72	2.81	2.96	3.31	0.35
海　南	2.70	2.80	2.92	3.00	3.05	3.29	0.24
黑龙江	2.81	3.02	2.92	3.15	3.27	3.27	0.00
内蒙古	2.66	2.82	3.03	3.01	2.81	3.26	0.44
西　藏					3.12	3.05	-0.07
青　海	2.80	2.69			3.23	2.88	-0.35

表 2 − 37　全国 31 个省份 "市场需求" 和 "过度竞争" 分项指数的进展

单位：分

市场需求				过度竞争			
省　份	2016 年	2019 年	2016 ~ 2019 年变化	省　份	2016 年	2019 年	2016 ~ 2019 年变化
福　建	3.64	3.70	0.06	江　西	3.12	3.50	0.38
江　苏	3.25	3.68	0.43	广　西	2.90	3.44	0.54
广　西	3.00	3.67	0.67	福　建	3.43	3.43	0.00
广　东	3.67	3.66	− 0.01	新　疆	3.25	3.41	0.16
吉　林	3.71	3.64	− 0.07	山　东	3.20	3.37	0.17
上　海	3.55	3.63	0.08	陕　西	3.14	3.36	0.22
浙　江	3.34	3.60	0.26	重　庆	3.31	3.36	0.05
北　京	3.59	3.57	− 0.02	山　西	3.09	3.36	0.27
山　东	3.32	3.55	0.23	浙　江	3.49	3.36	− 0.13
河　北	3.39	3.52	0.13	甘　肃	3.17	3.35	0.18
江　西	3.24	3.50	0.26	上　海	3.34	3.33	− 0.01
湖　北	3.43	3.48	0.06	安　徽	3.09	3.28	0.19
辽　宁	3.28	3.48	0.19	广　东	3.30	3.27	− 0.03
宁　夏	3.37	3.45	0.08	云　南	3.02	3.27	0.25
山　西	2.95	3.45	0.50	河　南	2.80	3.27	0.47
内蒙古	2.83	3.45	0.62	江　苏	2.86	3.26	0.40
安　徽	2.97	3.44	0.47	湖　北	3.23	3.21	− 0.02
河　南	3.24	3.43	0.19	吉　林	3.34	3.18	− 0.16
贵　州	3.25	3.42	0.17	内蒙古	2.69	3.17	0.48
湖　南	3.32	3.37	0.06	贵　州	2.88	3.15	0.27
新　疆	3.19	3.37	0.18	河　北	2.97	3.14	0.17
四　川	3.20	3.36	0.16	四　川	3.01	3.13	0.12
重　庆	3.45	3.33	− 0.12	北　京	3.35	3.12	− 0.23
陕　西	3.11	3.33	0.22	海　南	3.06	3.11	0.05
海　南	3.15	3.32	0.17	辽　宁	2.95	3.08	0.13
甘　肃	3.22	3.29	0.07	天　津	3.03	3.06	0.03
云　南	2.98	3.27	0.30	湖　南	3.21	3.05	− 0.16
黑龙江	3.21	3.24	0.03	黑龙江	2.94	3.03	0.09
天　津	3.21	3.23	0.02	宁　夏	3.52	3.00	− 0.52
西　藏	3.42	3.20	− 0.22	西　藏	3.46	3.00	− 0.46
青　海	3.44	2.88	− 0.56	青　海	3.41	2.50	− 0.91

表 2-38 全国 31 个省份"中介组织服务"分项指数的进展

单位：分

省　份	2006 年	2008 年	2010 年	2012 年	2016 年	2019 年	2016～2019 年变化
上　海	3.14	3.34	3.50	3.59	4.14	4.24	0.10
重　庆	2.84	3.02	3.12	3.39	3.65	4.05	0.40
广　东	3.13	3.13	3.33	3.34	3.86	3.99	0.14
北　京	3.12	3.25	3.49	3.52	3.96	3.96	-0.01
江　苏	2.96	3.08	3.43	3.36	3.58	3.90	0.32
浙　江	3.14	3.14	3.33	3.27	3.91	3.83	-0.08
天　津	3.12	3.11	3.42	3.69	3.81	3.83	0.02
福　建	2.96	3.01	3.24	3.21	3.74	3.74	0.01
安　徽	2.95	3.06	3.26	3.15	3.31	3.74	0.43
辽　宁	2.92	3.00	3.23	3.26	3.41	3.73	0.32
山　东	2.91	2.97	3.30	3.30	3.64	3.71	0.07
云　南	2.74	2.96	3.06	2.92	3.14	3.70	0.56
湖　北	2.77	2.92	3.14	3.19	3.43	3.69	0.26
吉　林	2.88	2.94	3.33	3.16	3.86	3.68	-0.18
四　川	2.83	2.95	3.07	3.23	3.55	3.65	0.10
湖　南	2.75	2.90	3.10	3.29	3.61	3.65	0.04
宁　夏	2.55	2.90	3.00	3.14	3.26	3.64	0.38
河　北	2.87	3.00	3.21	3.17	3.63	3.62	-0.01
江　西	2.78	2.83	3.11	3.00	3.33	3.61	0.27
甘　肃	2.64	2.93	3.30	3.15	3.22	3.59	0.37
陕　西	2.74	2.98	3.12	3.25	3.58	3.58	0.00
河　南	2.88	3.00	3.26	3.30	3.43	3.57	0.14
青　海	2.85	2.79			3.03	3.57	0.54
广　西	2.74	2.85	3.06	3.19	3.41	3.56	0.14
黑龙江	2.84	2.97	3.08	3.47	3.52	3.55	0.04
山　西	2.83	2.97	3.19	3.20	3.41	3.55	0.14
海　南	2.81	2.79	3.09	3.29	3.03	3.54	0.51
新　疆	2.89	2.93	3.16	3.00	3.41	3.48	0.08
贵　州	2.87	2.89	2.94	3.12	3.23	3.38	0.16
内蒙古	2.77	2.88	3.17	3.23	3.20	3.28	0.08
西　藏					2.88	3.00	0.12

表 2 - 39　全国 31 个省份 "行业协会服务" 分项指数的进展

单位：分

省　份	2006 年	2008 年	2010 年	2012 年	2016 年	2019 年	2016～2019 年变化
河　北	2.62	2.74	2.74	2.66	3.25	3.62	0.37
重　庆	2.69	2.79	2.83	2.80	3.16	3.62	0.45
福　建	2.82	2.80	2.98	2.99	3.33	3.61	0.28
上　海	2.92	3.00	2.87	2.95	3.90	3.60	- 0.30
广　东	2.90	2.84	2.79	2.89	3.38	3.58	0.20
江　苏	2.64	2.77	2.84	2.69	2.78	3.52	0.74
北　京	2.94	3.07	2.99	3.09	3.41	3.49	0.09
新　疆	2.73	2.75	2.61	2.86	3.09	3.48	0.39
山　东	2.54	2.58	2.69	2.61	3.26	3.45	0.19
江　西	2.55	2.65	2.87	2.70	3.00	3.43	0.43
浙　江	2.96	2.90	2.98	2.93	3.57	3.43	- 0.14
天　津	2.78	2.87	3.11	3.24	3.30	3.42	0.12
宁　夏	2.31	2.61	2.38	2.59	3.00	3.41	0.41
四　川	2.63	2.69	2.71	2.75	3.18	3.40	0.23
安　徽	2.73	2.79	2.89	2.80	3.09	3.37	0.28
湖　北	2.50	2.71	2.74	2.79	2.91	3.34	0.43
广　西	2.48	2.52	2.67	2.86	2.86	3.33	0.47
陕　西	2.51	2.80	2.67	2.79	3.22	3.31	0.08
甘　肃	2.19	2.64	2.68	2.68	2.90	3.29	0.39
湖　南	2.55	2.70	2.93	2.77	3.47	3.28	- 0.19
贵　州	2.72	2.67	2.57	2.61	2.50	3.27	0.77
黑龙江	2.57	2.77	2.91	3.04	3.39	3.25	- 0.14
吉　林	2.56	2.70	2.77	2.80	3.23	3.21	- 0.01
海　南	2.75	2.37	2.91	2.80	2.97	3.19	0.22
河　南	2.63	2.75	2.78	2.93	3.11	3.18	0.07
辽　宁	2.63	2.73	2.68	2.83	3.10	3.15	0.05
山　西	2.65	2.75	2.83	2.60	3.05	3.14	0.10
内蒙古	2.46	2.58	3.07	2.84	2.54	3.14	0.60
云　南	2.49	2.73	2.79	2.77	2.77	3.09	0.32
西　藏					2.69	3.00	0.31
青　海	2.90	2.42			3.06	2.57	- 0.49

三
不同类型企业的经营环境比较

在这一部分，我们对不同类型企业的经营环境进行比较分析，并借助图表对 2019 年不同类型企业的经营环境总指数、各方面指数以及各分项指数的评分，进行直观的显示。其中，我们具体比较国有企业和非国有企业经营环境的差异，大型、中型、小型和微型企业经营环境的差异，以及不同行业企业的经营环境差异。我们还进一步对不同类型企业经营环境差异的原因进行解读，为进一步改善企业经营环境提供参考信息。

国有企业与非国有企业的经营环境比较

本节比较国有企业与非国有企业的经营环境状况，考察这两类企业在经营环境各个方面指数的异同。这里的国有企业包括国有独资企业和国有控股企业（下同）。非国有企业指除此以外的所有企业，包括私营企业、非国有控股的股份有限公司和有限责任公司、集体所有制企业、股份合作制企业、其他内资企业，以及外商和港澳台商投资企业。在我国的非国有企业中，主体部分是私营企业和私人控股的有限责任公司、股份公司。本书中我们将以上两类企业简称为"国有企业"和"非国有企业"，以下不再解释。

在本次调查的全部 1891 家样本企业中，国有企业有 50 家，占样本总数的 2.6%，比重低于 2016 年（9.1%）。本次调查国企样本数量偏少，因此关于国有企业的一些数据分析结果不一定准确，仅供参考。

样本中有非国有企业1841家，其中私营企业和私人控股的有限责任公司、股份有限公司共1205家，占样本总数的65.5%；上市公司53家，占样本总数的2.9%；外商或港澳台商投资企业15家，占0.8%；其他非国有法人控股的股份公司、有限责任公司以及其他类型的企业共568家，占样本企业总数的30.8%。非国有法人控股的企业实际也是私人企业。

国有企业样本以大中型企业为主，非国有企业样本的小微企业占60%以上。这符合我国的实际情况。

2019年与2012年相比，国有企业经营环境总指数评分从3.83分小幅下降至3.76分。而非国有企业的经营环境出现改善，评分从3.59分上升至3.71分。国有企业经营环境仍然好于非国有企业，但两类企业的差异显著缩小了。这是一个进步。

表3-1报告了国有企业和非国有企业在总指数、各方面指数和各分项指数之间的差异。表中的"差异"指国有企业评分高于非国有企业评分的幅度，负值表示前者低于后者。

表3-1　国有企业与非国有企业的经营环境差异（2019年）

单位：分

指数	国有企业	非国有企业	差异
政策公开、公平、公正	3.78	3.74	0.04
政策规章制度公开透明	3.87	3.85	0.02
行政执法公正	3.74	3.79	-0.05
对不同企业一视同仁	3.72	3.57	0.15
地方保护	—	—	—
行政干预和政府廉洁效率	3.75	3.75	0.00
政府干预	3.87	3.73	0.14
与政府打交道占工作时间比例	3.38	3.71	-0.33
审批手续简便易行	3.83	3.72	0.11
官员廉洁守法	3.91	3.83	0.08
企业经营的法治环境	4.03	3.92	0.11
司法公正和效率	4.04	3.91	0.13
企业合同正常履行	3.96	3.82	0.14

续表

指数	国有企业	非国有企业	差异
经营者财产和人身安全保障	4.17	4.02	0.16
知识产权、技术和品牌保护	3.96	3.93	0.03
企业的税费负担	3.53	3.46	0.07
法定税负	4.02	3.96	0.06
依法征税	4.13	4.11	0.02
社保缴费	2.93	2.89	0.04
其他缴费	3.05	2.88	0.17
金融服务和融资成本	3.68	3.60	0.08
银行贷款	3.73	3.47	0.26
其他融资	3.33	3.32	0.01
贷款利率	3.73	3.75	− 0.01
其他融资利率	3.92	3.87	0.04
人力资源供应	3.57	3.70	− 0.14
技术人员	3.57	3.65	− 0.09
管理人员	3.50	3.72	− 0.22
熟练工人	3.63	3.74	− 0.11
基础设施条件	4.21	4.04	0.16
电水气供应条件	4.24	4.11	0.13
铁路公路运输条件	4.38	4.08	0.30
其他基础设施条件	4.00	3.93	0.07
市场环境和中介服务	3.54	3.49	0.06
市场需求	3.59	3.51	0.08
过度竞争	3.17	3.23	− 0.05
中介组织服务	3.89	3.78	0.11
行业协会服务	3.52	3.43	0.09
总指数	3.76	3.71	0.05

注：有些指数两者之差与"差异"的数值有微小区别，是尾数四舍五入所致。

　　一般而言，国有企业与非国有企业处在同一个竞争性市场中，它们应面临相同的经营环境。如果国有企业面临的经营环境好于非国有企业，说明国有企业的政策待遇或其他条件可能好于非国有企业，两类企业间还没有真正实现公平竞争。

　　从表 3 - 1 可以看到，在企业经营环境的 8 个方面指数中，非国有企业只有"人力资源供应"评分高于国有企业,两者"行政干预和政府廉洁效率"评分没有差异,其余6个方面的国有企业评分都仍然高于非国有企业。而两者在人力资源供应条件上的差别,可能说明非国有企业对人力资源的吸引力相对增强,而国有企业吸引力相对减弱。

绝大多数分项指数国企评分都高于非国企,在29项中占22项。其中差异比较明显的(0.14分及以上)有:"对不同企业一视同仁""政府干预""企业合同正常履行""经营者财产和人身安全保障""其他缴费""银行贷款""铁路公路运输条件"。这些差异说明,国有企业和非国有企业之间仍然存在着事实上的差别待遇,对非国有企业的经营环境仍然有不良影响,有必要继续进行政策清理和调整,使各项政策和各级政府行政对国有企业和非国有企业一视同仁。

以下分不同方面进行说明。

1. 政策公开、公平、公正

"政策公开、公平、公正"方面指数的评分,2019年与2016年相比,国企与非国企的评价差异有显著收敛,2016年国企比非国企方面指数评分高0.36分,2019年只比非国企高0.04分。但分项指数中"对不同企业一视同仁",非国企的评价明显低于国企评价,两者相差0.15分。这说明对包括国企和民企在内的各类企业一视同仁、实行公平的国民待遇,仍然是一个需要继续解决的问题。

此处的计分未包括"地方保护"分项,因为该分项计算的主要是各地对外地企业在本地销售商品和从事其他经营活动采取排斥性保护措施的情况,较少涉及国企和非国企的差别。

分项指数的评分比较见图3-1。

2. 行政干预和政府廉洁效率

该方面指数的2019年评分,国企和非国企没有差异。但下设的4个分项指数中,对"政府干预""审批手续简便易行""官员廉洁守法"的评价,国企都好于非国企,分别高0.14分、0.11分和0.08分。说明非

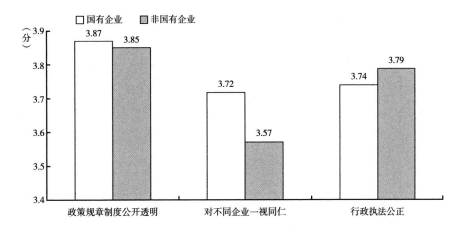

图 3 - 1　政策公开、公平、公正：国有企业与非国有企业

国有企业受到政府干预的可能性更高，办理行政审批可能比国企更难些，某些官员向非国企寻租的概率也更大些。但非国企对"审批手续简便易行"和"官员廉洁守法"的评价比 2016 年都提高了 0.20 分，与国企差异缩小了，是进步，但对"政府干预"的评价只提高了 0.03 分，而且与国企的评价差异仍然较大。

不过在经营者"与政府打交道占工作时间比例"这个指标上，国企经营者要花更多时间与政府官员打交道，平均占工作时间的 17.3%，而非国企占 12.8%。因此该分项指数的国企评分低于非国企。国企本来是由政府控股的企业，其中大企业也较多，与政府打交道占工作时间比例高容易理解。该分项的评分差异负值抵消了其他 3 项的差异正值。各分项指数的评分比较见图 3 - 2。

3. 企业经营的法治环境

该方面指数，2019 年国企评价高于非国企 0.11 分。其下设的 4 个分项指数，国企评价也都无例外地高于非国企。其中，"司法公正和效率""企业合同正常履行""经营者财产和人身安全保障"的差异都比较显著，在 0.13 ~ 0.16 分。说明非国有企业在合法权益得到法律保护方面不如国有企业有优势。与 2016 年相比，这 3 项的差异没有显著缩小。只有"知

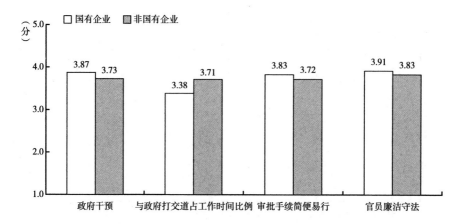

图3-2 行政干预和政府廉洁效率：国有企业与非国有企业

识产权、技术和品牌保护"的差距缩小了。各分项指数的评分比较见图3-3。

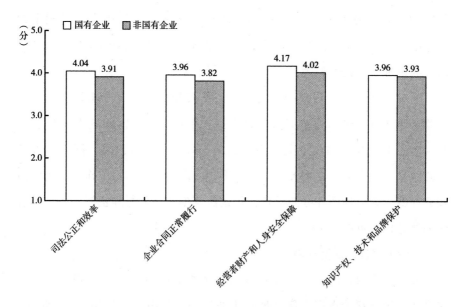

图3-3 企业经营的法治环境：国有企业与非国有企业

4. 企业的税费负担

在"企业的税费负担"方面，2019年国企比非国企评价高0.07分，差异比 2016 年有所收窄。下设 4 个分项指数，国企评价都仍然高于非国企。其中，"其他缴费"高 0.17 分，差异较大，说明非国有企业面临各种缴费的负担高于国有企业。"法定税负""依法征税""社保缴费"3项，国企与非国企间的差异与 2016 年相比明显收窄，说明税收的公平性有所提高。各分项指数的比较见图 3 - 4。

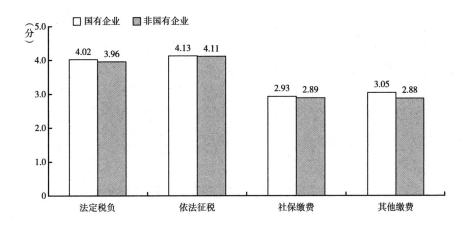

图 3 - 4　企业的税费负担：国有企业与非国有企业

5. 金融服务和融资成本

"金融服务和融资成本"方面指数，2019 年的国企评价与非国企评价差异不大，国企仅高 0.08 分，与 2016 年相比出现显著改善（2016 年国企比非国企高 0.76 分）。4 个分项指数中，企业能否通过正常渠道获得银行贷款，以及从其他正规或民间渠道融资的难易度，非国企的评价与2016 年相比基本没有改善，说明贷款难问题仍然存在。国企对两者的评分都有下降，使国企与非国企的差异收窄。但国企获得银行贷款的评分比非国企仍高 0.26 分，差异仍然显著。

在融资成本方面，"贷款利率"和"其他融资利率"，非国企评分都有显著提高，而国企评分下降，使国企评分与非国企差异已经很小，大体上可忽略不计。由此看来，国企和非国企之间在融资成本方面的不平等已基本消除。不过考虑到非国企贷款仍然难于国企，需要更多依赖成本更高的其他融资，因此客观上非国企的综合融资成本可能仍然更高。

各分项指数的比较见图 3 – 5。

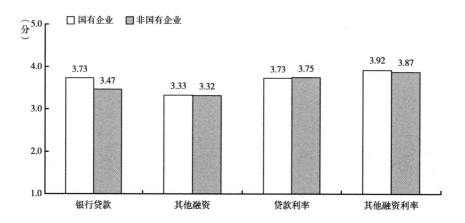

图 3 – 5　金融服务和融资成本：国有企业与非国有企业

6. 人力资源供应

"人力资源供应"方面指数，2019 年国企比非国企评分低 0.14 分，是 8 个方面指数中非国企评价好于国企的唯一一个。其中"技术人员"、"管理人员"和"熟练工人"的供应，非国企的评价均有大幅提升，而国企评价略有下降，导致非国企评价好于国企，差距在 0.09 ~ 0.22 分。这说明近年来非国企在人员招聘方面的吸引力上升，有更多人愿意选择到非国有企业就职。需要指出的是，这种情况是在国企平均工资仍然显著高于民企的条件下发生的。根据国家统计局数据，2019 年城镇国有单位人均年工资水平为 9.9 万元，显著高于城镇私营单位的人均 5.4 万元。

各分项指数的比较见图 3 – 6。

7. 基础设施条件

"基础设施条件"方面指数，2019 年非国企评分与 2016 年相比变化不大，但国企评分上升，因此比非国企高了 0.16 分。3 个分项指数"电

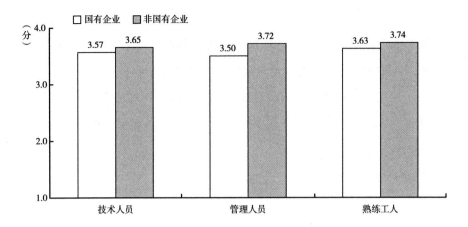

图 3-6　人力资源供应：国有企业与非国有企业

水气供应条件""铁路公路运输条件""其他基础设施条件"的评价，国企分别比非国企高 0.13 分、0.30 分和 0.07 分。各分项指数的比较见图 3-7。

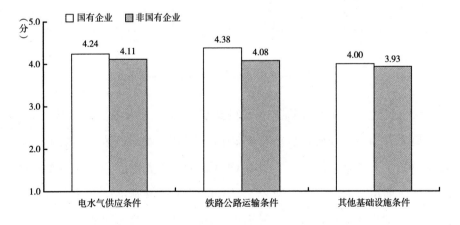

图 3-7　基础设施条件：国有企业与非国有企业

8. 市场环境和中介服务

2019 年，国企与非国企对"市场环境和中介服务"方面指数的评价继续保持了较小的差异，国有企业比非国有企业高 0.06 分。其中在市场环境方面，国企对"市场需求"的评价略高于非国企，对"过度竞争"的评价略低于非国企。而在中介服务方面，国企对"中介组织服务"和"行业协会服务"的评价均高于非国企，说明国有企业在中介服务条件方面仍有一定优势，由政府组织的行业协会在提供服务方面可能也比较照顾国有企业。此外还可能与企业规模有关，因为大企业有可能更容易得到行业协会的关注和其他中介服务。

各分项指数的比较见图 3−8。

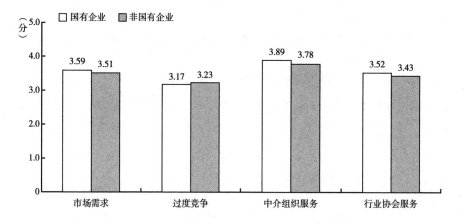

图 3−8　市场环境和中介服务：国有企业与非国有企业

综上所述，近年来非国有企业的经营环境在大多数方面有所改善，与国有企业相比的经营环境差异比 2016 年有明显缩小，说明在实现公平的市场竞争方面推进了一步。但 2019 年国有企业的经营环境在多数方面仍然好于非国有企业，又说明公平竞争的目标还没有实现。国企和非国企之间差别化的政策待遇，不利于市场优化配置资源的功能，不利于促进效率提高、优胜劣汰。下一步改革仍然需要继续解决政策和政府行政公平的问题，给不同类别的企业以相同的国民待遇，形成公平竞争的市场环境。

大型、中型、小型和微型企业的经营环境比较

本节考察不同规模企业的经营环境现状，对大型、中型、小型和微型企业在经营环境总指数、各方面指数的评分进行比较。2019 年样本企业中有大型企业 106 家，中型企业 615 家，小型企业 836 家，微型企业 323 家；分别占全部样本企业的 5.6%、32.5%、44.2%、17.1%。未分类 11 家，占 0.6%。

2019 年，大、中、小、微型企业的经营环境指数总体评分依次为 3.84 分、3.77 分、3.68 分、3.65 分。非常明显，企业规模越大，经营环境评价越好，这与历年的情况一致。

与 2016 年相比，不同规模的各类企业，经营环境总指数评分都提高了，说明它们的经营环境都有明显的改善。其中微型企业经营环境改善幅度最大，提高 0.25 分；中、小型企业也有一定的改善，提高 0.13 分、0.14 分；大型企业改善幅度更小，只提高 0.04 分（见表 3 - 2）。这使得大小企业之间所面临的经营环境差异重新缩小了。2016 年大型企业比微型企业的评分高 0.40 分，2019 年该差异降至 0.19 分。在下面的分析中，我们将试图揭示各方面政策环境和市场环境差异对企业经营环境的影响。

表 3 - 2　2012 ~ 2019 年不同规模企业的经营环境变化

单位：分

企业规模	2012 年	2016 年	2019 年	2016 ~ 2019 年变化
大型企业	3.20	3.80	3.84	0.04
中型企业	3.09	3.64	3.77	0.13
小型企业	3.07	3.54	3.68	0.14
微型企业	2.98	3.40	3.65	0.25

表 3 - 3 列出了不同规模企业 2019 年经营环境总指数、方面指数和分项指数的平均得分。表 3 - 4 计算了各类不同规模企业之间差异的大小。这两

张表显示，除少数例外，企业经营环境的绝大多数方面指数和分项指数，都呈现大型企业好于中型企业，中型企业好于小型企业，小型企业好于微型企业的排列顺序。这几个例外如下。其一，"企业的税费负担"方面，评分反向排列，大企业负担重于小微企业。这是大企业社保缴费及其他缴费负担较重造成的。其二，"行政干预和政府廉洁效率"方面，微型企业评分高于中小型企业。原因在于这类企业负责人与政府打交道时间相对较少。这显然是微型企业数量众多、政府无暇顾及的结果。这一现象2016年也存在。其他分项指数，仍然存在规模越小，评分越低的一般情况。其三，"基础设施条件"方面，微型企业评分也高于中小企业，原因待查。

就8个方面指数而言，大、中、小、微企业经营环境差异特别大的方面是"金融服务和融资成本"和"市场环境和中介服务"。此外，"企业经营的法治环境""基础设施条件"差异也很显著。这说明，大、中、小、微企业经营环境的差异，一方面与市场环境有关（小微企业先天处于相对较为不利的地位），另一方面在很大程度上还是与政策及体制因素有关。当前改善企业经营环境，应继续把重点放在改善小微企业的经营环境，推进金融市场改革进一步解决小微企业融资难问题；继续实行竞争中性政策，无论大小企业、国企民企，保证公平的国民待遇；继续减少对企业的行政干预；继续改善企业面临的法治环境。

表3-3　不同规模企业2019年经营环境指数评分

单位：分

指数	大型	中型	小型	微型
政策公开、公平、公正	3.81	3.80	3.70	3.67
政策规章制度公开透明	3.92	3.90	3.83	3.80
行政执法公正	3.85	3.84	3.77	3.72
对不同企业一视同仁 地方保护	3.67	3.68	3.52	3.49
行政干预和政府廉洁效率	3.78	3.74	3.73	3.78
政府干预	3.85	3.80	3.70	3.64

指数	大型	中型	小型	微型
与政府打交道占工作时间比例	3.45	3.55	3.70	3.99
审批手续简便易行	3.81	3.73	3.70	3.71
官员廉洁守法	4.02	3.87	3.80	3.77
企业经营的法治环境	4.04	3.97	3.90	3.84
司法公正和效率	4.04	3.98	3.88	3.83
企业合同正常履行	3.89	3.79	3.84	3.81
经营者财产和人身安全保障	4.11	4.05	4.02	3.93
知识产权、技术和品牌保护	4.11	4.06	3.86	3.79
企业的税费负担	3.36	3.43	3.48	3.51
法定税负	3.99	4.07	3.90	3.91
依法征税	4.21	4.13	4.09	4.11
社保缴费	2.61	2.88	2.90	2.97
其他缴费	2.61	2.64	3.02	3.05
金融服务和融资成本	3.91	3.78	3.55	3.34
银行贷款	3.86	3.73	3.33	3.26
其他融资	3.67	3.47	3.21	3.18
贷款利率	3.94	3.84	3.77	3.47
其他融资利率	4.18	4.08	3.90	3.44
人力资源供应	3.75	3.78	3.66	3.63
技术人员	3.74	3.69	3.63	3.61
管理人员	3.72	3.81	3.67	3.65
熟练工人	3.79	3.85	3.67	3.64
基础设施条件	4.32	4.04	4.00	4.07
电水气供应条件	4.33	4.17	4.07	4.08
铁路公路运输条件	4.39	4.07	4.04	4.12
其他基础设施条件	4.24	3.89	3.91	3.99
市场环境和中介服务	3.72	3.59	3.43	3.38
市场需求	3.79	3.49	3.52	3.45
过度竞争	3.32	3.38	3.15	3.09
中介组织服务	4.00	3.90	3.69	3.70
行业协会服务	3.75	3.58	3.34	3.31
总指数	3.84	3.77	3.68	3.65

表 3 - 4   不同规模企业 2019 年经营环境指数评分的差异

单位：分

指数	大 - 中	中 - 小	小 - 微	大 - 微
政策公开、公平、公正	0.01	0.10	0.04	0.14
政策规章制度公开透明	0.02	0.07	0.03	0.12
行政执法公正	0.01	0.07	0.05	0.13
对不同企业一视同仁	- 0.01	0.16	0.03	0.18
地方保护				
行政干预和政府廉洁效率	0.05	0.01	- 0.05	0.01
政府干预	0.05	0.10	0.06	0.21
与政府打交道占工作时间比例	- 0.09	- 0.15	- 0.28	- 0.53
审批手续简便易行	0.08	0.02	- 0.00	0.10
官员廉洁守法	0.15	0.07	0.03	0.25
企业经营的法治环境	0.07	0.07	0.06	0.20
司法公正和效率	0.06	0.11	0.05	0.21
企业合同正常履行	0.10	- 0.05	0.02	0.08
经营者财产和人身安全保障	0.06	0.03	0.09	0.18
知识产权、技术和品牌保护	0.06	0.19	0.07	0.32
企业的税费负担	- 0.07	- 0.05	- 0.04	- 0.16
法定税负	- 0.08	0.17	- 0.01	0.08
依法征税	0.08	0.04	- 0.01	0.11
社保缴费	- 0.27	- 0.02	- 0.08	- 0.37
其他缴费	- 0.03	- 0.38	- 0.04	- 0.44
金融服务和融资成本	0.13	0.23	0.21	0.57
银行贷款	0.13	0.40	0.07	0.60
其他融资	0.20	0.26	0.03	0.49
贷款利率	0.10	0.07	0.30	0.47
其他融资利率	0.10	0.19	0.46	0.75
人力资源供应	- 0.03	0.13	0.02	0.12
技术人员	0.05	0.06	0.02	0.13
管理人员	- 0.09	0.14	0.02	0.07
熟练工人	- 0.07	0.18	0.04	0.15
基础设施条件	0.28	0.04	- 0.06	0.26
电水气供应条件	0.16	0.10	- 0.02	0.25
铁路公路运输条件	0.32	0.03	- 0.09	0.27
其他基础设施条件	0.36	- 0.02	- 0.08	0.25

指数	大－中	中－小	小－微	大－微
市场环境和中介服务	0.13	0.16	0.04	0.33
市场需求	0.30	－0.03	0.08	0.34
过度竞争	－0.06	0.22	0.07	0.23
中介组织服务	0.10	0.21	－0.01	0.30
行业协会服务	0.17	0.24	0.03	0.44
总指数	0.07	0.09	0.03	0.18

注："大－中"表示大型企业与中型企业评分的差异，正负值分别表示大型企业评分高于或低于中型企业的幅度。其余类推。

下面，我们按各方面指数和分项指数来具体考察 2019 年不同规模企业经营环境的差异。

1. 政策公开、公平、公正

2019 年，大、中、小、微型企业的"政策公开、公平、公正"方面指数评分分别为 3.81 分、3.80 分、3.70 分、3.67 分。评分最低的微型企业与评分最高的大型企业相比，评分相差 0.14 分，相对 2016 年差异显著收窄（2016 年差异为 0.50 分）。三个分项指数"政策规章制度公开透明""行政执法公正""对不同企业一视同仁"中，"对不同企业一视同仁"评分最低，差异也最大，大型企业和微型企业的差异在 0.18 分。图 3－9 显示了 2019 年不同规模企业对三个分项指数的评分情况。

2. 行政干预和政府廉洁效率

2019 年，在"行政干预和政府廉洁效率"方面，大、中、小、微型企业的评分依次为 3.78 分、3.74 分、3.73 分、3.78 分，评分接近。

具体看各分项指数，"政府干预""审批手续简便易行""官员廉洁守法"的评价，仍然基本符合企业越大评价越好的一般情况，大型企业对这三个分项指数的评价分别比微型企业高 0.21 分、0.10 分、0.25 分，这一情况与 2016 年类似。

经营者"与政府打交道占工作时间比例"情况例外，其评分显示，

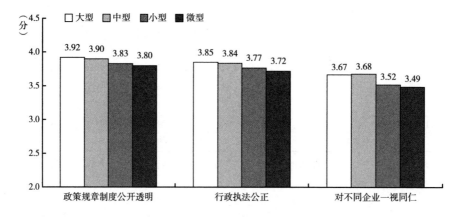

图3-9 按企业规模划分的"政策公开、公平、公正"指数

企业越大，评分越低。微型企业评价显著高于前三类企业（微型企业与政府打交道的时间较少），这一结果与2016年情况类似。可以理解，我国微型企业数量极其庞大，据2013年末第三次全国经济普查数据，全国第二、第三产业小微企业多达785万家，其中绝大多数是微型企业。各级政府无法花太多精力与微型企业打交道，而大型企业与政府打交道的可能性更大。

上述情况可从图3-10直观地看到。

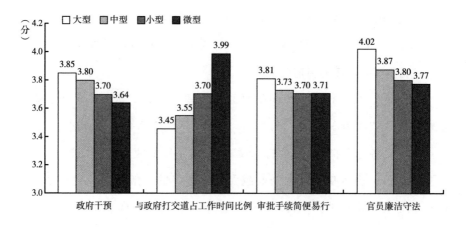

图3-10 按企业规模划分的"行政干预和政府廉洁效率"指数

3. 企业经营的法治环境

在"企业经营的法治环境"方面，2019年大中小微企业的评价也呈现按企业规模依次递减的状态，这与2016年的趋势一致。大型企业对法治环境的评分为4.04分，中型企业评分为3.97分，小型企业评分为3.90分，微型企业评分为3.84分。

该方面指数下设的4个分项指数，按大型企业和微型企业的评分差别计，"司法公正和效率"分项大型企业比微型企业高0.21分，"企业合同正常履行"分项大型企业高0.08分，"经营者财产和人身安全保障"分项大型企业高0.18分，"知识产权、技术和品牌保护"分项大型企业高0.32分，差异最大。

上述情况说明不同规模企业所面临的法治环境仍然有显著差异。在依法治国的总方针之下，在法律面前不同企业合法权益受到同等的保护，仍然是一个有待完成的任务。

更具体的分项指数评分情况见图3-11。

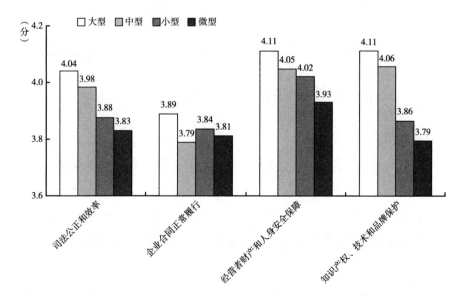

图3-11　按企业规模划分的"企业经营的法治环境"指数

4. 企业的税费负担

2019 年，企业的税费负担评分与 2016 年相比，不同规模企业的评分均出现下降。例如，大型企业评分从 3.68 分下降至 3.36 分，微型企业评分从 3.52 分小幅降至 3.51 分。

在 4 个分项指数中，大型企业与微型企业相比，"法定税负"和"依法征税"大中型企业评分好于小微企业。但"社保缴费"和"其他缴费"，微型企业评分好于大型企业，且评分差距达到 0.37 分和 0.44 分。这导致了方面指数企业越大，评分越低的现象。这种情况与小微型企业社保缴费覆盖不全有关。各类企业评分详见图 3 – 12。

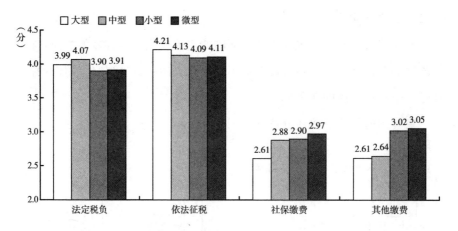

图 3 – 12　按企业规模划分的"企业的税费负担"指数

5. 金融服务和融资成本

2019 年金融服务和融资成本评分整体相对 2016 年出现明显改善，评分平均提高 0.37 分。不同规模企业之间的评分提升幅度不同，小微型企业评分提升较多，中型企业评分提升较少，大型企业评分还出现小幅下降。这使得在整体评分提升的情况下，不同规模企业之间的评分差异在缩小。2019年大型、中型、小型、微型企业评分依次为 3.91 分、3.78 分、3.55 分、3.34 分。但评分改善主要因融资成本下降，而小微企业贷款难问题没有明显缓解。

从图 3-13 可以看到，无论在银行贷款方面还是其他融资方面，小微企业融资的难易程度与大中型企业相比仍然有较大差异。特别是在银行贷款上，微型企业评分与大型企业相差 0.60 分。在融资成本方面，尽管差距缩小了，但小微企业，特别是微型企业，融资成本仍然明显高于大型企业。贷款利率方面，微型企业和大型企业相比评分相差 0.47 分；其他融资利率方面，两者相差 0.75 分。

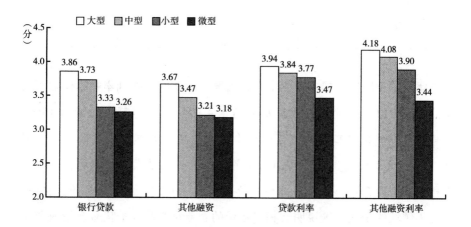

图 3-13　按企业规模划分的"金融服务和融资成本"指数

因此对小微企业特别是微型企业而言，融资难和融资贵仍然是突出问题。要解决这个问题，需要推进金融市场开放，降低进入门槛，让小型民间金融机构能够发展起来。金融风险控制方式需要转变，从准入限制为主转向事中事后监管为主。

表 3-5 比较了样本企业中大、中、小、微企业的银行贷款利率和其他融资利率的差异。从表 3-5 可见，企业的融资成本基本上是按大、中、小、微企业的规模顺序逐级上升。对银行贷款来说，大型企业和微型企业贷款平均利率差距相对较小，仅为 0.5 个百分点。但银行贷款以外的其他融资渠道利率差异悬殊。大型、中型企业的其他融资成本为 9.3% ~ 9.9%，而微型企业的其他渠道融资成本是 12.7%。考虑到大企业贷款容易，而微型企

业不容易从银行得到贷款，更需要依赖银行贷款以外的其他正规或非正规渠道融资，因此它们与大型企业的实际融资成本差异还要更大。

表3-5 按样本企业规模划分的融资成本

单位：%

企业	贷款利率	其他融资利率
大型企业	6.2	9.3
中型企业	6.1	9.9
小型企业	6.4	11.0
微型企业	6.7	12.7

此外，我们发现样本企业中有相当部分企业的贷款利率和其他融资利率低于现行的一年期银行贷款基准利率4.35%。这占贷款企业的18%，占其他融资企业的12%，这其中近半企业的融资成本大幅度低于基准利率（0%~2.5%）。这些享受低利率的企业未必都是大中型企业，但有较多科技类型的企业，还有一部分商贸、金融、房地产、商务服务、农业、文化等领域的企业。这说明有相当数量的企业享受政府的优惠政策或者享有其他融资便利。

这类优惠政策对科技类或其他在政府产业扶持政策范围内的企业起了支持和鼓励作用，但需要注意的是，过于宽泛或界定不严的优惠政策也会带来权钱交易等寻租行为，使一些有名无实的企业和腐败官员从中渔利，同时会扩大不同企业之间融资成本的差距，导致企业间不公平竞争。在贷款企业中，有超过1/4的企业实际支付的银行贷款利率在8%或以上，有29%的企业支付的其他融资利率在15%或以上。因此在企业平均融资成本下降的背后，还掩盖着企业间相当严重的苦乐不均。

6. 人力资源供应

2019年，大中小微企业对人力资源供应的评分依次为3.75分、3.78分、3.66分和3.63分，均比2016年有明显提高，并且中、小、微型企业评分提高幅度更大。不同规模企业间仍然存在差异，但差异有所收窄。

分类来看，熟练工人的供应条件稍好些，管理人员次之，技术人员又次。
这种情况与 2016 年一致。各分项指数的评分情况见图 3 - 14。

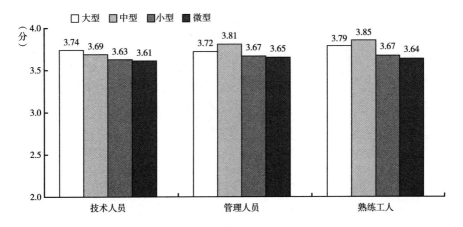

图 3 - 14　按企业规模划分的"人力资源供应"指数

7. 基础设施条件

2019 年不同规模企业对基础设施条件的评分依次为：大型企业评分
为 4.32 分，中型企业评分为 4.04 分，小型企业评分为 4.00 分，微型企
业评分为 4.07 分。大型企业评分高于其他类型的企业，中小微型企业的
评分差距不大，说明这些企业面对的基础设施条件相差不多。大型企业较
多坐落在大城市，议价能力也更强，从而能够享受到更好的基础设施条件
和相关服务。从分项指数来看，各类企业对"电水气供应条件"和"铁
路公路运输条件"的评分接近，而对"其他基础设施条件"的评价相对
更低。

分项指数评分的情况见图 3 - 15。

8. 市场环境和中介服务

2019 年各类企业对市场环境和中介服务的评价相对 2016 年都有所改
善。不同规模企业的评分存在一定差异，整体呈现规模越大，评分越高。
其中，大型企业的评分为 3.72 分，中型企业为 3.59 分，小型企业和微型
企业分别为 3.43 分和 3.38 分。

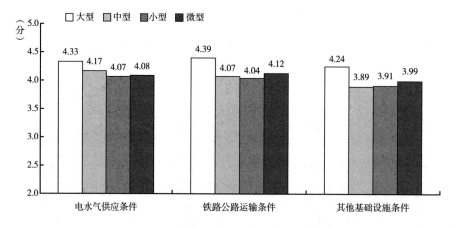

图3-15 按企业规模划分的"基础设施条件"指数

所有分项指数基本都是企业规模越大，企业评分越高，与方面指数的趋势一致。"市场需求"和"过度竞争"的评分上，大型企业和小微企业存在较明显的差距，与微型企业相比分别高0.34分和0.23分。"行业协会服务"的评分上，大型企业与微型企业的评分差距最大，高0.44分，在"中介组织服务"的评分上，两者差0.30分，说明规模越小的企业在市场竞争中相对地位较为不利，同时得到中介组织服务和行业协会的帮助也越少。

图3-16反映了各分项指数的评分情况。

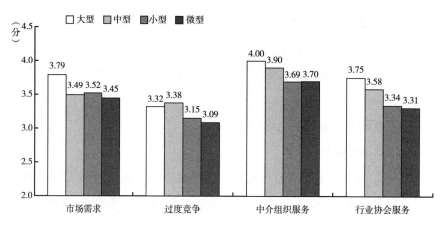

图3-16 按企业规模划分的"市场环境和中介服务"指数

分行业的企业经营环境比较

在本节中我们考察不同行业企业在经营环境总指数和各个方面指数的差别。2019 年在全部样本企业中，共有农林牧渔业企业 126 家，占 6.7%；采矿业企业 17 家，占 0.9%；制造业企业 522 家，占 27.7%；电力、热力、燃气及水的生产和供应业企业 34 家，占 1.8%；建筑业企业 204 家，占 10.8%；批发和零售业企业 201 家，占 10.7%；交通运输、仓储和邮政业企业 34 家，占 1.8%；住宿和餐饮业企业 40 家，占 2.1%；信息传输、软件和信息技术服务业企业 166 家，占 8.8%；金融业企业 68 家，占 3.6%；房地产业企业 165 家，占 8.8%；租赁和商务服务业企业 85 家，占 4.5%；科学研究和技术服务业企业 23 家，占 1.2%；水利、环境和公共设施管理业企业 24 家，占 1.3%；居民服务业企业 105 家，占 5.6%；其他行业企业 70 家，占 3.7%。与 2016 年企业调查的行业构成相比，制造业企业比例延续下降趋势，各类服务业企业比例有明显上升。这符合近年来我国的产业结构变化情况。

我们的 2017 年企业经营环境报告发现，不同行业评分有明显差异。评分低的几个行业主要涉及土地、矿产、水力等资源的利用。这些行业市场配置资源的程度较低，政府管制程度较高，对企业经营环境有影响。多数竞争程度较高的行业，企业经营环境也相对较好。经营环境比一般竞争性行业评价更高的行业有两种情况：一种是垄断程度较高的行业，它们的经营环境优于其他行业，是因为享有一些其他行业无法享受的条件；另一种是快速发展的新兴服务业，它们有较大的竞争优势。

我们把本次调查样本按行业排序分组，发现上述情况在某种程度上仍然存在，但出现了一些重要变化（见表 3 - 6）。

表 3 - 6 中经营环境总指数低于行业平均分的 A 组既包括采矿业和农

林牧渔业这两个依赖自然资源但政府对资源控制程度较高的行业（农林牧渔业只涉及企业，不包括农户），也包括了竞争程度较高的建筑业、居民服务业，及科学研究和技术服务业。后几者与2016年相比，指数提升的幅度相对较小或有小幅下降，因此从B组（2016年）落入了A组。

B组总指数评分在行业平均分之上，既包括了制造业、批发零售业、住宿餐饮业，及租赁和商务服务业这些竞争程度较高的行业，也包括了房地产和水利环境公共设施这两个资源依赖程度较高的行业。后两者的评分比2016年提高较大，因而从A组上升到B组，可能说明它们的竞争程度有提升。

从各方面指数来看，A组的各方面指数评分都低于B组，评分差距较大的主要是政策公开、公平、公正，行政干预和政府廉洁效率，企业经营的法治环境这三个方面（这三项相差0.19~0.21分，其他各方面的差距为0.08~0.16分）。而B组中的房地产和水利等资源相关行业在这三个方面的评分也都低于本组平均值，说明资源配置的竞争程度较低对它们的经营环境仍然有影响。

C组的评分更高于B组，仍然包括了金融业，电力、热力、燃气及水的生产和供应业这些垄断程度较高的行业，同时也包括了交通运输和信息软件等竞争性行业。信息软件业更高的评分可以用新兴产业的竞争优势来解释。C组的大多数方面指数评分都高于B组，其中高于B组较多的是人力资源供应、基础设施条件、市场环境和中介服务这三方面（相差0.11~0.12分），而其他涉及政策和制度环境的各方面差异不大，在-0.01分到0.07分的范围内。

从上述情况看，资源配置市场化程度低仍然在影响企业经营环境，但近年来程度有减轻。某些垄断程度较高的行业也仍然享有更好的条件，但与竞争性行业相比差异缩小了。不过显然还有一些其他未知因素在对企业经营环境发生作用。此外，按行业分组后有些行业的样本量较小，不排除随机误差会带来某些影响。

表 3 – 6 不同行业的企业经营环境差异

单位：分

行业	总指数	公开公平	行政干预	法治环境	税费负担	金融服务	人力资源	基础设施	市场环境
A1 采矿业	3.34	3.27	3.43	3.38	2.99	3.21	3.45	3.65	3.32
A2 科研技服	3.53	3.49	3.50	3.85	3.32	3.30	3.41	3.98	3.39
A3 建筑业	3.63	3.67	3.63	3.86	3.42	3.47	3.65	3.95	3.39
A4 居民服务	3.63	3.65	3.60	3.80	3.44	3.63	3.56	3.97	3.42
A5 农林牧渔	3.67	3.72	3.68	3.84	3.48	3.59	3.59	3.98	3.52
B1 租赁商服	3.69	3.74	3.73	3.90	3.50	3.45	3.61	4.12	3.46
B2 房地产业	3.70	3.72	3.61	3.93	3.47	3.50	3.90	4.00	3.51
B3 水利环境公共设施	3.71	3.75	3.61	3.85	3.41	3.56	3.69	4.10	3.73
B4 住宿餐饮	3.71	3.84	3.91	4.06	3.48	3.70	3.50	3.83	3.36
B5 制造业	3.74	3.75	3.80	3.95	3.46	3.69	3.74	4.05	3.50
B6 批发零售	3.75	3.80	3.92	3.94	3.51	3.66	3.68	4.08	3.39
C1 金融业	3.76	3.75	3.75	3.99	3.32	3.62	3.88	4.22	3.54
C2 交运储邮	3.76	3.75	3.87	4.06	3.51	3.61	3.66	4.07	3.52
C3 电热气水	3.77	3.84	3.70	3.94	3.48	3.69	3.83	4.02	3.63
C4 信息软件	3.85	3.86	3.86	4.05	3.54	3.60	3.88	4.28	3.70
A 组平均	3.56	3.56	3.57	3.75	3.33	3.44	3.53	3.91	3.41
B 组平均	3.72	3.77	3.76	3.94	3.47	3.59	3.69	4.03	3.49
C 组平均	3.79	3.80	3.80	4.01	3.46	3.63	3.81	4.15	3.60
总平均	3.68	3.71	3.71	3.89	3.42	3.55	3.67	4.02	3.49

注：①表中行业名称为简称，全称按表中排列顺序依次如下：A1 采矿业，A2 科学研究和技术服务业，A3 建筑业，A4 居民服务、修理和其他服务业，A5 农林牧渔业，B1 租赁和商务服务业，B2 房地产业，B3 水利、环境和公共设施管理业，B4 住宿和餐饮业，B5 制造业，B6 批发和零售业，C1 金融业，C2 交通运输、仓储和邮政业，C3 电力、热力、燃气及水的生产和供应业，C4 信息传输、软件和信息技术服务业。②表中 8 个方面指数名称为简称，全称见前文。

四

东、中、西部和东北地区企业经营环境比较

在本部分，我们将全国 31 个省份按东、中、西部地区和东北地区进行分组①，分别计算这 4 个地区的各方面指数和分项指数的平均评分，以反映各地区企业经营环境的差异和变化情况。

分地区企业经营环境的总体比较

表 4 - 1 列出了各地区的企业经营环境总指数和方面指数从 2016 年到 2019 年的进展情况。从总指数评分来看，四个地区都有改善，但幅度较小，明显不及 2012～2016 年的改善幅度。其中，东部地区继续保持在四个区域中企业经营环境领先的位置，但只比 2016 年提高了 0.05 分。中部地区在四个地区中改善最大，提高 0.10 分，评分超过了东北地区。其次改善相对较大的是西部地区，提高 0.08 分，但评分仍然低于其他三个地区。东北地区改善幅度最小，提高 0.02 分。按评分高低排序，依次是东部、中部、东北、西部地区。2010～2019 年总指数的变动可以从图 4 - 1 直观地看到。

---

① 东部地区包括北京、天津、河北、上海、江苏、浙江、福建、山东、广东、海南 10 个省和直辖市；中部地区包括山西、安徽、江西、河南、湖北、湖南 6 省；西部地区包括内蒙古、广西、重庆、四川、贵州、云南、西藏、陕西、甘肃、宁夏、青海、新疆 12 个省、自治区、直辖市；东北地区包括辽宁、吉林、黑龙江 3 省。

表4-1　分地区企业经营环境总指数和方面指数的进展

单位：分

年份和地区	总指数	政策公开、公平、公正	行政干预和政府廉洁效率	企业经营的法治环境	企业的税费负担	金融服务和融资成本	人力资源供应	基础设施条件	市场环境和中介服务
2016年									
东部	3.68	3.72	3.69	3.90	3.69	3.43	3.50	4.12	3.41
中部	3.54	3.65	3.57	3.79	3.59	3.17	3.37	4.00	3.20
东北	3.58	3.58	3.36	3.97	3.57	3.59	3.42	3.82	3.33
西部	3.46	3.59	3.43	3.76	3.60	3.18	3.24	3.76	3.14
全国	3.56	3.64	3.53	3.83	3.62	3.30	3.37	3.93	3.26
2019年									
东部	3.73	3.61	3.81	3.95	3.49	3.65	3.69	4.13	3.53
中部	3.64	3.62	3.62	3.89	3.41	3.52	3.72	3.92	3.41
东北	3.60	3.43	3.67	3.84	3.37	3.65	3.57	3.89	3.35
西部	3.55	3.41	3.63	3.80	3.41	3.59	3.52	3.69	3.32
全国	3.63	3.52	3.69	3.87	3.43	3.60	3.62	3.90	3.41
2019年比2016年提高幅度									
东部	0.05	-0.12	0.12	0.04	-0.20	0.22	0.19	0.01	0.12
中部	0.10	-0.03	0.05	0.09	-0.18	0.35	0.35	-0.07	0.21
东北	0.02	-0.15	0.31	-0.12	-0.20	0.07	0.14	0.07	0.02
西部	0.08	-0.19	0.20	0.04	-0.19	0.42	0.28	-0.07	0.18
全国	0.07	-0.13	0.16	0.03	-0.19	0.30	0.25	-0.03	0.15

　　注："2019年比2016年提高幅度"中有些数据与上述两个年份数据相减的结果略有出入，是后者四舍五入导致的误差。下同。

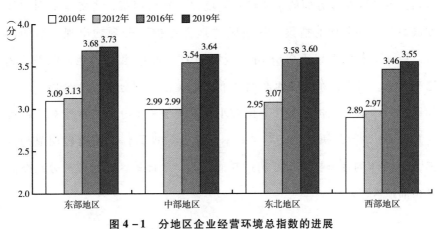

图4-1　分地区企业经营环境总指数的进展

从表4-1所列2019年评分与2016年相比的提高幅度看,各地区企业经营环境8个方面指数中有5个出现一定程度改善,但"政策公开、公平、公正"和"企业的税费负担"出现回落,全国评分下降0.13分和0.19分。"基础设施条件"略有回落。各地区"金融服务和融资成本"及"人力资源供应"方面改善幅度相对较大,特别是西部和中部地区,评分与东部地区的差距显著缩小。

以下具体阐述各地区的各方面指数和分项指数的进展情况。

分地区各方面指数和分项指数的比较

下面我们按构成企业经营环境的不同方面指数和分项指数,分别列出2016年和2019年全国及东、中、西部地区和东北地区的平均得分,数据见表4-2至表4-9。各方面指数的地区数据由图4-2至图4-9直观地显示,以便于比较。

1. 政策公开、公平、公正

"政策公开、公平、公正"方面指数的各地区进展由图4-2显示。该方面各分项指数的地区比较情况见表4-2。从图4-2和表4-2可以看到,各地区在该方面的企业经营环境评分有所回落,主要是受到"地方保护"这一分项的拖累。各地区"地方保护"分项均出现明显的回落,最大下滑幅度高达0.88分,说明2016~2019年各地地方保护问题趋于严重。其中,东北和西部地区下滑更突出,评分降到3分以下。中部地区的"地方保护"分项下滑较小,而其他三个分项"政策规章制度公开透明""行政执法公正""对不同企业一视同仁"都有较明显的改善,2019年的评分提高幅度超过其他地区。中部地区总指数评分已略超过东部地区。

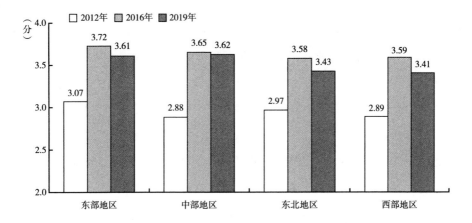

图4-2 分地区企业经营环境进展：政策公开、公平、公正

表4-2 分地区"政策公开、公平、公正"的分项指数变化

单位：分

年份和地区	政策规章制度公开透明	行政执法公正	对不同企业一视同仁	地方保护
2016 年				
东部地区	3.85	3.77	3.61	3.67
中部地区	3.69	3.57	3.37	3.98
东北地区	3.71	3.55	3.37	3.68
西部地区	3.66	3.55	3.40	3.77
全国	3.73	3.64	3.47	3.73
2019 年				
东部地区	3.91	3.84	3.61	3.06
中部地区	3.78	3.73	3.49	3.49
东北地区	3.78	3.64	3.47	2.82
西部地区	3.70	3.62	3.43	2.88
全国	3.79	3.72	3.50	3.05
2019 年比 2016 年提高				
东部地区	0.07	0.07	0.00	-0.61
中部地区	0.09	0.16	0.13	-0.49
东北地区	0.07	0.10	0.10	-0.87
西部地区	0.04	0.07	0.03	-0.88
全国	0.06	0.08	0.03	-0.68

2. 行政干预和政府廉洁效率

该方面指数及其各分项指数的分地区变化情况分别见图 4 - 3 和表 4 - 3。从图 4 - 3 中可见，东部地区评分仍然高于其他地区，但东北地区改善幅度较大，西部地区其次。从表 4 - 3 可以看到，在不同的分项指数中，"政府干预"没有改善，中部和西部地区还有轻微下降。另外，除了中部地区外，其他地区企业经营者"与政府打交道占工作时间比例"均下降，使得该分项的评分出现改善。对于"审批手续简便易行"和"官员廉洁守法"的评价，各地区都有进步，幅度比较均衡，东北地区略快于其他地区。

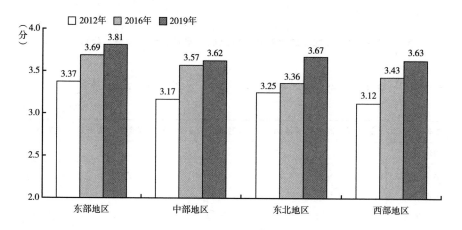

图 4 - 3 分地区企业经营环境进展：行政干预和政府廉洁效率

表 4 - 3 分地区"行政干预和政府廉洁效率"的分项指数变化

单位：分

年份和地区	政府干预	与政府打交道占工作时间比例	审批手续简便易行	官员廉洁守法
2016 年				
东部地区	3.79	3.56	3.64	3.76
中部地区	3.63	3.68	3.45	3.52
东北地区	3.53	3.12	3.29	3.49
西部地区	3.58	3.20	3.33	3.57
全国	3.66	3.41	3.45	3.62
2019 年				
东部地区	3.80	3.77	3.80	3.88
中部地区	3.61	3.45	3.66	3.77

续表

年份和地区	政府干预	与政府打交道占工作时间比例	审批手续简便易行	官员廉洁守法
东北地区	3.57	3.73	3.58	3.80
西部地区	3.55	3.68	3.57	3.71
全国	3.64	3.67	3.66	3.78
2019 年比 2016 年提高				
东部地区	0.00	0.21	0.16	0.12
中部地区	- 0.02	- 0.23	0.21	0.24
东北地区	0.04	0.61	0.28	0.31
西部地区	- 0.03	0.48	0.24	0.14
全国	- 0.02	0.26	0.21	0.17

3. 企业经营的法治环境

各地区在该方面指数和分项指数的进展情况分别由图 4 - 4 和表 4 - 4 表示。从图 4 - 4 可以看到，各地区在这方面变动不大，中部改善略好于其他地区，东北地区则出现下降。东部评分仍然高于其他地区，其次依次是中部、东北、西部地区。按表 4 - 4 所表示的不同分项指数变化来看，各地区在"司法公正和效率"上出现相对较大的改善，"企业合同正常履行""知识产权、技术和品牌保护"多数地区变动不大。但是"经营者财产和人身安全保障"各地区都出现一定程度下降。

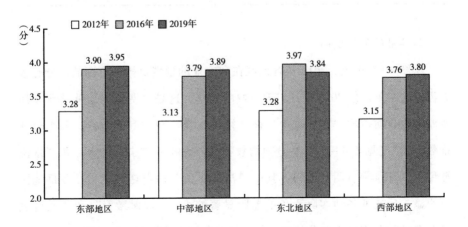

图 4 - 4　分地区企业经营环境进展：企业经营的法治环境

表4-4　分地区"企业经营的法治环境"的分项指数变化

单位：分

年份和地区	司法公正和效率	企业合同正常履行	经营者财产和人身安全保障	知识产权、技术和品牌保护
2016 年				
东部地区	3.71	3.81	4.19	3.90
中部地区	3.59	3.69	4.05	3.84
东北地区	3.61	3.91	4.27	4.08
西部地区	3.53	3.68	4.09	3.75
全国	3.61	3.76	4.13	3.84
2019 年				
东部地区	3.94	3.84	4.04	3.96
中部地区	3.85	3.81	3.98	3.90
东北地区	3.82	3.78	3.94	3.83
西部地区	3.81	3.63	3.96	3.81
全国	3.86	3.75	3.99	3.88
2019 年比 2016 年提高				
东部地区	0.23	0.03	- 0.14	0.06
中部地区	0.26	0.11	- 0.07	0.06
东北地区	0.21	- 0.13	- 0.33	- 0.26
西部地区	0.28	- 0.06	- 0.13	0.06
全国	0.26	- 0.01	- 0.14	0.03

4. 企业的税费负担

从图4-5可见，2016年各地区在"企业的税费负担"方面的评分有较大程度的改善，但2019年又出现小幅的回落，这是缴费负担加重导致（注意原来的分项指数"税外收费"被"社保缴费"和"其他缴费"两个分项指数替代）（见表4-5）。从分项指数看，各地区对"法定税负"和"依法征税"的评价都有明显改善，其中"法定税负"改善幅度较大，西部地区更明显，反映了各地实际税负的差距显著缩小。"社保缴费"和"其他缴费"各地评分都低于3分的中性值，反映各地企业缴费负担较重。

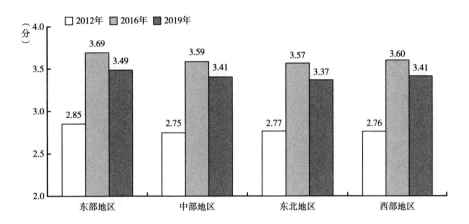

图 4 - 5　分地区企业经营环境进展：企业的税费负担

表 4 - 5　分地区"企业的税费负担"的分项指数变化

单位：分

年份和地区	法定税负	依法征税	社保缴费	其他缴费（税外收费）
2016 年				
东部地区	3.42	3.93		3.73
中部地区	3.25	3.75		3.76
东北地区	3.32	3.74		3.64
西部地区	3.18	3.74		3.81
全国	3.30	3.81		3.77
2019 年				
东部地区	3.97	4.13	2.91	2.94
中部地区	3.92	4.03	2.82	2.85
东北地区	3.98	4.07	2.82	2.61
西部地区	4.03	4.08	2.85	2.70
全国	3.98	4.08	2.86	2.80
2019 年比 2016 年提高				
东部地区	0.55	0.20		
中部地区	0.67	0.28		
东北地区	0.67	0.32		
西部地区	0.85	0.34		
全国	0.69	0.28		

　　注：2019 年税外收费被拆分为社保缴费和其他缴费，2016 年的税外收费与 2019 年的其他缴费不可比。

5. 金融服务和融资成本

在"金融服务和融资成本"方面，中部和西部地区评分提高幅度较大，而东部和东北地区改善较小（见图4-6）。该方面指数的改善来自贷款平均利率和其他融资平均利率的下降，并且中、西部地区改善程度要超过东部和东北地区（见表4-6）。这反映了银行贷款利率和其他融资利率在2016～2019年出现回落。但是"银行贷款"和"其他融资"两个反映融资难易度的分项指数变动不大，部分地区还出现评分的下滑。这说明，虽然企业融资成本有所下降，但是企业的信贷可得性仍然有待提高。

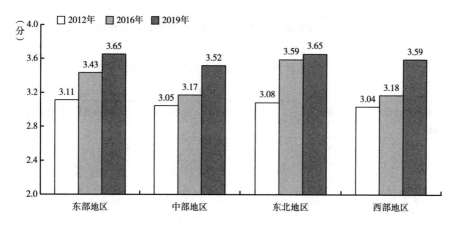

图4-6 分地区企业经营环境进展：金融服务和融资成本

表4-6 分地区"金融服务和融资成本"的分项指数变化

单位：分

年份和地区	银行贷款	其他融资	贷款利率	其他融资利率
2016年				
东部地区	3.60	3.34	3.44	3.34
中部地区	3.43	3.29	2.92	3.06
东北地区	3.61	3.36	3.82	3.55
西部地区	3.35	3.13	3.34	2.60
全国	3.47	3.25	3.34	3.02
2019年				
东部地区	3.51	3.35	3.81	3.93
中部地区	3.40	3.30	3.67	3.71

续表

年份和地区	银行贷款	其他融资	贷款利率	其他融资利率
东北地区	3.49	3.20	3.97	3.95
西部地区	3.45	3.21	3.93	3.78
全国	3.46	3.27	3.85	3.83
2019 年比 2016 年提高				
东部地区	−0.09	0.01	0.36	0.59
中部地区	−0.03	0.02	0.75	0.64
东北地区	−0.12	−0.17	0.15	0.40
西部地区	0.10	0.08	0.59	1.18
全国	−0.01	0.02	0.51	0.81

6. 人力资源供应

在"人力资源供应"方面，中部地区的改善幅度相对更大些，其次是西部地区，东部和东北地区改善幅度相对较小。按绝对水平看，中部和东部地区评分较高，其次是东北和西部地区（见图 4−7）。按分项指数看，中部和西部地区在管理人员和熟练工人的供应上改善幅度相对较大，缩小了其与东部地区的差距。西部地区的技术人员供应仍是短板（见表 4−7）。

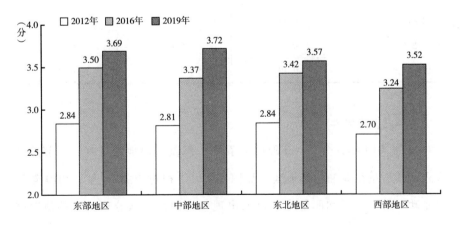

图 4−7　分地区企业经营环境进展：人力资源供应

表 4 - 7 分地区"人力资源供应"的分项指数变化

单位：分

年份和地区	技术人员	管理人员	熟练工人
2016 年			
东部地区	3.48	3.49	3.51
中部地区	3.33	3.32	3.45
东北地区	3.32	3.44	3.51
西部地区	3.19	3.26	3.37
全国	3.31	3.35	3.44
2019 年			
东部地区	3.68	3.71	3.68
中部地区	3.68	3.65	3.82
东北地区	3.46	3.60	3.64
西部地区	3.28	3.59	3.70
全国	3.50	3.64	3.71
2019 年比 2016 年提高			
东部地区	0.19	0.22	0.17
中部地区	0.35	0.33	0.37
东北地区	0.14	0.16	0.13
西部地区	0.09	0.32	0.33
全国	0.19	0.29	0.28

7. 基础设施条件

按照 2019 年评分，"基础设施条件"仍以东部地区最好，中部地区次之，其后是东北和西部地区（见图 4 - 8）。相对于 2016 年，2019 年评分变动不大，中部和西部地区反而出现小幅回落。从分项指数的情况来看，东部地区仅在"铁路公路运输条件"上有所改善，东北地区 3 个分项指数均有小幅改善，中、西部地区均出现回落（见表 4 - 8）。

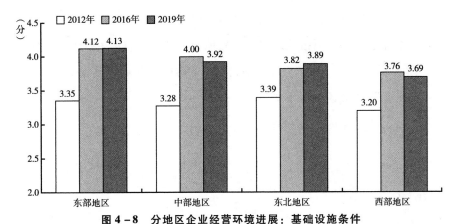

图4-8 分地区企业经营环境进展：基础设施条件

表4-8 分地区"基础设施条件"的分项指数变化

单位：分

年份和地区	电水气供应条件	铁路公路运输条件	其他基础设施条件
2016年			
东部地区	4.20	4.14	4.02
中部地区	4.05	4.03	3.91
东北地区	4.03	3.79	3.64
西部地区	3.95	3.77	3.73
全国	4.04	3.92	3.82
2019年			
东部地区	4.20	4.17	4.00
中部地区	3.96	3.94	3.86
东北地区	4.10	3.87	3.70
西部地区	3.85	3.67	3.56
全国	4.01	3.90	3.78
2019年比2016年提高			
东部地区	0.00	0.04	-0.01
中部地区	-0.09	-0.08	-0.05
东北地区	0.07	0.08	0.06
西部地区	-0.10	-0.10	-0.17
全国	-0.03	-0.01	-0.05

8. 市场环境和中介服务

对于该方面指数，各地区在2019年都比2016年有所改善。其中中部和西部地区改善更显著，分别超过和接近东北地区评分。按地区的评分高

103

低排列，依次是东部、中部、东北和西部地区（见图4-9）。在各分项指数中，中部地区各分项指数改善都比较明显，西部地区"中介组织服务"和"行业协会服务"改善明显。东北地区改善幅度落后于其他地区，"行业协会服务"评分还略有下降。

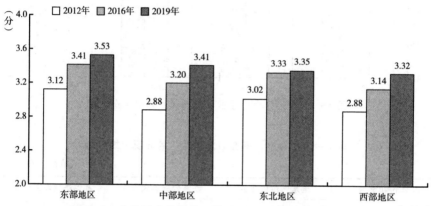

图4-9 分地区企业经营环境进展：市场环境和中介服务

表4-9 分地区"市场环境和中介服务"的分项指数变化

单位：分

年份和地区	市场需求	过度竞争	中介组织服务	行业协会服务
2016 年				
东部地区	3.41	3.20	3.73	3.31
中部地区	3.19	3.09	3.42	3.10
东北地区	3.40	3.08	3.59	3.24
西部地区	3.18	3.12	3.33	2.94
全国	3.29	3.15	3.49	3.11
2019 年				
东部地区	3.55	3.24	3.84	3.49
中部地区	3.45	3.28	3.63	3.29
东北地区	3.45	3.10	3.65	3.20
西部地区	3.34	3.18	3.54	3.24
全国	3.44	3.21	3.66	3.33
2019 年比 2016 年提高				
东部地区	0.13	0.04	0.11	0.18
中部地区	0.25	0.19	0.21	0.19
东北地区	0.05	0.02	0.06	-0.04
西部地区	0.15	0.06	0.21	0.31
全国	0.15	0.07	0.18	0.22

五

各省份企业经营环境评分和排序

为了便于分别研究各省、自治区、直辖市企业经营环境的进展情况，我们在这一部分用表格的形式把每个省份 2010～2019 年各方面指数和每个方面指数下属分项指数的评分变化分别整理出来，并简要分析各省份企业经营环境的各方面发展变化，揭示各省份企业经营环境的进展和短板。我们这次在"企业的税费负担"方面稍有调整，用"社保缴费"和"其他缴费"代替了原来的"税外收费"。新设分项指数在 2019 年之前无数据，因而只对这两个分项指数的变化进行有限的解读。考虑到各省份企业经营环境的改善趋势或某些停滞具有共同性，同时每个省份的具体情况和进展快慢又不相同，我们重点通过横向比较来分析省份之间相对位置的变化。此外，由于西藏历年空缺数据较多，企业调查样本也偏少，在这一部分没有对西藏的情况进行专门分析。

北京

表 5 – 1　北京企业经营环境各方面指数、各分项指数的排名及分值

指数	2010 年		2012 年		2016 年		2019 年	
	分值	排名	分值	排名	分值	排名	分值	排名
政策公开、公平、公正	3.02	8	3.09	5	3.58	21	3.22	23
政策规章制度公开透明	3.22	9	3.23	7	4.08	3	3.89	7
行政执法公正	2.97	7	3.21	6	3.86	5	3.84	5
对不同企业一视同仁	2.88	11	2.84	6	3.71	5	3.61	7
地方保护					2.70	31	1.55	28
行政干预和政府廉洁效率	3.31	6	3.29	10	3.55	16	3.77	9
政府干预	3.90	2	3.52	9	3.77	7	3.76	6
与政府打交道占工作时间比例			3.76	8	3.18	20	3.77	14
审批手续简便易行	3.04	10	2.86	13	3.52	12	3.71	12
官员廉洁守法	2.85	11	3.06	8	3.72	9	3.84	9
企业经营的法治环境	3.18	8	3.33	5	3.88	10	3.96	7
司法公正和效率	2.93	9	3.14	4	3.72	8	3.97	5
企业合同正常履行	3.50	20	3.44	13	3.86	11	3.90	4
经营者财产和人身安全保障	3.61	3	3.70	5	4.13	14	4.05	8
知识产权、技术和品牌保护	3.16	23	3.41	10	3.81	15	3.92	16
企业的税费负担			2.87	5	3.71	7	3.48	11
法定税负			2.15	11	3.62	4	3.89	23
依法征税					4.03	3	4.18	5
税外收费			3.59	6	3.49	29		
社保缴费							2.89	15
其他缴费							2.98	7
金融服务和融资成本	2.86	11	2.96	25	3.68	6	3.51	24
银行贷款	2.85	9	2.78	16	3.65	8	3.34	23
其他融资	2.79	18	2.91	27	3.63	2	3.28	19
贷款利率					3.80	6	3.53	26
其他融资利率					3.65	11	3.87	16
人力资源供应	2.90	4	2.86	11	3.58	4	3.85	5
技术人员	2.86	4	2.82	6	3.62	4	3.86	3
管理人员	2.87	5	2.86	11	3.63	4	3.89	4
熟练工人	2.97	3	2.89	14	3.50	11	3.79	14
基础设施条件	3.56	3	3.45	5	4.22	5	4.27	2
电水气供应条件			3.96	14	4.32	4	4.26	4
铁路公路运输条件			3.29	4	4.19	8	4.33	2
其他基础设施条件			3.10	3	4.16	4	4.23	2

指数	2010 年		2012 年		2016 年		2019 年	
	分值	排名	分值	排名	分值	排名	分值	排名
市场环境和中介服务	3.29	3	3.30	2	3.58	2	3.54	7
市场需求					3.59	4	3.57	8
过度竞争					3.35	6	3.12	23
中介组织服务	3.49	2	3.52	3	3.96	2	3.96	4
行业协会服务	2.99	3	3.09	2	3.41	4	3.49	7
总评	3.18	5	3.17	3	3.72	4	3.70	9

　　北京的企业经营环境，在 2010 年、2012 年、2016 年和 2019 年的全国排名依次为第 5 位、第 3 位、第 4 位和第 9 位。2016 年评分 3.72 分，2019 年微降至 3.70 分，但排名下降明显。

　　在企业经营环境的 8 个方面指数中，2019 年比 2016 年明显改善的方面有"行政干预和政府廉洁效率"和"人力资源供应"，评分分别提高 0.22 分和 0.27 分，前者的全国排名从第 16 位升至第 9 位，后者排名下降一位至第 5 位。

　　评分略有改善的方面有"企业经营的法治环境"和"基础设施条件"，分别提高 0.08 分和 0.05 分，全国排名均提高 3 位，分别至第 7 位和第 2 位。

　　"市场环境和中介服务"评分小幅下降 0.04 分，排名下降 5 位至第 7 位。

　　评分明显下降的方面指数有"政策公开、公平、公正"、"企业的税费负担"及"金融服务和融资成本"，分别下降 0.36 分、0.23 分和 0.17 分，全国排名分别下降 2 位、4 位和 18 位，至第 23 位、第 11 位和第 24 位。这几个方面是导致北京总体评分和排名下降的原因。

　　2019 年，北京较其他省份优势明显的方面有"基础设施条件"，排名全国第 2 位；较好的有"人力资源供应""企业经营的法治环境""市场环境和中介服务""行政干预和政府廉洁效率"，分列于第 5 位、第 7 位、第 7 位、第 9 位。北京相对薄弱的方面是"政策公开、公平、公正""金融服务和融资成本"，分别排在全国第 23 位、第 24 位。

政策公开、公平、公正

2019 年，北京的"政策公开、公平、公正"方面指数与 2016 年相比，评分从 3.58 分下降到 3.22 分，全国排名从第 21 位降至第 23 位。4 个分项指数中，除"行政执法公正"评分没有显著变化外，其余"政策规章制度公开透明""对不同企业一视同仁""地方保护"评分都有不同程度下降，分别下降 0.19 分、0.10 分和 1.15 分，2019 年 4 个分项指数分别排在第 7 位、第 5 位、第 7 位和第 28 位。"地方保护"对该方面指数的排名影响较大。

行政干预和政府廉洁效率

从 2016 年到 2019 年，北京的"行政干预和政府廉洁效率"评分从 3.55 分上升至 3.77 分，排名从第 16 位上升到第 9 位。分项指数中，仅"政府干预"评分基本不变，排名上升 1 位至第 6 位；"与政府打交道占工作时间比例"改善最明显，评分上升 0.59 分，排名由第 20 位升至第 14 位。"审批手续简便易行"和"官员廉洁守法"评分提高 0.19 分和 0.12 分，排名维持在第 12 位和第 9 位。

企业经营的法治环境

从 2016 年到 2019 年，北京"企业经营的法治环境"评分从 3.88 分小幅上升到 3.96 分，排名从第 10 位升至第 7 位。各分项指数中，"经营者财产和人身安全保障"评分小幅下降，其他分项指数评分均小幅上升。从排名来看，"司法公正和效率"、"企业合同正常履行"和"经营者财产和人身安全保障"排名分别从 2016 年的第 8 位、第 11 位、第 14 位上升至第 5 位、第 4 位、第 8 位，"知识产权、技术和品牌保护"排名从第 15 位小幅降至第 16 位。

企业的税费负担

从 2016 年到 2019 年，北京"企业的税费负担"评分从 3.71 分下降至 3.48 分，导致排名从第 7 位降至第 11 位。其分项指数中"法定税负"和

"依法征税"评分均上升，但排名分别从第 4 位下降至第 23 位、从第 3 位下降至第 5 位。2019 年该方面指数评分下降是因为分项指数"社保缴费"和"其他缴费"评分分别为 2.89 分和 2.98 分，排名为第 15 位和第 7 位。

金融服务和融资成本

从 2016 年到 2019 年，北京"金融服务和融资成本"评分从 3.68 分降至 3.51 分，排名由第 6 位降至第 24 位。该方面指数中，"银行贷款"、"其他融资"和"贷款利率"评分均有下降，只有"其他融资利率"评分上升，反映出企业贷款难问题加重了。4 个分项指数的排名分别从第 8 位、第 2 位、第 6 位和第 11 位下降至第 23 位、第 19 位、第 26 位和第 16 位。

人力资源供应

从 2016 年到 2019 年，北京"人力资源供应"的评分从 3.58 分升至 3.85 分，但排名从第 4 位小幅下降至第 5 位。该方面指数中，"技术人员"、"管理人员"和"熟练工人"变化情况类似。"技术人员"和"管理人员"的供应分列全国第 3 位和第 4 位，显著高于全国平均水平。"熟练工人"的排名从全国第 11 位回落至第 14 位，在三项中稍显落后。

基础设施条件

从 2016 年到 2019 年，北京"基础设施条件"的评分从 4.22 分升至 4.27 分，排名由第 5 位上升到第 2 位。该方面指数中，"电水气供应条件"排名维持在第 4 位，而"铁路公路运输条件"和"其他基础设施条件"评分和排名均上升，从 2016 年的第 8 位和第 4 位都上升至第 2 位，说明在此期间北京市该方面的提升程度要好于其他一些省份。

市场环境和中介服务

从 2016 年到 2019 年，北京"市场环境和中介服务"的评分从 3.58 分小幅降至 3.54 分，排名由第 2 位降至第 7 位。该方面指数中，"中介组织服务"排名下降到全国第 4 位；"行业协会服务"排名由第 4 位降至第 7 位；"市场需求"排名也从第 4 位降至第 8 位；"过度竞争"降幅较大，从第 6 位降至第 23 位。

天津

表 5－2　天津企业经营环境各方面指数、各分项指数的排名及分值

指数	2010 年		2012 年		2016 年		2019 年	
	分值	排名	分值	排名	分值	排名	分值	排名
政策公开、公平、公正	3.15	2	3.45	1	3.77	9	3.15	27
政策规章制度公开透明	3.25	6	3.65	1	4.19	1	3.85	9
行政执法公正	3.15	2	3.55	1	3.87	4	3.87	4
对不同企业一视同仁	3.05	3	3.16	1	3.90	1	3.29	28
地方保护					3.11	25	1.61	27
行政干预和政府廉洁效率	3.38	2	3.72	1	4.03	1	3.89	3
政府干预	3.78	9	3.76	1	3.95	2	3.77	5
与政府打交道占工作时间比例			3.96	5	4.14	8	3.71	18
审批手续简便易行	3.22	4	3.51	1	4.03	1	4.06	1
官员廉洁守法	3.14	1	3.53	1	4.01	2	4.04	2
企业经营的法治环境	3.28	2	3.63	1	3.96	5	4.08	2
司法公正和效率	3.04	5	3.47	1	3.90	2	4.00	3
企业合同正常履行	3.65	3	3.80	1	3.91	7	4.04	1
经营者财产和人身安全保障	3.61	4	3.88	1	4.09	20	4.23	1
知识产权、技术和品牌保护	3.32	5	3.69	1	3.94	8	4.06	3
企业的税费负担			3.21	1	3.98	2	3.50	7
法定税负			2.51	1	3.94	1	3.87	27
依法征税					4.32	1	4.10	16
税外收费			3.92	2	3.68	23		
社保缴费							2.90	12
其他缴费							3.12	1
金融服务和融资成本	2.84	12	3.33	2	3.07	22	3.52	22
银行贷款	2.83	11	3.24	1	3.83	2	3.27	28
其他融资	2.79	17	3.35	3	3.50	4	3.16	26
贷款利率					2.46	29	3.82	19
其他融资利率					2.49	23	3.86	18
人力资源供应	2.99	1	3.17	1	3.41	12	3.40	27
技术人员	2.97	1	3.16	1	3.36	11	3.35	21
管理人员	3.05	2	3.20	1	3.49	7	3.46	24
熟练工人	2.95	4	3.16	1	3.38	19	3.38	30

指数	2010 年		2012 年		2016 年		2019 年	
	分值	排名	分值	排名	分值	排名	分值	排名
基础设施条件	3.44	5	3.53	1	4.12	9	4.16	4
电水气供应条件			3.98	12	4.10	12	4.31	2
铁路公路运输条件			3.44	1	4.19	7	4.12	8
其他基础设施条件			3.18	2	4.05	8	4.06	5
市场环境和中介服务	3.30	2	3.41	1	3.33	10	3.38	18
市场需求					3.21	22	3.23	29
过度竞争					3.03	21	3.06	26
中介组织服务	3.42	4	3.69	1	3.81	6	3.83	7
行业协会服务	3.11	1	3.24	1	3.30	8	3.42	12
总评	3.21	3	3.44	1	3.71	5	3.64	15

天津的企业经营环境,在 2010 年、2012 年、2016 年和 2019 年的全国排名依次为第 3 位、第 1 位、第 5 位和第 15 位,得分依次为 3.21 分、3.44 分、3.71 分和 3.64 分。2019 年的评分和排名相较于 2016 年均有所下降,排在全国中游水平。

2019 年,在企业经营环境的 8 个方面指数中,只有"企业经营的法治环境"与"金融服务和融资成本"评分比 2016 年有较明显的提高,分别上升 0.12 分和 0.45 分;前者全国排名从第 5 位升至第 2 位,后者保持在第 22 位。

"人力资源供应"、"基础设施条件"及"市场环境和中介服务"评分没有显著变化,但"人力资源供应"的排名大幅降至第 27 位,"市场环境和中介服务"排名降至第 18 位,"基础设施条件"升至第 4 位。

2019 年评分比 2016 年显著下降的方面指数有"政策公开、公平、公正""行政干预和政府廉洁效率""企业的税费负担",分别下降 0.62 分、0.14 分和 0.48 分,排名从第 9 位、第 1 位和第 2 位降至第 27 位、第 3 位和第 7 位。

2019 年仍然保持全国排名前几位的有"行政干预和政府廉洁效率"、"企业经营的法治环境"和"基础设施条件"。但"政策公开、公平、公正""金融服务和融资成本""人力资源供应"分别排在全国第 27 位、第 22 位和第 27 位的下游水平,是天津企业经营环境的短板,需要改进。

政策公开、公平、公正

从 2016 年到 2019 年,天津"政策公开、公平、公正"方面指数评分从 3.77 分降至 3.15 分,全国排名从第 9 位显著下降至第 27 位。主要是因为"地方保护"分项在 2019 年出现大幅下降,评分仅为 1.61 分,排名由全国第 25 位降至第 27 位。其他分项指数中,"对不同企业一视同仁"评分降幅也很大,排名由第 1 位降至第 28 位;"政策规章制度公开透明"评分下降,排名由第 1 位降至第 9 位。"行政执法公正"评分不变,排名维持在第 4 位。

行政干预和政府廉洁效率

从 2016 年到 2019 年,天津"行政干预和政府廉洁效率"评分从 4.03 分下降至 3.89 分,排名由全国第 1 位降至第 3 位。分项指数中,"审批手续简便易行"和"官员廉洁守法"评分微升,评分分别为 4.06 分和 4.04 分,排名维持在第 1 位和第 2 位。"政府干预"和"与政府打交道占工作时间比例"评分有不同程度下降,前者评分下降 0.18 分至 3.77 分,排名从第 2 位降至第 5 位,后者评分下降 0.43 分至 3.71 分,排名从第 8 位大幅降至第 18 位。

企业经营的法治环境

从 2016 年到 2019 年,天津"企业经营的法治环境"评分从 3.96 分上升到 4.08 分,排名从第 5 位上升到第 2 位。4 个分项指数评分都有所上升,其中"司法公正和效率""知识产权、技术和品牌保护"目前排名都在第 3 位。"企业合同正常履行"和"经营者财产和人身安全保障"都升至第 1 位。

企业的税费负担

从 2016 年到 2019 年,天津"企业的税费负担"评分从 3.98 分降至 3.50 分,排名从第 2 位下降至第 7 位。其分项指数中"法定税负"和"依法征税"评分分别由 3.94 分降至 3.87 分、由 4.32 分降至 4.10 分,排名分别从第 1 位大幅度下降至第 27 位和第 16 位。2019 年新设分项指数"社保缴费"评分为 2.90 分,排名为第 12 位;"其他缴费"为 3.12 分,排名全国第 1 位。但这两项的评分都低于 2016 年的"税外收费"评分(3.68 分)。

金融服务和融资成本

从 2016 年到 2019 年,天津的"金融服务和融资成本"评分从 3.07 分升至 3.52 分,排名维持在第 22 位。由分项指数发现,"银行贷款"和"其他融资"评分和排名均显著下降至全国下游水平,而"贷款利率"和"其他融资利率"评分和排名上升到中游水平。说明在此期间天津企业的贷款难问题有所加重,但贷款和其他融资的平均成本降低了。

人力资源供应

从 2016 年到 2019 年,天津的"人力资源供应"评分从 3.41 分微降至 3.40 分,但排名从第 12 位跌至第 27 位。该方面指数中,"技术人员"、"管理人员"和"熟练工人"评分微降或不变,而排名分别由全国第 11 位、第 7 位和第 19 位大幅下降至第 21 位、第 24 位和第 30 位。总体来看,2016~2019 年全国人力资源供应有明显改善,而天津这方面没有改善。

基础设施条件

从 2016 年到 2019 年,天津的"基础设施条件"评分从 4.12 分微升至 4.16 分,排名从第 9 位升至第 4 位。该方面指数中,"电水气供应条件"排名从第 12 位升至第 2 位,"其他基础设施条件"从第 8 位升至第 5 位,而"铁路公路运输条件"则从第 7 位降至第 8 位。总体来看,天津基础设施水平仍然维持在全国前列。

市场环境和中介服务

从 2016 年到 2019 年,天津的"市场环境和中介服务"评分从 3.33 分升至 3.38 分,但排名由第 10 位落到第 18 位。该方面指数中,"市场需求"、"过度竞争"、"中介组织服务"和"行业协会服务"的评分均小幅上升,但排名分别由第 22 位、第 21 位、第 6 位和第 8 位降至第 29 位、第 26 位、第 7 位和第 12 位。"市场需求"与"过度竞争"居全国下游水平。

河北

表 5-3　河北企业经营环境各方面指数、各分项指数的排名及分值

指数	2010 年		2012 年		2016 年		2019 年	
	分值	排名	分值	排名	分值	排名	分值	排名
政策公开、公平、公正	2.88	20	2.78	28	3.48	27	3.26	21
政策规章制度公开透明	3.15	13	2.92	29	3.86	6	3.89	6
行政执法公正	2.67	26	2.78	28	3.59	19	3.79	11
对不同企业一视同仁	2.81	14	2.64	16	3.48	11	3.48	20
地方保护					2.99	26	1.88	24
行政干预和政府廉洁效率	3.07	22	3.00	27	3.43	20	3.60	24
政府干预	3.79	8	3.33	19	3.59	21	3.69	13
与政府打交道占工作时间比例			3.34	25	2.93	23	3.24	28
审批手续简便易行	2.79	21	2.60	25	3.61	8	3.74	10
官员廉洁守法	2.58	25	2.61	29	3.59	17	3.75	18
企业经营的法治环境	3.00	24	3.00	29	3.77	25	3.88	16
司法公正和效率	2.65	26	2.70	28	3.55	21	3.89	10
企业合同正常履行	3.60	6	3.37	23	3.77	18	3.81	13
经营者财产和人身安全保障	3.28	23	3.39	24	4.03	24	3.99	20
知识产权、技术和品牌保护	3.19	18	3.13	29	3.75	23	3.85	18
企业的税费负担			2.66	25	3.70	8	3.47	13
法定税负			2.06	21	3.44	7	3.87	26
依法征税					3.82	16	4.12	10
税外收费			3.27	24	3.84	10		
社保缴费							2.88	17
其他缴费							3.02	4
金融服务和融资成本	2.87	10	3.03	17	3.43	14	3.50	25
银行贷款	2.73	17	2.61	22	3.61	9	3.51	14
其他融资	2.98	7	3.13	15	3.47	6	3.33	15
贷款利率					3.52	15	3.56	24
其他融资利率					3.12	17	3.59	25
人力资源供应	2.68	13	2.90	4	3.26	20	3.51	22
技术人员	2.63	10	2.84	5	3.28	17	3.50	19
管理人员	2.65	16	2.83	14	3.24	20	3.49	23
熟练工人	2.76	16	3.03	6	3.27	26	3.56	25

指数	2010 年		2012 年		2016 年		2019 年	
	分值	排名	分值	排名	分值	排名	分值	排名
基础设施条件	3.08	18	3.32	14	3.90	16	3.99	12
电水气供应条件			3.98	11	3.93	21	4.04	15
铁路公路运输条件			3.13	12	3.99	14	4.11	9
其他基础设施条件			2.84	18	3.78	16	3.82	14
市场环境和中介服务	2.97	16	2.90	21	3.31	11	3.47	11
市场需求					3.39	10	3.52	10
过度竞争					2.97	24	3.14	21
中介组织服务	3.21	14	3.17	21	3.63	10	3.62	18
行业协会服务	2.74	19	2.66	25	3.25	10	3.62	1
总评	2.95	18	2.97	24	3.54	18	3.59	20

河北的企业经营环境，在 2010 年、2012 年、2016 年和 2019 年的全国排名依次为第 18 位、第 24 位、第 18 位和第 20 位，各年得分依次为 2.95 分、2.97 分、3.54 分和 3.59 分。2019 年比 2016 年评分有小幅提升，但排名下降两位至第 20 位，在全国处于偏下游的水平。

在企业经营环境的 8 个方面指数中，"政策公开、公平、公正""行政干预和政府廉洁效率""金融服务和融资成本""人力资源供应"在全国的排名中居于第 20 名之后，落后于多数省份，多数评分或排名比 2016 年有所下降。另外 4 个方面指数的排名在全国中游位置，2019 年与 2016 年相比，"企业经营的法治环境""基础设施条件""市场环境和中介服务"三个方面评分都有上升，两个排名上升，"企业的税费负担"评分和排名都有下降。

政策公开、公平、公正

从 2016 年到 2019 年，河北的"政策公开、公平、公正"方面指数评分从 3.48 分降至 3.26 分，全国排名从第 27 位升至第 21 位。分项指数中，"行政执法公正"评分上升 0.20 分，排名由第 19 位升至第 11 位。"地方保护"评分由 2.99 分降至 1.88 分，排名为第 24 位。"政策规章制度公开透明"和"对不同企业一视同仁"的评分没有显著变化，前者排名维持在第6位，排名靠前，后者排名由第11位降至第20位。

行政干预和政府廉洁效率

从2016年到2019年，河北的"行政干预和政府廉洁效率"评分从3.43分上升至3.60分，但全国排名由第20位降至第24位，还比较落后。4个分项指数评分均出现上升，但仅"政府干预"排名从第21位上升至第13位，其他3个分项排名均出现下滑。"与政府打交道占工作时间比例"、"审批手续简便易行"和"官员廉洁守法"排名分别从第23位、第8位和第17位下滑至第28位、第10位和第18位。总体来看，河北企业经营环境中减少行政干预和提高政府廉洁效率仍有较大改善空间。

企业经营的法治环境

从2016年到2019年，河北的"企业经营的法治环境"评分从3.77分上升到3.88分，排名从第25位上升到第16位，有明显改善。该方面指数中，"司法公正和效率"、"企业合同正常履行"和"知识产权、技术和品牌保护"的评分和排名都有上升，"经营者财产和人身安全保障"评分有所下降，但排名由第24位上升至第20位。总体来看，2019年河北企业经营的法治环境已提升至全国中游水平。

企业的税费负担

从2016年到2019年，河北的"企业的税费负担"评分从3.70分降至3.47分，排名从第8位降至第13位，其分项指数中，"法定税负"评分由3.44分明显上升到3.87分，但因改善幅度不及其他省份，排名由第7位降至第26位。"依法征税"评分由3.82分升至4.12分，排名由第16位升至第10位。2019年新增分项指数"社保缴费"，评分为2.88分，排名为第17位。"其他缴费"评分3.02分，排名第4位。

金融服务和融资成本

从2016年到2019年，河北的"金融服务和融资成本"评分从3.43分升至3.50分，但排名从第14位下降至第25位。由分项指数发现，"银行贷款"和"其他融资"的评分都有所下降，2019 年排名分别从第 9 位和第 6 位下降至第 14 位和第 15 位。"贷款利率"和"其他融资利率"评分有所提高，但排名分别从第 15 位和第 17 位下降至第 24 位和第 25 位。说明河北企业的融资条件有待进一步改善。

人力资源供应

从 2016 年到 2019 年，河北的"人力资源供应"评分从 3.26 分升至 3.51 分，但排名从第 20 位降至第 22 位。该方面指数中，"技术人员""管理人员""熟练工人"3 个分项指数评分均有所上升，而前两者排名分别由第 17 位、第 20 位降至第 19 位、第 23 位；"熟练工人"排名小幅上升 1 位至第 25 位。在此期间，河北企业的人力资源供应与其他省份相比，仍处于相对不利的状况。

基础设施条件

从 2016 年到 2019 年，河北的"基础设施条件"评分从 3.90 分升至 3.99 分，排名从第 16 位升至第 12 位。分项指数中，"电水气供应条件"、"铁路公路运输条件"和"其他基础设施条件"评分和排名均有所上升，排名分别从第 21 位、第 14 位和第 16 位上升至第 15 位、第 9 位和第 14 位，基础设施条件在全国位于中游水平。

市场环境和中介服务

从 2016 年到 2019 年，河北的"市场环境和中介服务"评分从 3.31 分升至 3.47 分，排名维持在第 11 位。分项指数中，"市场需求"和"过度竞争"评分均有上升，前者排名维持在第 10 位，后者排名则从第 24 位上升至第 21 位。"行业协会服务"的评分上升明显，且排名从第 10 位升至第 1 位。"中介组织服务"评分变化不大，但排名从第 10 位降至第 18 位。

山西

表5－4 山西企业经营环境各方面指数、各分项指数的排名及分值

指数	2010 年		2012 年		2016 年		2019 年	
	分值	排名	分值	排名	分值	排名	分值	排名
政策公开、公平、公正	2.92	17	2.91	18	3.21	31	3.16	26
政策规章制度公开透明	3.12	18	3.12	16	3.43	30	3.71	24
行政执法公正	2.85	17	2.98	21	3.27	31	3.62	22
对不同企业一视同仁	2.78	19	2.62	18	3.25	29	3.49	18
地方保护					2.87	27	1.84	25
行政干预和政府廉洁效率	3.09	20	3.07	25	2.93	31	3.47	30
政府干预	3.53	24	3.26	23	3.34	31	3.52	26
与政府打交道占工作时间比例			3.18	28	1.62	30	3.23	29
审批手续简便易行	2.73	23	2.78	17	3.39	18	3.43	27
官员廉洁守法	2.71	21	2.76	24	3.39	28	3.69	24
企业经营的法治环境	3.08	17	3.17	19	3.72	26	3.82	22
司法公正和效率	2.82	14	2.89	21	3.64	12	3.86	18
企业合同正常履行	3.44	22	3.49	7	3.48	28	3.69	19
经营者财产和人身安全保障	3.40	14	3.60	12	3.91	27	3.93	23
知识产权、技术和品牌保护	3.19	20	3.27	26	3.86	12	3.80	22
企业的税费负担			2.66	26	3.69	9	3.40	21
法定税负			2.18	9	3.39	9	4.08	10
依法征税					3.95	5	4.10	15
税外收费			3.14	28	3.73	19		
社保缴费							2.62	29
其他缴费							2.81	20
金融服务和融资成本	2.73	21	2.95	26	2.37	30	3.39	29
银行贷款	2.51	25	2.51	26	3.20	26	3.31	25
其他融资	2.92	11	3.02	20	3.23	18	3.24	21
贷款利率					1.27	30	3.51	28
其他融资利率					1.76	27	3.51	30
人力资源供应	2.78	8	2.83	14	3.50	7	3.75	11
技术人员	2.63	9	2.68	21	3.43	8	3.69	14
管理人员	2.81	9	2.78	15	3.36	15	3.69	14
熟练工人	2.91	6	3.04	5	3.70	3	3.88	4

指数	2010 年		2012 年		2016 年		2019 年	
	分值	排名	分值	排名	分值	排名	分值	排名
基础设施条件	3.03	21	3.33	12	4.08	11	3.83	20
电水气供应条件			3.98	12	4.25	7	3.90	22
铁路公路运输条件			3.11	16	4.02	13	3.88	20
其他基础设施条件			2.90	14	3.95	11	3.71	18
市场环境和中介服务	2.98	14	2.72	29	3.13	23	3.38	20
市场需求					2.95	30	3.45	15
过度竞争					3.09	18	3.36	8
中介组织服务	3.19	15	3.20	18	3.41	20	3.55	26
行业协会服务	2.83	13	2.60	28	3.05	20	3.14	27
总评	2.96	17	2.94	26	3.33	29	3.53	26

　　山西的企业经营环境指数 2019 年得分和全国排名都比 2016 年有所上升。在 2010 年、2012 年、2016 年、2019 年，得分依次为 2.96 分、2.94分、3.33 分和 3.53 分，全国排名分别为第 17 位、第 26 位、第 29 位和第26 位，目前仍处于下游位置，但 2019 年比 2016 年上升 3 位。

　　在企业经营环境的 8 个方面指数中，"行政干预和政府廉洁效率""金融服务和融资成本""市场环境和中介服务" 3 项评分在 2016～2019年有明显提高，"企业经营的法治环境"评分有小幅度提高，但这四项的全国排名只有小幅度上升。"人力资源供应"评分有提高，但排名下降了。

　　"政策公开、公平、公正"评分有所下降，但排名上升了。"企业的税费负担""基础设施条件"评分和排名都有所下降。各方面指数在全国排名多数仍位于下游水平。

　　政策公开、公平、公正

　　从 2016 年到 2019 年，山西的"政策公开、公平、公正"方面指数评分从 3.21 分微降至 3.16 分，全国排名从第 31 位升至第 26 位，仍是山西的短板。该方面指数中，"政策规章制度公开透明"、"行政执法公正"和

"对不同企业一视同仁"的评分和排名均有所上升,排名从第30位、第31位、第29位分别上升到第24位、第22位、第18位。"地方保护"评分由2.87分跌至1.84分,但排名由全国第27位微升至第25位。

行政干预和政府廉洁效率

从2016年到2019年,山西的"行政干预和政府廉洁效率"评分从2.93分升至3.47分,排名由第31位微升至第30位。4个分项指数评分均有不同程度上升,"与政府打交道占工作时间比例"改善最大,评分上升1.61分至3.23分,但仍不及多数省份,排名仅上升1位至第29位。"政府干预"和"官员廉洁守法"排名分别上升5位和4位至第26位和第24位。"审批手续简便易行"排名从第18位降至第27位,是分项指数中唯一出现排名下降的分项。总体上,山西有关行政干预和政府廉洁效率方面的评价在2016~2019年有明显进步,但仍处于全国下游。

企业经营的法治环境

从2016年到2019年,山西的"企业经营的法治环境"评分从3.72分上升到3.82分,排名从第26位升至第22位。从分项指数发现,"知识产权、技术和品牌保护"的评分和排名都有所下降,"经营者财产和人身安全保障"评分微升0.02分,其他两个分项指数评分上升幅度较大。但在排名方面,"司法公正和效率"由第12位降至第18位,说明进步慢于多数省份。"企业合同正常履行"的排名由第28位升至第19位,"经营者财产和人身安全保障"排名从第27位升至第23位。

企业的税费负担

从2016年到2019年,山西的"企业的税费负担"评分从3.69分降至3.40分,排名从第9位陡降至第21位。其分项指数中"法定税负"评分由3.39分明显上升到4.08分,排名小幅下降到第10位,仍处于中上游水平。"依法征税"评分由3.95分上升至4.10分,排名从第5位下降到第15位。2019年新修订的分项指数"社保缴费"和"其他缴费"分别评分2.62分和2.81分,排名分别为第29位和第20位。

金融服务和融资成本

从 2016 年到 2019 年，山西的"金融服务和融资成本"评分从 2.37 分升至 3.39 分，排名从第 30 位微升至第 29 位。由分项指数发现，"银行贷款"评分和排名都略有改善，"其他融资"评分基本不变，排名下降 3 位至第 21 位。"贷款利率"和"其他融资利率"指数评分有明显改善，但排名仍位于全国最后几位。说明在此期间山西企业的融资渠道改善不明显，而企业融资成本仍然偏高。

人力资源供应

从 2016 年到 2019 年，山西的"人力资源供应"评分从 3.50 分升至 3.75 分，但排名从第 7 位降至第 11 位。该方面指数中，各分项指数评分均提升至 3.70 分上下；"技术人员"排名由第 8 位降至第 14 位，"管理人员"由第 15 位小幅升至第 14 位，而"熟练工人"排名后退 1 位列于第 4 位。可看出在此期间山西企业的人力资源供应维持改善态势，但被其他改善幅度更大的省份超越。

基础设施条件

从 2016 年到 2019 年，山西的"基础设施条件"评分从 4.08 分降至 3.83 分，排名从第 11 位下降至第 20 位。该方面指数中，"电水气供应条件"、"铁路公路运输条件"和"其他基础设施条件"的评分和排名都有较大幅度下降，均在第 20 位上下。由于硬件设施条件不大可能显著变差，这里的评分和排名下降可能反映的是基础设施服务的状况。

市场环境和中介服务

从 2016 年到 2019 年，山西的"市场环境和中介服务"评分从 3.13 分升至 3.38 分，排名由第 23 位升至第 20 位，但仍属中下游水平。该方面指数中，"中介组织服务"评分虽有小幅提高，但排名降至第 26 位，"行业协会服务"退步 7 位列于第 27 位。"过度竞争"排名从第 18 位上升到第 8 位，而"市场需求"从第 30 位跃至第 15 位，两者评分都有明显提高。说明市场环境有所改善。

内蒙古

表 5－5　内蒙古企业经营环境各方面指数、各分项指数的排名及分值

指数	2010 年		2012 年		2016 年		2019 年	
	分值	排名	分值	排名	分值	排名	分值	排名
政策公开、公平、公正	2.86	23	2.78	27	3.50	25	3.20	24
政策规章制度公开透明	3.19	12	3.00	23	3.63	22	3.66	27
行政执法公正	2.64	28	2.79	27	3.49	26	3.59	25
对不同企业一视同仁	2.74	22	2.55	23	3.34	24	3.48	21
地方保护					3.55	20	2.09	23
行政干预和政府廉洁效率	2.89	29	2.99	28	3.11	28	3.60	25
政府干预	3.44	27	3.24	25	3.34	30	3.55	24
与政府打交道占工作时间比例			3.29	27	2.33	27	3.77	12
审批手续简便易行	2.65	26	2.53	27	3.11	31	3.41	29
官员廉洁守法	2.44	28	2.76	22	3.66	12	3.66	26
企业经营的法治环境	3.08	18	3.17	18	3.82	17	3.72	28
司法公正和效率	2.67	25	2.76	24	3.51	23	3.62	31
企业合同正常履行	3.70	1	3.48	9	3.80	15	3.52	29
经营者财产和人身安全保障	3.47	7	3.72	3	4.17	13	3.76	30
知识产权、技术和品牌保护	3.33	4	3.55	5	3.80	17	3.97	8
企业的税费负担			2.56	29	3.37	30	3.39	22
法定税负			2.07	19	2.89	31	4.12	7
依法征税					3.91	6	4.04	24
税外收费			3.06	29	3.31	31		
社保缴费							2.75	24
其他缴费							2.68	25
金融服务和融资成本	2.68	24	2.97	24	3.54	8	3.68	12
银行贷款	2.50	26	2.23	29	3.17	28	3.59	11
其他融资	2.78	19	3.19	10	3.43	9	3.38	8
贷款利率					2.99	25	4.08	7
其他融资利率					4.57	3	3.67	23
人力资源供应	2.34	28	2.79	17	3.21	25	3.60	17
技术人员	2.24	29	2.77	15	3.14	25	3.34	22
管理人员	2.27	29	2.77	17	3.11	26	3.66	17
熟练工人	2.50	25	2.84	18	3.37	20	3.79	13

续表

指数	2010 年		2012 年		2016 年		2019 年	
	分值	排名	分值	排名	分值	排名	分值	排名
基础设施条件	3.05	20	3.45	6	3.67	26	3.47	30
电水气供应条件			4.48	1	3.66	30	3.66	29
铁路公路运输条件			3.07	19	3.66	26	3.45	30
其他基础设施条件			2.80	21	3.69	19	3.31	30
市场环境和中介服务	3.03	10	3.01	12	2.81	31	3.26	29
市场需求					2.83	31	3.45	16
过度竞争					2.69	31	3.17	19
中介组织服务	3.17	16	3.23	15	3.20	27	3.28	30
行业协会服务	3.07	2	2.84	11	2.54	30	3.14	28
总评	2.91	22	3.01	17	3.38	27	3.49	27

内蒙古的企业经营环境指数 2010 年、2012 年、2016 年和 2019 年的全国排名依次为第 22 位、第 17 位、第 27 位、第 27 位，得分依次为 2.91 分、3.01 分、3.38 分和 3.49 分。2019 年，内蒙古的企业经营环境指数评分较 2016 年出现了小幅上升，企业经营环境有所改善，但排名保持不变。总的说来，内蒙古的企业经营环境评价仍在全国下游水平。

在企业经营环境的 8 个方面指数中，2019 年与 2016 年相比，"行政干预和政府廉洁效率""人力资源供应""市场环境和中介服务"的评分和全国排名都有明显提高，评分分别从 3.11 分、3.21 分、2.81 分上升到 3.60 分、3.60 分和 3.26 分，排名分别从第 28 位、第 25 位、第 31 位提高到第 25 位、第 17 位和第 29 位。"企业的税费负担"排名也上升了。"金融服务和融资成本"评分有所提高，但排名从第 8 位降到第 12 位。

"政策公开、公平、公正""企业经营的法治环境""基础设施条件"三项的评分下降明显，排名从第 25 位、第 17 位和第 26 位变为第 24 位、第 28 位和第 30 位。后两者排名下降明显且排名落后。2019 年"金融服务和融资成本""人力资源供应"表现相对较好，排名分别为第 12 位和第 17 位，位于全国中游水平，其他各项排名均在第 20 位以后的下游水平。

政策公开、公平、公正

从 2016 年到 2019 年，内蒙古的"政策公开、公平、公正"方面指数评分从 3.50 分降至 3.20 分，全国排名从第 25 位微升至第 24 位。该方面指数中，"政策规章制度公开透明"、"行政执法公正"和"对不同企业一视同仁"的评分虽都有小幅度上升，但排名基本稳定在第 25 位上下。"地方保护"评分由 3.55 分降至 2.09 分，排名由全国第 20 位降至第 23 位，是导致该方面指数评分下降的原因。

行政干预和政府廉洁效率

从 2016 年到 2019 年，内蒙古的"行政干预和政府廉洁效率"评分从 3.11 分升至 3.60 分，排名微升至第 25 位。分项指数中，"官员廉洁守法"评分维持在 3.66 分，但排名大幅下滑 14 位至第 26 位。其他三个分项指数评分和排名均有不同程度提高，其中"与政府打交道占工作时间比例"评分上升 1.44 分至 3.77 分，改善幅度最大，排名从第 27 位上升至第 12 位；"政府干预"和"审批手续简便易行"排名分别从第 30 位和第 31 位上升至第 24 位和第 29 位。整体来看，内蒙古在行政干预和政府廉洁效率上进步明显，但仍位于全国下游水平。

企业经营的法治环境

从 2016 年到 2019 年，内蒙古的"企业经营的法治环境"评分从 3.82 分下降到 3.72 分，全国排名从第 17 位跌至第 28 位。各分项指数的评分有升有降，"司法公正和效率"评分小幅上升，但排名由第 23 位跌至第 31 位；"企业合同正常履行"和"经营者财产和人身安全保障"的评分和排名均显著下降，分别从第 15 位、第 13 位落至第 29 位、第 30 位，从中游水平退到下游水平。"知识产权、技术和品牌保护"的评分上升，排名从第 17 位升至第 8 位。

企业的税费负担

从 2016 年到 2019 年，内蒙古"企业的税费负担"评分从 3.37 分微升至 3.39 分，排名从第 30 位升至第 22 位。其分项指数中"法定税负"

评分由 2.89 分显著上升到 4.12 分，排名由第 31 位跃至第 7 位。"依法征税"评分从 3.91 分微升至 4.04 分，但排名从第 6 位大幅度下降到第 24 位。2019 年新设分项指数"社保缴费"评分 2.75 分，排名第 24 位；"其他缴费"评分 2.68 分，排名第 25 位。

金融服务和融资成本

从 2016 年到 2019 年，内蒙古的"金融服务和融资成本"评分从 3.54 分升至 3.68 分，但排名从第 8 位降为第 12 位。在分项指数中，"银行贷款"的评分从 3.17 分上升到 3.59 分，排名从第 28 位跃至第 11 位，可见银行贷款便利程度提高了，达到中游水平。"其他融资"的排名微升至第 8 位。"贷款利率"评分有较大幅度提高，排名由第 25 位跃升至第 7 位。"其他融资利率"评分则较大幅度下降，排名从第 3 位陡降至第 23 位。显示内蒙古银行贷款利息成本下降，但其他融资渠道利率成本上升。

人力资源供应

从 2016 年到 2019 年，内蒙古的"人力资源供应"评分从 3.21 分升至 3.60 分，排名从第 25 位升至第 17 位。该方面指数中，"熟练工人"评价状况相对较好，升至第 13 位，处于中游水平。"技术人员"排名上升了 3 位至第 22 位，"管理人员"排名从第 26 位升至第 17 位。各分项指数评分均有所提高。可看出内蒙古企业的人力资源供应有所改善，但技术人员仍比较缺乏。

基础设施条件

从 2016 年到 2019 年，内蒙古的"基础设施条件"评分从 3.67 分降至 3.47 分，排名由第 26 位跌落至第 30 位，落后于全国大多数地区。该方面指数中，"电水气供应条件"评分仍保持在 3.66 分，排名上升 1 位至第 29 位，"铁路公路运输条件"评分从 3.66 分下降至 3.45 分，排名由第 26 位降至第 30 位，"其他基础设施条件"评分降至 3.31 分，排名从第 19 位降至第 30 位。整体上看，内蒙古基础设施条件仍然弱于多数地区，但评分下降可能并非说明硬件设施变差，而反映的是基础设施服务的情况。

市场环境和中介服务

从 2016 年到 2019 年，内蒙古的"市场环境和中介服务"评分从 2.81 分升至 3.26 分，排名由第 31 位升至第 29 位。该方面指数中，"中介组织服务"和"行业协会服务"的评分有所提升，2019 年分别以 3.28 分和 3.14 分分列于第 30 位和第 28 位，排名无明显改善。"市场需求"和"过度竞争"改善明显，评分分别由 2.83 分和 2.69 分升至 3.45 分和 3.17 分，排名均由第 31 位分别上升到第 16 位和第 19 位。

辽宁

表 5-6　辽宁企业经营环境各方面指数、各分项指数的排名及分值

指数	2010 年		2012 年		2016 年		2019 年	
	分值	排名	分值	排名	分值	排名	分值	排名
政策公开、公平、公正	2.94	15	2.85	21	3.59	20	3.67	15
政策规章制度公开透明	3.14	16	3.03	22	3.67	19	3.76	19
行政执法公正	2.81	20	2.83	26	3.49	25	3.73	17
对不同企业一视同仁	2.88	12	2.71	14	3.36	23	3.53	14
地方保护					3.86	17	3.66	15
行政干预和政府廉洁效率	3.17	15	3.16	19	2.96	30	3.75	10
政府干预	3.73	11	3.29	22	3.56	23	3.74	9
与政府打交道占工作时间比例			3.62	12	1.59	31	3.74	17
审批手续简便易行	2.99	12	2.75	20	3.21	27	3.62	22
官员廉洁守法	2.80	14	2.93	18	3.49	25	3.92	5
企业经营的法治环境	3.09	16	3.19	17	3.85	14	3.73	27
司法公正和效率	2.77	18	2.99	13	3.62	16	3.85	20
企业合同正常履行	3.55	13	3.41	17	3.79	16	3.59	27
经营者财产和人身安全保障	3.42	11	3.44	22	4.18	12	3.75	31
知识产权、技术和品牌保护	3.24	9	3.33	19	3.79	18	3.74	27
企业的税费负担			2.71	21	3.60	18	3.32	26
法定税负			2.02	26	3.21	19	4.14	5
依法征税					3.85	14	4.00	26
税外收费			3.39	18	3.74	17		
社保缴费							2.69	27
其他缴费							2.44	27
金融服务和融资成本	2.76	18	3.10	10	3.96	2	3.66	14
银行贷款	2.68	20	2.90	10	3.81	3	3.58	13
其他融资	2.80	16	3.13	13	3.62	3	3.30	17
贷款利率					4.05	4	3.91	13
其他融资利率					4.36	4	3.85	19
人力资源供应	2.84	7	2.79	18	3.35	16	3.86	4
技术人员	2.73	7	2.66	23	3.26	18	3.73	10
管理人员	2.91	4	2.76	18	3.41	13	4.03	2
熟练工人	2.87	9	2.93	11	3.38	18	3.83	9

指数	2010 年		2012 年		2016 年		2019 年	
	分值	排名	分值	排名	分值	排名	分值	排名
基础设施条件	3.20	12	3.46	4	3.91	15	3.92	15
电水气供应条件			4.13	5	4.05	17	4.15	8
铁路公路运输条件			3.30	3	3.95	16	3.95	14
其他基础设施条件			2.94	10	3.74	18	3.65	22
市场环境和中介服务	3.00	13	3.00	13	3.19	19	3.36	23
市场需求					3.28	15	3.48	13
过度竞争					2.95	25	3.08	25
中介组织服务	3.23	13	3.26	13	3.41	19	3.73	10
行业协会服务	2.68	23	2.83	12	3.10	16	3.15	26
总评	3.01	12	3.05	13	3.55	17	3.66	14

辽宁的企业经营环境，在 2010 年、2012 年、2016 年和 2019 年排名依次为全国第 12 位、第 13 位、第 17 位和第 14 位，近年有所改善，各年得分依次为 3.01 分、3.05 分、3.55 分和 3.66 分。2019 年辽宁企业经营环境评分提升幅度略高于全国平均提升幅度，扭转了排名下降的趋势。

在企业经营环境的 8 个方面指数中，2019 年与 2016 年相比，"政策公开、公平、公正""行政干预和政府廉洁效率""人力资源供应"评分和全国排名都有显著提升，分别从第 20 位、第 30 位和第 16 位上升到第 15 位、第 10 位和第 4 位，后两者改善幅度很大。"基础设施条件"评分和排名无明显变化，处于全国中游水平。

"企业经营的法治环境""企业的税费负担""金融服务和融资成本"的评分和排名都有明显下降，前两者分别从第 14 位和第 18 位降至第 27 位和第 26 位，成为辽宁目前的短板。"市场环境和中介服务"评分上升，但排名下降了。

政策公开、公平、公正

从 2016 年到 2019 年，辽宁的"政策公开、公平、公正"方面指数评分从 3.59 分升至 3.67 分，全国排名从第 20 位进至第 15 位。该方面指数中，"行政执法公正"和"对不同企业一视同仁"的评分从 3.49 分和 3.36 分升至 3.73 分和 3.53 分，排名也从第 25 位和第 23 位升至第 17 位和第 14 位，"政策规章制度公开透明"评分由 3.67 分升至 3.76 分，排名保持在第 19 位。"地方保护"评分由 3.86 分降至 3.66 分，但排名从全国第 17 位升到第 15 位。

行政干预和政府廉洁效率

从 2016 年到 2019 年，辽宁的"行政干预和政府廉洁效率"评分从 2.96 分大幅度升至 3.75 分，排名由第 30 位升至第 10 位，进步明显。4 个分项指数评分和排名均有显著改善，其中"与政府打交道占工作时间比例"评分大幅上升 2.15 分至 3.74 分，改善幅度最大，同时排名从全国末位大幅升至第 17 位；"审批手续简便易行"和"官员廉洁守法"评分分别上升 0.41 分和 0.43 分至 3.62 分和 3.92 分，排名分别上升 5 位和 20 位至第 22 位和第 5 位；"政府干预"评分仅上升 0.18 分，但排名进步较大，从第 23 位跃至第 9 位。总体上，辽宁的行政干预和政府廉洁效率相关评价在 2016 ~ 2019 年进步显著。

企业经营的法治环境

从 2016 年到 2019 年，辽宁的"企业经营的法治环境"评分从 3.85 分下降到 3.73 分，排名从第 14 位下降到第 27 位。各分项指数中，"经营者财产和人身安全保障"评分从 4.18 分降至 3.75 分，排名从第 12 位降至第 31 位，位于全国末位。"司法公正和效率"评分由 3.62 分升至 3.85 分，但排名下降 4 位至第 20 位。"企业合同正常履行""知识产权、技术和品牌保护"的排名都由中游水平大幅度下降到第 27 位。法治环境成为辽宁的一个薄弱环节。

企业的税费负担

从 2016 年到 2019 年，辽宁的"企业的税费负担"评分从 3.60 分降至 3.32 分，排名从第 18 位下跌至第 26 位。其分项指数中"法定税负"评分由 3.21 分明显提升到 4.14 分，排名由第 19 位跃至第 5 位，达到上游水平。"依法征税"评分由3.85分升至4.00分，但排名从第14位下降到第26位。2019年新设分项指数"社保缴费"评分2.69分，"其他缴费"评分2.44分，排名均为第27位。这两项评分较低，反映企业负担较重，是导致该方面指数评分下降的原因。

金融服务和融资成本

从2016年到2019年，辽宁的"金融服务和融资成本"评分从3.96分降至3.66分，排名从第2位跌至第14位。由分项指数发现，"银行贷款"和"其他融资"的评分分别从3.81分和3.62分降到3.58分和3.30分，排名从第3位分别下降到第13位和第17位。"贷款利率"和"其他融资利率"指数评分分别从4.05分和4.36分降至3.91分和3.85分，排名由第4位分别跌至第13位和第19位。说明2016~2019年辽宁企业的融资渠道通畅度降低，融资成本也提高了。

人力资源供应

从2016年到2019年，辽宁的"人力资源供应"评分从3.35分升至3.86分，排名升至第4位。该方面指数中，各分项指数评分均大幅提升，"技术人员"和"管理人员"的排名从第18位和第13位升至第10位和第2位，"熟练工人"排名从第18位升至第9位。可看出2016~2019年辽宁企业的人力资源供应状况有所改善，在全国处于较好状态。

基础设施条件

从2016年到2019年，辽宁的"基础设施条件"评分从3.91分微升至3.92分，排名稳定在第15位。该方面指数中，"电水气供应条件"评分上升了0.1分，排名从第17位升至第8位。"铁路公路运输条件"评分保持3.95分，而排名由第16位微升至第14位。"其他基础设施条件"评分由3.74分降至3.65分，排名降了4位至第22位。

市场环境和中介服务

从2016年到2019年，辽宁的"市场环境和中介服务"评分从3.19分升至3.36分，但排名由第19位退至第23位，属于较落后的水平。该方面指数中，"中介组织服务"和"行业协会服务"评分有所提升，但排名一升一降，分别从第 19 位、第 16 位变为第 10 位、第 26 位。"过度竞争"由 2.95 分升至 3.08 分，排名仍处于第 25 位，"市场需求"评分从 3.28 分上升到 3.48 分，排名上升 2 位至第 13 位。

吉林

表 5 – 7 吉林企业经营环境各方面指数、各分项指数的排名及分值

指数	2010 年		2012 年		2016 年		2019 年	
	分值	排名	分值	排名	分值	排名	分值	排名
政策公开、公平、公正	2.84	26	3.06	7	3.49	26	3.37	19
政策规章制度公开透明	3.02	25	3.20	8	3.63	22	3.75	20
行政执法公正	2.77	22	3.22	4	3.51	22	3.61	23
对不同企业一视同仁	2.72	23	2.77	10	3.29	28	3.43	24
地方保护					3.55	21	2.69	20
行政干预和政府廉洁效率	3.11	18	3.34	8	3.38	22	3.55	28
政府干预	3.66	18	3.63	3	3.46	27	3.36	29
与政府打交道占工作时间比例			3.58	16	3.39	18	3.77	12
审批手续简便易行	2.88	19	2.89	10	3.29	23	3.43	27
官员廉洁守法	2.74	20	3.05	9	3.40	27	3.64	28
企业经营的法治环境	3.11	14	3.35	3	3.96	6	3.89	15
司法公正和效率	2.74	21	3.10	7	3.60	18	3.86	18
企业合同正常履行	3.61	5	3.62	2	3.89	8	3.89	5
经营者财产和人身安全保障	3.39	16	3.72	4	4.26	9	4.04	11
知识产权、技术和品牌保护	3.40	1	3.48	8	4.09	5	3.77	24
企业的税费负担			2.73	20	3.51	23	3.49	8
法定税负			2.11	14	3.23	17	3.92	20
依法征税					3.66	26	4.13	7
税外收费			3.34	21	3.66	24		
社保缴费							2.96	7
其他缴费							2.96	9
金融服务和融资成本	2.61	27	3.16	8	3.52	10	3.51	23
银行贷款	2.74	16	2.93	9	3.53	15	3.30	26
其他融资	2.53	28	3.22	7	3.03	27	3.04	28
贷款利率					3.80	7	3.78	21
其他融资利率					3.74	9	3.94	13
人力资源供应	2.75	9	2.84	12	3.49	9	3.45	26
技术人员	2.63	11	2.74	16	3.37	10	3.32	24
管理人员	2.74	10	2.85	12	3.46	10	3.43	26
熟练工人	2.88	8	2.94	9	3.63	6	3.61	24

指数	2010 年		2012 年		2016 年		2019 年	
	分值	排名	分值	排名	分值	排名	分值	排名
基础设施条件	3.11	16	3.49	2	3.74	23	3.82	21
电水气供应条件			4.14	4	3.94	19	3.93	20
铁路公路运输条件			3.26	6	3.69	25	3.79	24
其他基础设施条件			3.07	5	3.60	23	3.75	15
市场环境和中介服务	3.02	11	2.90	20	3.54	6	3.43	15
市场需求					3.71	1	3.64	5
过度竞争					3.34	7	3.18	18
中介组织服务	3.33	6	3.16	22	3.86	4	3.68	14
行业协会服务	2.77	18	2.80	15	3.23	11	3.21	23
总评	2.94	19	3.11	8	3.58	15	3.56	23

吉林的企业经营环境，在 2010 年、2012 年、2016 年、2019 年的全国排名依次为第 19 位、第 8 位、第 15 位和第 23 位，名次浮动较大，得分依次为 2.94 分、3.11 分、3.58 分和 3.56 分。2019 年与 2016 年相比，评分小幅下降，排名却较大幅度下降。

在企业经营环境的 8 个方面指数中，"行政干预和政府廉洁效率""基础设施条件"的评分在 2016~2019 年有所上升，但前者排名明显下降。其他 6 个方面指数的评分都有不同程度下降，其中 4 个方面指数排名下降，两个方面指数排名上升。

2019 年，吉林排名情况相对较好的方面有"企业的税费负担"、"企业经营的法治环境"及"市场环境和中介服务"，前者排在全国第 8 位，后两者排在全国第 15 位。"行政干预和政府廉洁效率"、"人力资源供应"、"金融服务和融资成本"和"基础设施条件"相对落后，排名分别为第 28 位、第 26 位、第 23 位和第 21 位。

政策公开、公平、公正

从 2016 年到 2019 年，吉林的"政策公开、公平、公正"方面指数评分从 3.49 分降至 3.37 分，但全国排名从第 26 位升至第 19 位。该方面指数中，"政策规章制度公开透明"和"行政执法公正"的评分都有所上升，前者排名由第 22 位上升至第 20 位，后者排名由第 22 位降至第 23 位，"对不同企业一视同仁"评分升至 3.43 分，排名由第 28 位升至第 24 位。"地方保护"评分跌至 2.69 分，排名从全国第 21 位微降至第 20 位。该项评分变动是导致方面指数评分下降的原因。

行政干预和政府廉洁效率

从 2016 年到 2019 年，吉林的"行政干预和政府廉洁效率"评分从 3.38 分小幅升至 3.55 分，但排名由第 22 位降至第 28 位。分项指数中，"政府干预"评分从 3.46 分降至 3.36 分，排名从第 27 位降到第 29 位，其他分项指数评分均有不同程度上升。"与政府打交道占工作时间比例"的评分上升幅度最大，排名由第 18 位上升至第 12 位。"审批手续简便易行"和"官员廉洁守法"的评分有所上升，但排名分别下降 4 位和 1 位至第 27 位和第 28 位。总体上，吉林省在行政干预和政府廉洁效率方面还落后于全国大多数地区。

企业经营的法治环境

从 2016 年到 2019 年，吉林的"企业经营的法治环境"评分从 3.96 分微降至 3.89 分，排名由第 6 位降至第 15 位。从分项指数发现，"司法公正和效率"的评分有所提高，排名稳定在第 18 位；"企业合同正常履行"评分不变，排名上升 3 位至第 5 位；"经营者财产和人身安全保障"的评分和排名均有所下降，由第 9 位降至第 11 位；"知识产权、技术和品牌保护"评分下降较多，排名由第 5 位跌至第 24 位，失去领先优势。

企业的税费负担

从 2016 年到 2019 年，吉林的"企业的税费负担"评分从 3.51 分微降至 3.49 分，而排名从第 23 位上升到第 8 位。其分项指数中"法定税负"评分由 3.23 分上升到 3.92 分，但排名由第 17 位退至第 20 位。"依法征税"评分从 3.66 分上升到 4.13 分，排名从第 26 位跃至第 7 位。2019 年新增分项指数"社保缴费"和"其他缴费"评分都是 2.96 分，排名分别为第 7 位和第 9 位。

金融服务和融资成本

从 2016 年到 2019 年，吉林的"金融服务和融资成本"评分从 3.52

分微降至 3.51 分，但排名从第 10 位大幅度下降至第 23 位。由分项指数
发现，"银行贷款"的评分从 3.53 分降到 3.30 分，排名从第 15 位降到第
26 位；"其他融资"的评分微升至 3.04 分，排名由第 27 位下降 1 位至第
28 位；"贷款利率"和"其他融资利率"2019 年评分分别为 3.78 分和
3.94 分，前者略降，两者排名分别从第 7 位、第 9 位降至第 21 位和第 13
位。说明吉林的企业贷款便利度和融资成本方面逐渐落到中下游水平。

人力资源供应

从 2016 年到 2019 年，吉林的"人力资源供应"评分从 3.49 分微降至
3.45 分，而排名从第 9 位降至第 26 位。该方面指数中，各分项指数评分均略
有下降，排名降幅很大。"熟练工人"的排名下降 18 位，陡降至第 24 位。
"技术人员"和"管理人员"排名分别下降 14 位、16 位至第 24 位和第 26 位。
可看出此期间吉林企业的人力资源供应状况不及全国多数省份。

基础设施条件

从 2016 年到 2019 年，吉林的"基础设施条件"评分从 3.74 分升至
3.82 分，排名由第 23 位升至第 21 位，仍处于偏下游水平。该方面指数
中，"电水气供应条件"评分由 3.94 分微降至 3.93 分，排名由全国第 19
位降至第 20 位；"铁路公路运输条件"和"其他基础设施条件"评分均
升至 3.75 分及以上，排名第 24 位和第 15 位，分别上升了 1 位和 8 位。
整体上看，吉林基础设施条件有所改善，但水平在全国仍然较低。

市场环境和中介服务

从 2016 年到 2019 年，吉林的"市场环境和中介服务"评分从 3.54
分降至 3.43 分，排名由第 6 位跌至第 15 位，排全国中游。该方面指数
中，"中介组织服务"从第 4 位跌至第 14 位；"行业协会服务"的评分微
降至 3.21 分，排名从第 11 位降至第 23 位，处于全国下游水平。"市场需
求"和"过度竞争"评分分别从 3.71 分和 3.34 分微降至 3.64 分和 3.18
分，从第 1 位和第 7 位降为第 5 位和第 18 位。

黑龙江

表 5-8 黑龙江企业经营环境各方面指数、各分项指数的排名及分值

指数	2010 年		2012 年		2016 年		2019 年	
	分值	排名	分值	排名	分值	排名	分值	排名
政策公开、公平、公正	2.87	22	2.98	13	3.65	17	3.24	22
政策规章制度公开透明	3.05	23	3.15	13	3.85	8	3.83	13
行政执法公正	2.75	24	3.02	17	3.64	15	3.59	25
对不同企业一视同仁	2.80	15	2.78	9	3.45	14	3.45	23
地方保护					3.65	19	2.10	22
行政干预和政府廉洁效率	3.06	23	3.25	12	3.73	11	3.70	12
政府干预	3.54	23	3.52	8	3.58	22	3.62	19
与政府打交道占工作时间比例			3.40	20	4.38	7	3.68	19
审批手续简便易行	2.94	16	2.89	11	3.39	17	3.69	14
官员廉洁守法	2.70	22	2.98	13	3.58	18	3.83	11
企业经营的法治环境	2.96	26	3.30	9	4.10	2	3.91	12
司法公正和效率	2.63	27	2.99	12	3.61	17	3.76	27
企业合同正常履行	3.41	26	3.60	3	4.06	1	3.86	9
经营者财产和人身安全保障	3.36	19	3.63	10	4.36	3	4.03	12
知识产权、技术和品牌保护	3.12	26	3.58	3	4.36	1	3.97	8
企业的税费负担			2.87	6	3.59	20	3.30	30
法定税负			2.26	4	3.52	5	3.90	22
依法征税					3.73	23	4.07	17
税外收费			3.47	12	3.52	28		
社保缴费							2.79	23
其他缴费							2.43	28
金融服务和融资成本	2.69	23	2.99	23	3.28	19	3.79	6
银行贷款	2.58	22	2.52	25	3.50	18	3.61	7
其他融资	2.71	24	3.00	22	3.44	8	3.25	20
贷款利率					3.61	13	4.24	3
其他融资利率					2.56	21	4.06	7
人力资源供应	2.87	5	2.89	6	3.43	10	3.39	28
技术人员	2.74	6	2.79	11	3.33	14	3.34	22
管理人员	2.99	3	2.87	9	3.45	11	3.34	28
熟练工人	2.89	7	3.02	7	3.52	10	3.48	28

指数	2010 年		2012 年		2016 年		2019 年	
	分值	排名	分值	排名	分值	排名	分值	排名
基础设施条件	2.96	27	3.24	20	3.80	20	3.93	14
电水气供应条件			4.23	3	4.09	13	4.21	6
铁路公路运输条件			2.82	25	3.73	23	3.86	22
其他基础设施条件			2.67	25	3.58	26	3.71	18
市场环境和中介服务	2.92	23	3.15	4	3.27	13	3.27	28
市场需求					3.21	21	3.24	28
过度竞争					2.94	26	3.03	28
中介组织服务	3.08	24	3.47	4	3.52	15	3.55	25
行业协会服务	2.91	8	3.04	3	3.39	5	3.25	22
总评	2.93	20	3.11	7	3.60	13	3.57	22

黑龙江的企业经营环境，在2010年、2012年、2016年、2019年全国排名依次为第20位、第7位、第13位和第22位；得分依次为2.93分、3.11分、3.60分和3.57分。名次波动较大。2019年较之2016年，评分虽仅微降0.03分，但排名下降了9位。

在企业经营环境的8个方面指数中，仅"金融服务和融资成本""基础设施条件"评分2019年比2016年有所上升，排名升幅较大，分别从第19位和第20位上升至第6位和第14位。其他方面指数评分或下降或持平，排名都出现下降。2019年，"行政干预和政府廉洁效率""企业经营的法治环境""基础设施条件"排名在第12～14位，居中上游；4个方面指数排名均在第22位及以后，"企业的税费负担"排名第30位，居全国下游。

政策公开、公平、公正

从2016年到2019年，黑龙江的"政策公开、公平、公正"方面指数评分从3.65分降至3.24分，全国排名从第17位降至第22位。分项指数中，"政策规章制度公开透明"和"对不同企业一视同仁"的评分基本保持稳定，但排名分别从第8位和第14位降至第13位和第23位。"行政执法公正"的评分从3.64分降至3.59分，排名由第15位落至第25位。

"地方保护"评分显著下降到2.10分，排名从全国第19位跌至第22位。

行政干预和政府廉洁效率

从2016年到2019年，黑龙江的"行政干预和政府廉洁效率"评分从3.73分微降至3.70分，排名由第11位退步1位至第12位。分项指数中，"审批手续简便易行"和"官员廉洁守法"的评分分别上升0.30分和0.25分，排名分别上升3位和7位至第14位和第11位；"政府干预"的评分微升0.04分至3.62分，排名从第22位升至第19位；"与政府打交道占工作时间比例"评分出现明显下降，从4.38分降至3.68分，排名下降12位至第19位。该项评分下降是影响方面指数评价的基本原因。

企业经营的法治环境

从2016年到2019年，黑龙江的"企业经营的法治环境"评分从4.10分降至3.91分，排名从第2位跌至第12位，降幅很大。各分项指数中，"司法公正和效率"评分由3.61分升至3.76分，但改善幅度小于大多数省份，因此排名下降10位至第27位；"经营者财产和人身安全保障"评分从4.36分跌至4.03分，排名从第3位降至第12位；"企业合同正常履行"和"知识产权、技术和品牌保护"2016年都居第1位，2019年却分别降至第9位和第8位。总体上，黑龙江企业经营的法治环境由较好位置退至中游水平。

企业的税费负担

从2016年到2019年，黑龙江的"企业的税费负担"评分从3.59分降至3.30分，排名从第20位大幅降至第30位。分项指数中，"法定税负"评分由3.52分升到3.90分，但排名由第5位大幅度降至第22位，处于下游水平。"依法征税"评分从3.73分升至4.07分，排名从第23位升至第17位。2019年新设分项指数"社保缴费"评分2.79分，排名第23位；"其他缴费"评分2.43分，排名第28位，落后于全国多数省份。这显示黑龙江企业的缴费负担较重。

金融服务和融资成本

从2016年到2019年，黑龙江的"金融服务和融资成本"评分从

3.28 分升至 3.79 分，排名从第 19 位升至第 6 位，是改善明显的方面。由分项指数发现，"银行贷款"的评分从 3.50 分升至 3.61 分，排名从第 18 位跃至第 7 位，相反，"其他融资"的评分由 3.44 分降至 3.25 分，排名从第 8 位落至第 20 位。"贷款利率"和"其他融资利率"评分分别从 3.61 分和 2.56 分升至 4.24 分和 4.06 分，排名分别从第 13 位和第 21 位升至第 3 位和第 7 位。说明 2016～2019 年黑龙江企业从银行贷款难度降低，融资成本方面也有明显改善。

人力资源供应

从 2016 年到 2019 年，黑龙江的"人力资源供应"的评分从 3.43 分微降至 3.39 分，但排名从第 10 位大幅降至第 28 位，是降幅最大的方面。各分项指数 2019 年比 2016 年排名均大幅度下跌，其中"技术人员"评分基本不变，排名下降 8 位至第 22 位；"管理人员"和"熟练工人"评分下降，排名分别从第 11 位和第 10 位下降到第 28 位，位于全国下游水平。说明黑龙江人力资源短缺现象比较突出。

基础设施条件

从 2016 年到 2019 年，黑龙江的"基础设施条件"评分从 3.80 分升至 3.93 分，排名从第 20 位升至第 14 位，有明显改善。该方面指数中，"电水气供应条件"评分升至 4.21 分，排名从第 13 位升至第 6 位；"铁路公路运输条件"和"其他基础设施条件"评分分别由 3.73 分和 3.58 分升至 3.86 分和 3.71 分，排名分别为第 22 位和第 18 位。

市场环境和中介服务

从 2016 年到 2019 年，黑龙江的"市场环境和中介服务"评分保持在 3.27 分，排名由第 13 位退至第 28 位，降幅很大。该方面指数中，对于"中介组织服务"和"行业协会服务"的评分，前者微升 0.03 分至 3.55 分，后者降 0.14 分至 3.25 分，但排名分别由第 15 位、第 5 位降至第 25 位和第 22 位的落后水平。"市场需求"和"过度竞争"评分小幅上升，但排名分别从第 21 位和第 26 位降至第 28 位。

上海

表 5-9 上海企业经营环境各方面指数、各分项指数的排名及分值

指数	2010 年		2012 年		2016 年		2019 年	
	分值	排名	分值	排名	分值	排名	分值	排名
政策公开、公平、公正	3.19	1	3.24	2	3.84	5	3.79	6
政策规章制度公开透明	3.42	1	3.36	2	4.01	4	4.07	1
行政执法公正	3.18	1	3.43	2	4.01	2	3.98	2
对不同企业一视同仁	2.97	5	2.94	2	3.78	2	3.81	2
地方保护					3.54	22	3.31	17
行政干预和政府廉洁效率	3.52	1	3.52	2	3.75	9	4.05	1
政府干预	4.04	1	3.65	2	4.03	1	3.99	2
与政府打交道占工作时间比例			4.16	1	2.98	22	4.19	1
审批手续简便易行	3.30	2	3.12	4	3.96	2	3.92	3
官员廉洁守法	3.12	2	3.23	2	4.03	1	4.11	1
企业经营的法治环境	3.36	1	3.36	2	4.12	1	4.05	3
司法公正和效率	3.22	1	3.21	2	3.95	1	4.08	1
企业合同正常履行	3.65	4	3.47	11	3.97	4	3.87	8
经营者财产和人身安全保障	3.63	1	3.74	2	4.42	1	4.14	4
知识产权、技术和品牌保护	3.22	12	3.33	21	4.15	3	4.08	2
企业的税费负担			2.92	4	4.03	1	3.47	15
法定税负			2.04	22	3.92	2	4.13	6
依法征税			4.22	2	4.16	6
税外收费			3.80	3	3.95	6		
社保缴费							2.81	22
其他缴费							2.77	21
金融服务和融资成本	3.04	4	3.21	4	3.53	9	3.74	8
银行贷款	3.01	5	2.95	7	3.74	4	3.61	6
其他融资	2.91	12	3.20	9	3.64	1	3.40	7
贷款利率					3.55	14	4.02	8
其他融资利率					3.19	16	3.92	15
人力资源供应	2.93	3	2.90	5	3.84	2	3.82	7
技术人员	2.94	2	2.90	3	3.93	2	3.84	4
管理人员	3.07	1	3.04	2	3.90	2	3.95	3
熟练工人	2.79	12	2.76	22	3.67	4	3.65	21

指数	2010 年		2012 年		2016 年		2019 年	
	分值	排名	分值	排名	分值	排名	分值	排名
基础设施条件	3.73	1	3.49	3	4.54	1	4.41	1
电水气供应条件			3.92	16	4.58	1	4.46	1
铁路公路运输条件			3.35	2	4.58	1	4.49	1
其他基础设施条件			3.20	1	4.47	2	4.29	1
市场环境和中介服务	3.33	1	3.29	3	3.73	1	3.70	1
市场需求					3.55	5	3.63	6
过度竞争					3.34	8	3.33	11
中介组织服务	3.50	1	3.59	2	4.14	1	4.24	1
行业协会服务	2.87	11	2.95	5	3.90	1	3.60	4
总评	3.33	1	3.25	2	3.92	1	3.88	1

上海的企业经营环境自 2006 年以来多数年份为全国排名第 1，2019 年评分比 2016 年略有下降，从 3.92 分降至 3.88 分，排名仍保持在全国第 1 位。

在企业经营环境 8 个方面指数中，上海大多位于全国上游。2016～2019 年改善明显的是"行政干预和政府廉洁效率"，从全国第 9 位上升至第 1 位。"金融服务和融资成本"也有所改善，列第 8 位。"政策公开、公平、公正""企业经营的法治环境""人力资源供应"评分和排名有小幅下降，排名分别从第 5 位、第 1 位和第 2 位降至第 6 位、第 3 位和第 7 位。"企业的税费负担"评分和排名有显著下降，排名从第 1 位降至第 15 位。"基础设施条件""市场环境和中介服务"评分小幅下降，但仍处于全国第 1 位。

政策公开、公平、公正

从 2016 年到 2019 年，上海"政策公开、公平、公正"方面指数评分从 3.84 分降至 3.79 分，全国排名从第 5 位微降至第 6 位。其中"政策规章制度公开透明"由第 4 位升至第 1 位，评分微升；"行政执法公正"和"对不同企业一视同仁"均稳居第 2 位，评分变化不大；"地方保护"评分从 3.54 分降至 3.31 分，但排名从第 22 位升至第 17 位。

行政干预和政府廉洁效率

从2016年到2019年，上海的"行政干预和政府廉洁效率"评分从3.75分上升至4.05分，排名从第9位上升到第1位。分项指数中，"与政府打交道占工作时间比例"评分上升幅度最大，从2.98分上升至4.19分，排名从第22位跃升至第1位，是该方面指数改善的基本原因。其他3个分项指数评分和排名变动不大，均位于2019年全国前三名。上海在行政干预和政府廉洁效率方面目前位于全国前列。

企业经营的法治环境

从2016年到2019年，上海的"企业经营的法治环境"评分从4.12分微降至4.05分，排名从第1位降至第3位。该方面指数中，"司法公正和效率"评分有所提升，排名仍居第1位；"经营者财产和人身安全保障"评分由4.42分降至4.14分，排名由第1位降至第4位；"企业合同正常履行"和"知识产权、技术和品牌保护"的评分均略有下降，排名分别由第4位和第3位变化为第8位和第2位。总体看，法治环境有所退步但仍处于全国比较领先的水平。

企业的税费负担

从2016年到2019年，上海的"企业的税费负担"评分从4.03分降至3.47分，排名从第1位跌至第15位。其分项指数中"法定税负"评分由3.92分上升到4.13分，"依法征税"评分由4.22分微降至4.16分，两者排名均由第2位降至第6位。2019年新设分项指数"社保缴费"和"其他缴费"分别评分2.81分和2.77分，排名第22位和第21位，两项排名都比较靠后。

金融服务和融资成本

从2016年到2019年，上海的"金融服务和融资成本"评分从3.53分升至3.74分，排名从第9位微升至第8位。该方面指数中，"银行贷款"和"其他融资"评分均有所下降，排名分别从第4位和第1位降至第6位和第7位，表明企业融资便利度有所下降。"贷款利率"和"其他融资利率"评分分别由 3.55 分和 3.19 分升至 4.02 分和 3.92 分，排名分别从第 14 位和第 16 位升至第 8 位和第 15 位。这反映出企业的平均融资成本有所下降，是一个改善。

人力资源供应

从 2016 年到 2019 年，上海的"人力资源供应"评分从 3.84 分微降至 3.82 分，排名从第 2 位跌至第 7 位。该方面指数中，"技术人员""管理人员"排名略有降低，分别排在第 4 位和第 3 位。"熟练工人"从全国第 4 位陡降至第 21 位，说明熟练工人的供应是上海的相对短板。

基础设施条件

从 2016 年到 2019 年，上海的"基础设施条件"评分稍有下降，排名仍保持在第 1 位。该方面指数中，2016 年和 2019 年"电水气供应条件"和"铁路公路运输条件"的排名稳定在第 1 位；"其他基础设施条件"评分虽从 4.47 分降至 4.29 分，但名次从第 2 位升至第 1 位。总体看，上海在该方面仍明显领先全国。

市场环境和中介服务

从 2016 年到 2019 年，上海的"市场环境和中介服务"评分从 3.73 分微降至 3.70 分，排名仍居第 1 位。该方面指数中，"中介组织服务"排名稳居全国第 1 位，"行业协会服务"在 2016～2019 年评分下降，排名从第 1 位降至第 4 位。"市场需求"与"过度竞争"评分变化不大，排名分别从第 5 位和第 8 位降至第 6 位和第 11 位。

江苏

表 5 – 10　江苏企业经营环境各方面指数、各分项指数的排名及分值

指数	2010 年		2012 年		2016 年		2019 年	
	分值	排名	分值	排名	分值	排名	分值	排名
政策公开、公平、公正	3.13	5	3.04	8	3.80	7	4.07	1
政策规章制度公开透明	3.25	5	3.19	9	3.76	11	4.00	3
行政执法公正	3.08	3	3.14	9	3.70	12	4.00	1
对不同企业一视同仁	3.05	2	2.79	7	3.44	16	3.93	1
地方保护					4.28	4	4.36	2
行政干预和政府廉洁效率	3.35	4	3.52	3	3.86	2	3.92	2
政府干预	3.90	4	3.61	5	3.80	6	4.08	1
与政府打交道占工作时间比例			4.04	3	4.40	6	3.65	20
审批手续简便易行	3.32	1	3.24	2	3.67	6	4.04	2
官员廉洁守法	2.96	5	3.12	6	3.57	19	3.92	4
企业经营的法治环境	3.27	4	3.32	8	3.84	15	4.10	1
司法公正和效率	3.05	3	3.13	6	3.58	19	4.06	2
企业合同正常履行	3.65	2	3.46	12	3.85	12	4.00	2
经营者财产和人身安全保障	3.59	5	3.66	7	4.12	15	4.18	2
知识产权、技术和品牌保护	3.25	8	3.38	15	3.79	19	4.14	1
企业的税费负担			2.68	24	3.66	10	3.58	2
法定税负			2.02	24	3.30	13	4.08	9
依法征税					3.87	11	4.18	3
税外收费			3.34	22	3.81	14		
社保缴费							2.96	9
其他缴费							3.10	2
金融服务和融资成本	3.13	2	3.20	5	3.63	7	3.72	10
银行贷款	3.24	2	3.00	5	3.59	10	3.45	18
其他融资	3.16	3	3.27	5	3.35	13	3.37	11
贷款利率					3.70	9	3.98	9
其他融资利率					3.89	7	4.06	8
人力资源供应	2.69	12	2.81	16	3.24	22	3.82	6
技术人员	2.62	12	2.77	14	3.25	19	3.76	6
管理人员	2.82	8	2.89	8	3.15	24	3.87	6
熟练工人	2.64	24	2.77	21	3.33	21	3.84	7

指数	2010 年		2012 年		2016 年		2019 年	
	分值	排名	分值	排名	分值	排名	分值	排名
基础设施条件	3.65	2	3.44	8	4.13	8	4.13	6
电水气供应条件			3.99	10	4.17	9	4.19	7
铁路公路运输条件			3.22	8	4.20	6	4.12	7
其他基础设施条件			3.10	4	4.02	9	4.08	4
市场环境和中介服务	3.23	4	3.04	9	3.12	24	3.59	4
市场需求					3.25	16	3.68	2
过度竞争					2.86	29	3.26	16
中介组织服务	3.43	3	3.36	6	3.58	12	3.90	5
行业协会服务	2.84	12	2.69	23	2.78	27	3.52	6
总评	3.23	2	3.14	5	3.66	9	3.87	2

江苏的企业经营环境，在 2010 年、2012 年、2016 年和 2019 年全国排名依次为第 2 位、第 5 位、第 9 位和第 2 位；得分依次为 3.23 分、3.14 分、3.66 分和 3.87 分。2019 年有明显提高，再次回到第 2 位的全国前列位置。

在企业经营环境的 8 个方面指数中，2019 年所有的方面指数在全国的排名均在前 10 位。2016～2019 年，大多数方面指数评分均出现上升，"政策公开、公平、公正""企业经营的法治环境""人力资源供应""市场环境和中介服务" 4 个方面指数评分和排名都有显著提高，前两者分别从第 7 位和第 15 位升至第 1 位，后两者分别从第 22 位和第 24 位升至第 6 位和第 4 位。

2016～2019 年，"行政干预和政府廉洁效率"、"企业的税费负担"、"金融服务和融资成本"和"基础设施条件"评分变化不大，有小幅度升降。其中"行政干预和政府廉洁效率"继续排在第 2 位，"企业的税费负担"和"基础设施条件"分别从第 10 位和第 8 位上升到第 2 位和第 6 位；"金融服务和融资成本"评分小幅上升，但排名从第 7 位下降到第 10 位。

政策公开、公平、公正

从 2016 年到 2019 年，江苏的"政策公开、公平、公正"方面指数评分从 3.80 分升至 4.07 分，排名从第 7 位升至第 1 位，大幅提升至全国领先水平。该方面指数中，各项评分都升至 4.00 分左右。"政策规章制度公开透明"和"行政执法公正"的排名由第 11 位、12 位跃升至第 3 位、第 1 位，"对不同企业一视同仁"排名从第 16 位跃至第 1 位。"地方保护"评分从 4.28 分升至 4.36 分，排名从全国第 4 位升至第 2 位。

行政干预和政府廉洁效率

从 2016 年到 2019 年，江苏的"行政干预和政府廉洁效率"评分从 3.86 分升至 3.92 分，排名保持在第 2 位。分项指数中，"与政府打交道占工作时间比例"评分由 4.40 分降至 3.65 分，排名也大幅下降 14 位至第 20 位。其他 3 个分项指数评分均改善，上升幅度为 0.28 ~ 0.37 分。"官员廉洁守法"排名上升 15 位至第 4 位，上升幅度最大；"政府干预"和"审批手续简便易行"排名分别上升 5 位和 4 位至第 1 位和第 2 位。从总体排名上看，江苏该方面评价仍处于领先位置，但企业仍然要花费较多时间与政府打交道。

企业经营的法治环境

从 2016 年到 2019 年，江苏的"企业经营的法治环境"评分从 3.84 分上升到 4.10 分，排名从第 15 位跃至第 1 位。各分项指数评分均有不同程度的提高，评分均达到 4.00 分以上，排名从 2016 年第 12 ~ 19 位的中游位置提升到全国前两位。

企业的税费负担

从 2016 年到 2019 年，江苏的"企业的税费负担"排名从第 10 位升至第 2 位。其分项指数中"法定税负"评分由 3.30 分明显提升到 4.08 分，排名由第 13 位升至第 9 位；"依法征税"评分从 3.87 分升至 4.18 分，排名从第 11 位升至第 3 位。2019 年新设分项指数"社保缴费"和"其他缴费"分别以 2.96 分和 3.10 分排名第 9 位和第 2 位。表明江苏企业的税负有明显减轻，整体上升到上游水平。

金融服务和融资成本

从 2016 年到 2019 年，江苏的"金融服务和融资成本"评分从 3.63 分升至 3.72 分，但排名从第 7 位降至第 10 位。由分项指数发现，"银行贷款"评分从 3.59 分降至 3.45 分，排名下降 8 位至第 18 位；"其他融资"的评分从 3.35 分微升至 3.37 分，排名从第 13 位小幅升至第 11 位。"贷款利率"和"其他融资利率"评分分别从 3.70 分和 3.89 分升至 3.98 分和 4.06 分，排名分列于第 9 位和第 8 位。说明在此期间江苏在企业贷款的便利度方面失去领先优势，但企业平均融资成本有所降低，是一个改善。

人力资源供应

从 2016 年到 2019 年，江苏的"人力资源供应"评分从 3.24 分升至 3.82 分，排名从第 22 位跃升至第 6 位。该方面指数中，"技术人员"、"管理人员"和"熟练工人"的评分和排名均明显提升，排名分别由第 19 位、第 24 位和第 21 位升至第 6 位、第 6 位和第 7 位。

基础设施条件

从 2016 年到 2019 年，江苏的"基础设施条件"评分稳定在 4.13 分，排名从第 8 位微升至第 6 位。该方面指数中，"电水气供应条件"和"铁路公路运输条件"始终在前 10 位，"其他基础设施条件"排名由第 9 位升至第 4 位。整体来说，江苏基础设施条件较好且稳定。

市场环境和中介服务

从 2016 年到 2019 年，江苏的"市场环境和中介服务"评分从 3.12 分升至 3.59 分，排名由第 24 位跃至第 4 位，改善明显。该方面指数中，"中介组织服务"由第 12 位升至第 5 位，"行业协会服务"从第 27 位跃至第 6 位。"市场需求"2016 年排在第 16 位，2019 年跃升至第 2 位。"过度竞争"2016 年排在第 29 位，2019 年排在第 16 位。这显示江苏在市场环境和中介服务方面都有明显改善。

浙江

表 5–11　浙江企业经营环境各方面指数、各分项指数的排名及分值

指数	2010 年		2012 年		2016 年		2019 年	
	分值	排名	分值	排名	分值	排名	分值	排名
政策公开、公平、公正	3.13	4	3.14	3	3.89	2	3.83	4
政策规章制度公开透明	3.34	4	3.29	4	3.95	5	3.90	4
行政执法公正	3.00	6	3.25	3	3.83	6	3.83	7
对不同企业一视同仁	3.05	1	2.88	3	3.65	6	3.61	6
地方保护					4.14	11	4.00	6
行政干预和政府廉洁效率	3.36	3	3.50	4	3.85	4	3.85	5
政府干预	3.89	5	3.63	4	3.94	3	3.82	4
与政府打交道占工作时间比例			3.96	4	3.93	10	3.89	4
审批手续简便易行	3.25	3	3.15	3	3.70	4	3.78	7
官员廉洁守法	2.94	6	3.09	7	3.82	6	3.91	6
企业经营的法治环境	3.20	6	3.32	6	4.08	3	3.96	5
司法公正和效率	2.97	7	3.13	5	3.86	3	4.00	3
企业合同正常履行	3.59	7	3.55	5	3.98	2	3.83	12
经营者财产和人身安全保障	3.49	6	3.64	8	4.38	2	4.05	7
知识产权、技术和品牌保护	3.21	13	3.33	20	4.09	4	3.97	10
企业的税费负担			2.82	11	3.65	12	3.45	16
法定税负			2.03	23	3.23	15	3.91	21
依法征税					3.89	7	4.10	14
税外收费			3.61	5	3.84	11		
社保缴费							2.87	18
其他缴费							2.92	12
金融服务和融资成本	3.33	1	3.32	3	3.76	4	3.80	5
银行贷款	3.42	1	3.23	2	3.87	1	3.51	15
其他融资	3.39	1	3.38	2	3.14	22	3.36	14
贷款利率					3.75	8	4.17	5
其他融资利率					4.29	5	4.15	3
人力资源供应	2.50	25	2.69	24	3.50	6	3.71	14
技术人员	2.42	25	2.65	24	3.47	7	3.69	13
管理人员	2.61	22	2.72	21	3.61	5	3.81	9
熟练工人	2.48	26	2.71	25	3.43	16	3.63	23

指数	2010 年		2012 年		2016 年		2019 年	
	分值	排名	分值	排名	分值	排名	分值	排名
基础设施条件	3.44	4	3.28	18	4.37	3	4.13	5
电水气供应条件			3.70	26	4.39	2	4.24	5
铁路公路运输条件			3.15	11	4.40	4	4.15	4
其他基础设施条件			2.98	9	4.32	3	4.00	7
市场环境和中介服务	3.20	5	3.12	6	3.58	3	3.55	6
市场需求					3.34	12	3.60	7
过度竞争					3.49	2	3.36	9
中介组织服务	3.33	7	3.27	12	3.91	3	3.83	6
行业协会服务	2.98	5	2.93	6	3.57	2	3.43	11
总评	3.19	4	3.15	4	3.84	2	3.79	5

浙江的企业经营环境，在 2010 年、2012 年、2016 年和 2019 年评分依次为 3.19 分、3.15 分、3.84 分和 3.79 分，全国排名依次为第 4 位、第 4 位、第 2 位和第 5 位。总体处于全国先进水平，但 2019 年略有下降。

在企业经营环境的 8 个方面指数中，"企业的税费负担"和"人力资源供应"的全国排名分别在第 16 位和第 14 位，其他的方面指数排名均在第 5 位前后。从 2016 年到 2019 年，多数方面指数评分和排名均有小幅度下降，其中"人力资源供应"排名下降幅度较大，从第 6 位下降至第 14 位。

政策公开、公平、公正

从 2016 年到 2019 年，浙江的"政策公开、公平、公正"方面指数评分从 3.89 分微降至 3.83 分，全国排名从第 2 位降至第 4 位。各分项指数评分基本持平或小幅下降，其中"政策规章制度公开透明"排名从第 5 位升至第 4 位，"行政执法公正"排名下降 1 位至第 7 位，"对不同企业一视同仁"排名保持在第 6 位；"地方保护"评分从 4.14 分降至 4.00 分，但排名从第 11 位升至第 6 位。

行政干预和政府廉洁效率

从 2016 年到 2019 年，浙江的"行政干预和政府廉洁效率"评分稳定在 3.85 分，而排名从第 4 位微降到第 5 位。分项指数中，"政府干预"和"与政府打交道占工作时间比例"评分小幅度下降，排名一降一升，都列第 4 位。"审批手续简便易行"和"官员廉洁守法"评分小幅上升，排名一降一平，分列第 7 位和第 6 位。

企业经营的法治环境

从 2016 年到 2019 年，浙江的"企业经营的法治环境"评分从 4.08 分降至 3.96 分，排名从第 3 位降至第 5 位。2019 年，各分项指数中，"司法公正和效率"评分上升，排名仍稳定在第 3 位；"企业合同正常履行"、"经营者财产和人身安全保障"及"知识产权、技术和品牌保护"的评分和排名均有明显下降，2019 年排名分列于第 12 位、第 7 位、第 10 位。

企业的税费负担

从 2016 年到 2019 年，浙江的"企业的税费负担"评分从 3.65 分降至 3.45 分，排名从第 12 位降为第 16 位，其中"法定税负"评分由 3.23 分升至 3.91 分，但排名由第 15 位降至第 21 位；"依法征税"评分由 3.89 分升至 4.10 分，但排名从第 7 位降至第 14 位。2019 年新设分项指数"社保缴费"和"其他缴费"分别评分 2.87 分、2.92 分，排名第 18 位和第 12 位。

金融服务和融资成本

从 2016 年到 2019 年，浙江的"金融服务和融资成本"评分从 3.76 分微升至 3.80 分，排名由第 4 位降至第 5 位。该方面指数中，"银行贷款"评分从 3.87 分下降至 3.51 分，排名从全国第 1 的领先位置陡降至第 15 位；"其他融资"评分上升，排名由第 22 位升至第 14 位。"贷款利率"和"其他融资利率"2019 年评分一升一降，但排名均有上升，列第 5 位和第 3 位。

人力资源供应

从 2016 年到 2019 年，浙江的"人力资源供应"评分从 3.50 分升至 3.71 分，但排名从第 6 位落至第 14 位。该方面指数中，"技术人员"、

"管理人员"和"熟练工人"的评分均有提高，但排名均有不同程度的下滑，2019年分别居第13位、第9位和第23位，其中"熟练工人"排名降幅最大，且排名在三项中相对落后。

基础设施条件

从2016年到2019年，浙江的"基础设施条件"评分从4.37分降至4.13分，排名从第3位下降至第5位。该方面指数中，各分项指数2019年评分均小幅下降，从全国排名看，"电水气供应条件"由第2位降至第5位，"铁路公路运输条件"居第4位保持稳定，"其他基础设施条件"下降4位至第7位。

市场环境和中介服务

从2016年到2019年，浙江的"市场环境和中介服务"评分从3.58分微降至3.55分，排名从第3位降至第6位。2019年"中介组织服务"和"行业协会服务"分别从第3位和第2位下降至第6位和第11位；"市场需求"与"过度竞争"评分和排名一升一降，2019年分列于第7位和第9位。

安徽

表 5 – 12　安徽企业经营环境各方面指数、各分项指数的排名及分值

指数	2010 年		2012 年		2016 年		2019 年	
	分值	排名	分值	排名	分值	排名	分值	排名
政策公开、公平、公正	3.14	3	2.95	15	3.76	10	3.70	13
政策规章制度公开透明	3.36	2	3.18	11	3.77	10	3.83	11
行政执法公正	3.01	4	3.06	12	3.74	8	3.81	8
对不同企业一视同仁	3.03	4	2.62	17	3.46	13	3.56	10
地方保护					4.07	13	3.58	16
行政干预和政府廉洁效率	3.34	5	3.37	6	3.86	3	3.68	14
政府干预	3.73	12	3.42	15	3.74	10	3.65	15
与政府打交道占工作时间比例			3.59	15	4.59	4	3.52	25
审批手续简便易行	3.12	6	2.94	8	3.26	25	3.75	15
官员廉洁守法	3.03	3	3.18	3	3.86	5	3.81	13
企业经营的法治环境	3.25	5	3.27	10	3.81	19	3.96	8
司法公正和效率	3.01	6	2.98	14	3.63	14	3.89	12
企业合同正常履行	3.53	15	3.47	10	3.60	24	3.87	7
经营者财产和人身安全保障	3.61	2	3.67	6	4.31	6	4.07	6
知识产权、技术和品牌保护	3.35	2	3.56	4	3.69	26	4.00	6
企业的税费负担			2.86	7	3.47	29	3.44	17
法定税负			2.14	12	3.20	21	3.71	31
依法征税					3.66	26	4.12	11
税外收费			3.59	7	3.54	26		
社保缴费							2.98	6
其他缴费							2.96	10
金融服务和融资成本	2.94	6	3.04	15	3.84	3	3.42	28
银行贷款	3.00	6	2.84	11	3.59	11	3.33	24
其他融资	2.97	8	3.00	22	3.10	25	3.22	22
贷款利率					3.69	10	3.53	27
其他融资利率					5.00	2	3.59	26
人力资源供应	2.67	14	2.59	25	3.25	21	3.70	15
技术人员	2.59	17	2.50	26	3.23	20	3.61	15
管理人员	2.65	18	2.54	26	3.20	21	3.57	20
熟练工人	2.78	15	2.72	24	3.31	22	3.91	2

指数	2010 年		2012 年		2016 年		2019 年	
	分值	排名	分值	排名	分值	排名	分值	排名
基础设施条件	3.27	8	3.32	13	3.74	23	3.99	11
电水气供应条件			4.01	9	3.86	26	4.06	14
铁路公路运输条件			3.10	18	3.74	22	3.94	16
其他基础设施条件			2.86	16	3.63	22	3.98	8
市场环境和中介服务	3.09	8	2.92	19	3.11	26	3.46	12
市场需求					2.97	29	3.44	17
过度竞争					3.09	19	3.28	12
中介组织服务	3.26	10	3.15	23	3.31	23	3.74	9
行业协会服务	2.89	9	2.80	13	3.09	18	3.37	15
总评	3.09	6	3.04	16	3.61	12	3.67	13

安徽的企业经营环境,在 2010 年、2012 年、2016 年和 2019 年评分依次为 3.09 分、3.04 分、3.61 分和 3.67 分,全国排名依次为第 6 位、第 16 位、第 12 位和第 13 位,2019 年比 2016 年评分有小幅提高,排名略有下降。

2019 年与 2016 年相比,8 个方面指数中"企业经营的法治环境"的全国排名上升突出,从第 19 位上升到第 8 位,"人力资源供应""基础设施条件""市场环境和中介服务"的评分和排名也都有明显改善,分别从第 21 位、第 23 位和第 26 位上升到第 15 位、第 11 位和第 12 位。

评分和排名均有下降的方面指数有"政策公开、公平、公正""行政干预和政府廉洁效率""金融服务和融资成本",分别从第 10 位、第 3 位、第 3 位下降到第 13 位、第 14 位和第 28 位,第三者降幅很大,成为安徽的短板。"企业的税费负担"评分变化不大,但排名从第 29 位上升到第 17 位。

政策公开、公平、公正

从 2016 年到 2019 年,安徽的"政策公开、公平、公正"方面指数评分从 3.76 分微降至 3.70 分,排名从第 10 位降至第 13 位。各分项指数中，"政策规章制度公开透明"、"行政执法公正"和"对不同企业一视同仁"的评分都有小幅上升，"政策规章制度公开透明"排名下降1位至第11位，"行政执法公正"的排名仍处于第8位，"对不同企业一视同仁"排名由第13位上升至第10位。"地方保护"评分从4.07分降至3.58分，排名从第13位降至第16位，是影响该方面指数排名下降的主要因素。

行政干预和政府廉洁效率

从2016年到2019年，安徽的"行政干预和政府廉洁效率"评分从3.86分降至3.68分，排名由第3位跌至第14位，下降幅度较大。各分项指数中，"审批手续简便易行"评分改善最大，上升0.5分至3.75分，排名从第25位跃升至第8位；"与政府打交道占工作时间比例"评分降幅最大，下降1.07分至3.52分，排名从第4位下降至第25位；"政府干预"和"官员廉洁守法"评分小幅下降，排名分别下降5位和8位至第15位和第13位。总体上，行政干预和政府廉洁效率方面出现退步。

企业经营的法治环境

从2016年到2019年，安徽的"企业经营的法治环境"评分从3.81分上升到3.96分，排名由第19位跃至第8位。从分项指数发现，除了"经营者财产和人身安全保障"评分有所下降，其余各项评分和排名都有所提升，"司法公正和效率"的排名从第14位升至第12位，"企业合同正常履行""知识产权、技术和品牌保护"分别从第24位和第26位大幅上升至第7位和第6位，使得该方面指数明显改善。

企业的税费负担

从2016年到2019年，安徽的"企业的税费负担"评分从3.47分微降至3.44分，但排名从第29位升至第17位。其中"法定税负"的评分从3.20分提高到3.71分，但排名跌至第31位。"依法征税"评分由3.66分升至4.12分，排名从第26位上升到第11位。2019年新设分项指数"社保缴费"和"其他缴费"评分分别为2.98分和2.96分，排名第6位和第10位。总体看，企业的税负还是减轻了。

金融服务和融资成本

从 2016 年到 2019 年，安徽的"金融服务和融资成本"评分从 3.84 分降至 3.42 分，排名从第 3 位陡降至第 28 位。由分项指数发现，"银行贷款"的评分从 3.59 分降到 3.33 分，排名从第 11 位降至第 24 位；"其他融资"的评分升至 3.22 分，排名从第 25 位小幅升至第 22 位。"贷款利率"和"其他融资利率"分别从评分 3.69 分和 5.00 分降至 3.53 分和 3.59 分，排名从第 10 位和第 2 位跌至第 27 位和第 26 位。说明安徽的企业贷款便利度和融资成本都发生了不利的变化，成为影响安徽企业经营环境一个较突出的问题。

人力资源供应

从 2016 年到 2019 年，安徽的"人力资源供应"有明显改善，评分从 3.25 分升至 3.70 分，排名从第 21 位升至第 15 位。该方面指数中，"技术人员"和"管理人员"分别进步 5 位和 1 位至第 15 位和第 20 位，"熟练工人"由第 22 位大幅升至第 2 位。

基础设施条件

从 2016 年到 2019 年，安徽的"基础设施条件"评分从 3.74 分升至 3.99 分，排名由第 23 位升至第 11 位，从下游水平进步为中游偏上水平。其中"电水气供应条件"的评分由 3.86 分升至 4.06 分，排名从第 26 位升至第 14 位；"铁路公路运输条件"和"其他基础设施条件"分别进步 6 位、14 位，从第 22 位升至第 16 位和第 8 位。

市场环境和中介服务

从 2016 年到 2019 年，安徽的"市场环境和中介服务"评分从 3.11 分升至 3.46 分，排名由全国第 26 的低位升至第 12 位。分项指数中，2016 年"中介组织服务"和"行业协会服务"排名第 23 位和第 18 位，2019 年分别升至第 9 位和第 15 位。"市场需求"和"过度竞争"评分都有明显提高，排名分别从第 29 位和第 19 位升至第 17 位和第 12 位，显示市场环境有明显改善。

福建

表5-13 福建企业经营环境各方面指数、各分项指数的排名及分值

指数	2010 年		2012 年		2016 年		2019 年	
	分值	排名	分值	排名	分值	排名	分值	排名
政策公开、公平、公正	3.00	9	3.02	9	3.74	12	3.78	7
政策规章制度公开透明	3.10	20	3.19	10	3.52	29	3.87	8
行政执法公正	2.95	9	3.12	10	3.74	9	3.83	6
对不同企业一视同仁	2.95	6	2.74	11	3.43	17	3.66	4
地方保护					4.27	5	3.76	13
行政干预和政府廉洁效率	3.24	11	3.36	7	3.38	23	3.80	6
政府干预	3.73	13	3.44	13	3.69	16	3.72	11
与政府打交道占工作时间比例			3.68	9	2.79	25	4.00	2
审批手续简便易行	2.96	14	2.96	7	3.14	30	3.67	16
官员廉洁守法	2.94	7	3.13	5	3.88	4	3.80	15
企业经营的法治环境	3.15	10	3.26	11	4.02	4	3.85	19
司法公正和效率	2.91	10	3.06	9	3.71	9	3.94	7
企业合同正常履行	3.52	18	3.44	14	3.67	22	3.79	15
经营者财产和人身安全保障	3.46	8	3.53	15	4.33	4	3.85	26
知识产权、技术和品牌保护	3.19	17	3.41	11	4.36	2	3.81	21
企业的税费负担			2.81	14	3.47	28	3.61	1
法定税负			2.09	16	2.95	28	4.19	2
依法征税					3.76	20	4.20	2
税外收费			3.53	10	3.69	21		
社保缴费							3.16	1
其他缴费							2.91	14
金融服务和融资成本	3.08	3	2.99	22	3.21	21	3.82	1
银行贷款	3.02	4	2.79	12	3.14	29	3.68	4
其他融资	3.17	2	2.96	25	2.68	30	3.55	3
贷款利率					3.66	11	3.94	11
其他融资利率					3.35	12	4.11	4
人力资源供应	2.44	27	2.57	26	4.15	1	3.91	2
技术人员	2.37	27	2.55	25	4.10	1	4.11	1
管理人员	2.50	26	2.59	25	4.17	1	3.83	7
熟练工人	2.44	27	2.56	28	4.19	1	3.79	15

续表

指数	2010 年		2012 年		2016 年		2019 年	
	分值	排名	分值	排名	分值	排名	分值	排名
基础设施条件	3.26	9	3.38	9	4.17	6	4.04	9
电水气供应条件			4.01	8	4.29	5	4.11	10
铁路公路运输条件			3.15	10	4.24	5	4.06	10
其他基础设施条件			2.98	8	3.98	10	3.96	10
市场环境和中介服务	3.13	6	3.05	8	3.54	5	3.62	3
市场需求					3.64	3	3.70	1
过度竞争					3.43	4	3.43	3
中介组织服务	3.24	12	3.21	17	3.74	7	3.74	8
行业协会服务	2.98	4	2.99	4	3.33	7	3.61	3
总评	3.05	9	3.06	12	3.71	6	3.80	4

福建的企业经营环境近年来逐步改善，在 2010 年、2012 年、2016 年和 2019 年，全国排名依次为第 9 位、第 12 位、第 6 位和第 4 位，排名提升至全国上游水平；得分依次为 3.05 分、3.06 分、3.71 分和 3.80 分，持续提高。

在企业经营环境的 8 个方面指数中，2019 年除"企业经营的法治环境"位于全国中下游以外，其他的方面指数均位于全国前 10 位，"企业的税费负担"、"金融服务和融资成本"、"人力资源供应"和"市场环境和中介服务"更是位于前 3。

从 2016 年到 2019 年，"行政干预和政府廉洁效率"、"企业的税费负担"和"金融服务和融资成本"改善明显，排名大幅提高，分别从全国第 23、28、21 位大幅上升至第 6、1、1 位。"政策公开、公平、公正"评分小幅提高，排名从第 12 位升至第 7 位。"企业经营的法治环境"评分出现退步，排名从第 4 位降至第 19 位。"人力资源供应"和"基础设施条件"评分和排名都有小幅度下降，2019 年列第 2 位和第 9 位。总体看，福建省企业经营环境取得了稳步提升。

政策公开、公平、公正

从2016年到2019年，福建的"政策公开、公平、公正"方面指数评分从3.74分微升至3.78分，排名从第12位升至第7位。分项指数中，"政策规章制度公开透明"、"行政执法公正"和"对不同企业一视同仁"评分有不同程度的提高，排名分别从第29、第9和第17位明显升至第8、第6和第4位，但"地方保护"评分下降，排名从第5位降至第13位。

行政干预和政府廉洁效率

从2016年到2019年，福建的"行政干预和政府廉洁效率"评分由3.38分升至3.80分，排名从第23位跃至第6位，改善显著。分项指数中，"与政府打交道占工作时间比例"和"审批手续简便易行"评分和排名均有大幅度改善，评分分别上升1.21分和0.53分，至4.00分和3.67分，排名分别从第25位和第30位跃升至第2位和第16位。"政府干预"和"官员廉洁守法"评分有小幅度升降，前者排名由第16位升至第11位，后者排名由第4位降至第15位。

企业经营的法治环境

从2016年到2019年，福建的"企业经营的法治环境"评分从4.02分降至3.85分，排名从第4位下降到第19位，有明显退步。该方面各分项指数的评分有不同的变化，"企业合同正常履行"从第22位上升到第15位，"司法公正和效率"稳中有升，从稳居第9位微升至第7位，"经营者财产和人身安全保障"和"知识产权、技术和品牌保护"评分和排名均出现明显下降，排名分别从第4位和第2位大幅度下滑至第26位和第21位。

企业的税费负担

从2016年到2019年，福建的"企业的税费负担"评分从3.47分升至3.61分，排名从第28位跃至第1位，其中"法定税负"和"依法征税"排名分别从第28位和第20位跃至第2位。2019年新设分项指数"社保缴费"和"其他缴费"分别列第1位和第14位。整体来看，2016～2019年福建企业税费负担明显减轻。

金融服务和融资成本

从 2016 年到 2019 年，福建的"金融服务和融资成本"评分从 3.21 分升至 3.82 分，排名从第 21 位跃至第 1 位。分项指数中，"银行贷款"和"其他融资"都有大幅度改善，排名分别从第 29 位和第 30 位上升至第 4 位和第 3 位。"贷款利率"和"其他融资利率"评分也有明显上升，前者排名保持第 11 位不变，后者从第 12 位上升到第 4 位。总体上，在此期间福建企业的融资便利度有明显改善，融资成本也均出现下降。

人力资源供应

从 2016 年到 2019 年，福建的"人力资源供应"评分从 4.15 分降至 3.91 分，排名从第 1 位微降至第 2 位。2019 年，除了"技术人员"以 4.11 分仍稳定在第 1 位，"管理人员"和"熟练工人"评分均有下降，排名从第 1 位分别降至第 7 位和第 15 位。

基础设施条件

从 2016 年到 2019 年，福建的"基础设施条件"评分从 4.17 分降至 4.04 分，排名从第 6 位退至第 9 位。该方面指数中，各分项指数评分略有下降，"电水气供应条件"和"铁路公路运输条件"排名均从第 5 位下降至第 10 位，"其他基础设施条件"仍稳定在第 10 位。

市场环境和中介服务

从 2016 年到 2019 年，福建的"市场环境和中介服务"评分从 3.54 分升至 3.62 分，排名从第 5 位升至第 3 位。其中"中介组织服务"和"行业协会服务"从第 7 位分别变动到第 8 位和第 3 位，后者有明显改善；"市场需求"与"过度竞争"分别从第 3、4 位升至第 1 位和第 3 位，可见市场环境整体较好。

江西

表 5-14 江西企业经营环境各方面指数、各分项指数的排名及分值

指数	2010 年		2012 年		2016 年		2019 年	
	分值	排名	分值	排名	分值	排名	分值	排名
政策公开、公平、公正	2.95	13	2.83	23	3.71	13	3.77	9
政策规章制度公开透明	3.23	8	2.98	26	3.70	17	3.89	5
行政执法公正	2.86	15	2.98	22	3.55	20	3.74	16
对不同企业一视同仁	2.78	19	2.54	24	3.24	31	3.54	13
地方保护					4.35	3	3.90	9
行政干预和政府廉洁效率	3.11	17	3.11	21	3.82	5	3.63	22
政府干预	3.58	20	3.31	20	3.70	15	3.63	16
与政府打交道占工作时间比例			3.41	19	4.75	2	3.46	26
审批手续简便易行	3.04	11	2.77	18	3.55	11	3.74	9
官员廉洁守法	2.78	18	2.73	25	3.27	30	3.70	22
企业经营的法治环境	3.13	11	3.01	27	3.83	16	3.91	10
司法公正和效率	2.84	13	2.75	25	3.73	6	3.81	23
企业合同正常履行	3.55	11	3.31	26	3.79	17	3.89	6
经营者财产和人身安全保障	3.39	15	3.32	27	3.97	26	4.00	15
知识产权、技术和品牌保护	3.28	6	3.20	27	3.85	14	3.93	15
企业的税费负担			2.68	23	3.62	16	3.44	18
法定税负			2.17	10	3.39	8	3.96	17
依法征税					3.88	10	3.89	31
税外收费			3.20	26	3.58	25		
社保缴费							2.89	13
其他缴费							3.00	5
金融服务和融资成本	2.80	15	3.07	11	3.46	13	3.54	20
银行贷款	2.77	14	2.52	24	3.36	22	3.29	27
其他融资	2.89	14	3.31	4	3.45	7	3.21	23
贷款利率					3.36	18	3.88	15
其他融资利率					3.67	10	3.77	21
人力资源供应	2.63	20	2.83	13	3.22	23	3.81	8
技术人员	2.60	14	2.72	17	3.52	5	3.71	11
管理人员	2.63	19	2.90	7	3.06	28	3.82	8
熟练工人	2.66	21	2.88	15	3.09	29	3.89	3

续表

指数	2010 年		2012 年		2016 年		2019 年	
	分值	排名	分值	排名	分值	排名	分值	排名
基础设施条件	3.17	14	3.23	22	3.89	18	3.99	13
电水气供应条件			3.81	21	3.97	18	4.00	16
铁路公路运输条件			3.01	22	3.79	20	3.93	17
其他基础设施条件			2.87	15	3.91	14	4.04	6
市场环境和中介服务	2.94	20	2.77	27	3.17	20	3.51	9
市场需求					3.24	18	3.50	11
过度竞争					3.12	17	3.50	1
中介组织服务	3.11	21	3.00	27	3.33	22	3.61	19
行业协会服务	2.87	10	2.70	22	3.00	21	3.43	10
总评	2.97	16	2.94	25	3.59	14	3.70	10

　　江西的企业经营环境近年来总体呈改善趋势，2016 年到 2019 年评分有所上升，全国排名从第 14 位上升到第 10 位。

　　在企业经营环境的 8 个方面指数中，2019 年"政策公开、公平、公正"、"企业经营的法治环境"、"人力资源供应"、"基础设施条件"和"市场环境和中介服务"评分和全国排名都比 2016 年有不同程度的提高，除"基础设施条件"排在第 13 位外，其他 4 个方面指数排名都在第 10 位以上。但"行政干预和政府廉洁效率"和"金融服务和融资成本"排名有较大下降，分别从第 5 位和第 13 位降至第 22 位和第 20 位。"企业的税费负担"排名也有所下降。

　　政策公开、公平、公正

　　从 2016 年到 2019 年，江西的"政策公开、公平、公正"方面指数评分从 3.71 分微升至 3.77 分，排名从第 13 位升至第 9 位。在分项指数中，"政策规章制度公开透明"、"行政执法公正"和"对不同企业一视同仁"的评分有所上升，排名也分别由第 17、第 20 和第 31 位升至第 5、第 16 和第 13 位。但"地方保护"评分由 4.35 分降至 3.90 分，排名从第 3 位降至第 9 位。

行政干预和政府廉洁效率

从2016年到2019年，江西的"行政干预和政府廉洁效率"评分从3.82分降至3.63分，排名由第5位降至第22位，拖了总评分的后腿。分项指数中，"政府干预"评分和排名略有下降，列第16位；"与政府打交道占工作时间比例"评分大幅下降，从4.75分降至3.46分，排名由第2位下滑到第26位，落后于大多数地区；"审批手续简便易行"和"官员廉洁守法"评分分别提高0.20分和0.43分至3.74分和3.70分，排名分别上升2位和8位至第9位和第22位。整体来看，江西行政干预和政府廉洁效率有所下滑，值得警惕。

企业经营的法治环境

从2016年到2019年，江西的"企业经营的法治环境"评分从3.83分上升到3.91分，排名由第16位升至第10位。从分项指数发现，各项评分都略有提升，"经营者财产和人身安全保障"和"企业合同正常履行"的排名均上升了11位，分别至第15位和第6位；而"司法公正和效率"虽评分小幅上升，排名却从第6位陡降至第23位；"知识产权、技术和品牌保护"由第14位微降至第15位。整体看来法治环境有所改善，位于全国中上游水平。

企业的税费负担

从2016年到2019年，江西的"企业的税费负担"评分从3.62分降至3.44分，排名从第16位小幅降至第18位。其中"法定税负"评分明显上升，但排名从第8位降至第17位，"依法征税"评分从3.88分微升至3.89分，排名也从第10位陡降至全国末位，说明企业税负减轻幅度不及多数省份。2019年新设分项"社保缴费"和"其他缴费"分别以2.89分和3.00分排名第13位和第5位。

金融服务和融资成本

从2016年到2019年，江西的"金融服务和融资成本"评分从3.46分小幅升至3.54分，但排名从第13位降至第20位。由分项指数发现，

"银行贷款"的评分从 3.36 分降至 3.29 分，排名由第 22 位下降至第 27 位；"其他融资"的评分有所下降，排名由第 7 位降至第 23 位；"贷款利率"和"其他融资利率"评分有所上升，前者排名从第 18 位升至第 15 位，后者却从第 10 位降至第 21 位。江西的企业贷款和其他融资渠道通畅度有待提高。

人力资源供应

从 2016 年到 2019 年，江西的"人力资源供应"评分从 3.22 分升至 3.81 分，排名从第 23 位明显上升至第 8 位。3 个分项指数评分都有提高，其中"技术人员"的排名退步了 6 位，列于第 11 位，而"管理人员"和"熟练工人"排名分别由第 28 位和第 29 位跃至第 8 位和第 3 位，改善明显。

基础设施条件

从 2016 年到 2019 年，江西的"基础设施条件"评分从 3.89 分升至 3.99 分，排名由第 18 位升至第 13 位。各分项指数评分和排名均有所上升，其中除了"其他基础设施条件"以 4.04 分排名第 6 位，"电水气供应条件"和"铁路公路运输条件"排名分别列于第 16 位和第 17 位的中游水平。

市场环境和中介服务

从 2016 年到 2019 年，江西的"市场环境和中介服务"评分从 3.17 分升至 3.51 分，排名由第 20 位升至第 9 位。"中介组织服务"从第 22 位小幅升至第 19 位，"行业协会服务"由第 21 位升至第 10 位；"市场需求"和"过度竞争"排名分别从第 18 位和第 17 位升至第 11 位和第 1 位，说明市场环境有较大改善。

山东

表 5－15　山东企业经营环境各方面指数、各分项指数的排名及分值

指数	2010 年		2012 年		2016 年		2019 年	
	分值	排名	分值	排名	分值	排名	分值	排名
政策公开、公平、公正	2.99	10	2.99	12	3.82	6	3.83	3
政策规章制度公开透明	3.22	10	3.23	6	3.82	9	3.78	17
行政执法公正	2.87	13	3.01	18	3.72	11	3.76	15
对不同企业一视同仁	2.88	10	2.73	12	3.61	7	3.60	8
地方保护					4.11	12	4.20	4
行政干预和政府廉洁效率	3.19	14	3.25	11	3.75	10	3.77	8
政府干预	3.75	10	3.41	16	3.71	13	3.72	12
与政府打交道占工作时间比例			3.55	17	3.97	9	3.75	15
审批手续简便易行	3.10	8	2.98	6	3.55	10	3.78	6
官员廉洁守法	2.85	12	3.00	12	3.76	8	3.83	10
企业经营的法治环境	3.12	12	3.20	15	3.86	12	3.96	6
司法公正和效率	2.85	12	2.94	16	3.68	10	3.88	14
企业合同正常履行	3.55	10	3.39	19	3.77	19	3.95	3
经营者财产和人身安全保障	3.44	10	3.62	11	4.24	10	4.05	10
知识产权、技术和品牌保护	3.16	24	3.37	16	3.77	21	3.96	13
企业的税费负担			2.69	22	3.62	15	3.51	3
法定税负			2.10	15	3.36	10	3.97	15
依法征税					3.81	18	4.07	18
税外收费			3.29	23	3.69	20		
社保缴费							3.04	4
其他缴费							2.98	8
金融服务和融资成本	2.79	16	3.02	19	3.28	18	3.57	18
银行贷款	2.82	12	2.77	17	3.51	17	3.62	5
其他融资	2.89	13	3.08	18	3.42	10	3.33	16
贷款利率					3.28	21	3.56	25
其他融资利率					2.93	20	3.78	20
人力资源供应	2.64	19	2.87	7	3.35	15	3.75	12
技术人员	2.54	21	2.78	13	3.32	15	3.73	8
管理人员	2.68	15	2.93	6	3.25	18	3.68	15
熟练工人	2.71	18	2.91	12	3.49	13	3.83	8

指数	2010 年		2012 年		2016 年		2019 年	
	分值	排名	分值	排名	分值	排名	分值	排名
基础设施条件	3.40	6	3.44	7	4.00	13	4.06	7
电水气供应条件			4.09	6	4.15	10	4.10	11
铁路公路运输条件			3.19	9	3.92	17	4.13	5
其他基础设施条件			3.05	6	3.94	12	3.95	11
市场环境和中介服务	3.07	9	2.99	15	3.35	9	3.52	8
市场需求					3.32	13	3.55	9
过度竞争					3.20	14	3.37	5
中介组织服务	3.30	8	3.30	9	3.64	9	3.71	11
行业协会服务	2.69	22	2.61	26	3.26	9	3.45	9
总评	3.05	10	3.07	10	3.63	11	3.75	7

山东的企业经营环境，在 2010 年、2012 年、2016 年和 2019 年评分依次为 3.05 分、3.07 分、3.63 分和 3.75 分，全国排名依次为第 10 位、第 10 位、第 11 位和第 7 位，2016～2019 年评分和排名都有提高。

在企业经营环境的 8 个方面指数中，2019 年山东与其他省份相比排名较好的为"政策公开、公平、公正"和"企业的税费负担"，均列于全国第 3 位。"行政干预和政府廉洁效率"、"企业经营的法治环境"、"基础设施条件"和"市场环境和中介服务"排在第 6～8 位，而"金融服务和融资成本"和"人力资源供应"的排名分别为第 18 位和第 12 位。

从 2016 年到 2019 年，仅"企业的税费负担"评分小幅下降，"政策公开、公平、公正"及"行政干预和政府廉洁效率"评分没有明显提高，其他的 5 个方面指数评分均出现上升。多数方面指数的排名有所上升，"金融服务和融资成本"的排名持平。整体来看，在此期间山东企业经营环境的各项指数稳步提升，位居全国较好水平。

政策公开、公平、公正

从 2016 年到 2019 年，山东的"政策公开、公平、公正"方面指数评分从 3.82 分微升至 3.83 分，全国排名从第 6 位升至第 3 位。各分项指数评分变化不大，其中"政策规章制度公开透明"的排名落至第17位，相对退步明显，"行政执法公正"从第11位下降到第15位，"对不同企业一视同仁"排名从第7位微降至第8位，"地方保护"排名从第12位上升到第4位。地方保护的减少改善了该方面指数的评分。

行政干预和政府廉洁效率

从2016年到2019年，山东的"行政干预和政府廉洁效率"评分由3.75分微升至3.77分，排名提升2位至第8位。分项指数中，"政府干预"和"官员廉洁守法"评分变化不大，前者排名提升了1位至第12位，后者排名从第8位下滑至第10位；"与政府打交道占工作时间比例"评分下降0.22分至3.75分，排名下降6位至第15位；"审批手续简便易行"评分上升0.23分至3.78分，排名上升4位至第6位。

企业经营的法治环境

从2016年到2019年，山东的"企业经营的法治环境"评分从3.86分上升到3.96分，排名从第12位升至第6位。各分项指数的评分除"经营者财产和人身安全保障"由4.24分降至4.05分外均有不同幅度的提升，"司法公正和效率"下降4位退至第14位，"企业合同正常履行"从第19位跃至第3位，"经营者财产和人身安全保障"稳定在第10位，"知识产权、技术和品牌保护"由第21位升至第13位。

企业的税费负担

从2016年到2019年，山东的"企业的税费负担"评分从3.62分降至3.51分，而排名则从第15位升至第3位。其中"法定税负"评分有明显上升，但排名下降5名，退至第15位；"依法征税"评分从3.81分升至4.07分，排名仍位于第18位。2019年新设分项指数"社保缴费"和"其他缴费"分别以3.04分和2.98分排名第4位和第8位。整体来看，山东企业在减税降费方面有明显改善。

金融服务和融资成本

从2016年到2019年，山东的"金融服务和融资成本"评分从3.28

分升至 3.57 分, 有所改善, 排名稳定在第 18 位。其中"银行贷款"的排名从中游水平第 17 位升至第 5 位,"其他融资"从第 10 位退步至第 16 位。"贷款利率"和"其他融资利率"指数评分从 3.28 分和 2.93 分升至 3.56 分和 3.78 分, 分列于第 25 位和第 20 位。

人力资源供应

从 2016 年到 2019 年, 山东的"人力资源供应"评分从 3.35 分升至 3.75 分, 排名从第 15 位升至第 12 位。其各分项指数评分和排名均有提高,"技术人员"和"熟练工人"排名分别从第 15 位和第 13 位升至第 8 位,"管理人员"从第 18 位升至第 15 位。

基础设施条件

从 2016 年到 2019 年, 山东的"基础设施条件"评分从 4.00 分微升至 4.06 分, 排名从第 13 位升至第 7 位。在分项指数中,"电水气供应条件"排名下降 1 位至第 11 位,"铁路公路运输条件"评分和排名明显提高, 由第 17 位升至第 5 位,"其他基础设施条件"由第 12 位微升至第 11 位。

市场环境和中介服务

从 2016 年到 2019 年, 山东的"市场环境和中介服务"评分从 3.35 分升至 3.52 分, 排名从第 9 位升至第 8 位。其中"中介组织服务"和"行业协会服务"评分有所提高, 分别以 3.71 分和 3.45 分别排在第 11 位和第 9 位。"市场需求"与"过度竞争"分别从第 13、第 14 位上升至第 9、第 5 位, 说明市场环境有所改善。

河南

表 5-16　河南企业经营环境各方面指数、各分项指数的排名及分值

指数	2010 年		2012 年		2016 年		2019 年	
	分值	排名	分值	排名	分值	排名	分值	排名
政策公开、公平、公正	2.96	12	2.92	16	3.75	11	3.72	12
政策规章制度公开透明	3.12	19	3.11	18	3.73	12	3.77	18
行政执法公正	2.86	14	2.99	20	3.49	24	3.81	9
对不同企业一视同仁	2.90	9	2.66	15	3.51	10	3.56	9
地方保护					4.26	6	3.75	14
行政干预和政府廉洁效率	3.25	9	3.17	18	3.60	14	3.68	15
政府干预	3.86	6	3.43	14	3.70	14	3.56	23
与政府打交道占工作时间比例			3.61	14	3.52	14	3.74	16
审批手续简便易行	2.96	13	2.72	21	3.67	5	3.68	15
官员廉洁守法	2.78	16	2.88	19	3.52	22	3.74	19
企业经营的法治环境	3.08	19	3.14	22	3.70	27	3.91	11
司法公正和效率	2.76	19	2.83	22	3.58	20	3.80	24
企业合同正常履行	3.57	9	3.42	16	3.59	25	3.84	11
经营者财产和人身安全保障	3.38	17	3.60	12	3.82	30	4.02	14
知识产权、技术和品牌保护	3.26	7	3.30	25	3.81	16	3.96	11
企业的税费负担			2.76	16	3.48	26	3.47	14
法定税负			2.09	16	3.12	25	4.04	11
依法征税					3.63	28	4.04	24
税外收费			3.43	17	3.69	22		
社保缴费							2.98	5
其他缴费							2.82	19
金融服务和融资成本	2.88	9	3.01	20	3.04	23	3.46	26
银行贷款	2.72	19	2.58	23	3.28	24	3.35	22
其他融资	3.05	4	3.13	12	3.28	17	3.19	24
贷款利率					2.53	28	3.43	29
其他融资利率					3.06	18	3.86	17
人力资源供应	2.94	2	2.99	3	3.29	19	3.59	18
技术人员	2.88	3	2.92	2	3.29	16	3.58	18
管理人员	2.87	6	2.94	5	3.29	16	3.49	22
熟练工人	3.07	1	3.11	3	3.30	24	3.71	19

指数	2010 年		2012 年		2016 年		2019 年	
	分值	排名	分值	排名	分值	排名	分值	排名
基础设施条件	3.18	13	3.24	21	3.90	17	3.86	17
电水气供应条件			3.81	22	3.87	25	3.91	21
铁路公路运输条件			3.04	20	4.06	12	3.95	15
其他基础设施条件			2.85	17	3.77	17	3.74	16
市场环境和中介服务	3.01	12	3.05	7	3.14	21	3.36	22
市场需求					3.24	19	3.43	18
过度竞争					2.80	30	3.27	15
中介组织服务	3.26	11	3.30	8	3.43	16	3.57	22
行业协会服务	2.78	17	2.93	7	3.11	15	3.18	25
总评	3.06	7	3.05	14	3.49	20	3.63	16

河南的企业经营环境，在 2010 年、2012 年、2016 年和 2019 年全国排名依次为第 7 位、第 14 位、第 20 位和第 16 位；历年得分依次为 3.06 分、3.05 分、3.49 分和 3.63 分。2019 年比 2016 年评分上升，排名也有回升，保持在中游水平。

2019 年与 2016 年比较，8 个方面指数中，"企业经营的法治环境"有明显改善，评分提高 0.21 分，排名从第 27 位升至第 11 位。"金融服务和融资成本"、"人力资源供应"和"市场环境和中介服务"评分也有明显上升，分别提高 0.42 分、0.30 分、0.22 分，但排名变化不大。"政策公开、公平、公正"、"行政干预和政府廉洁效率"、"企业的税费负担"和"基础设施条件"评分没有显著变化，排名除"企业的税费负担"从第 26 位上升到第 14 位，其余 3 项无变化或略有下降。2019 年大多数方面指数在全国排名位于第 10～20 位的中游水平，但"金融服务和融资成本"和"市场环境和中介服务"排名相对较低，分别为第 26 位和第 22 位。

政策公开、公平、公正

从 2016 年到 2019 年，河南的"政策公开、公平、公正"方面指数评分从 3.75 分微降至 3.72 分，排名从第 11 位微降至第 12 位，变化不大。

分项指数中，"政策规章制度公开透明"评分小幅上升，但排名从第12位下降至第18位，"行政执法公正"和"对不同企业一视同仁"评分和排名均上升，排名从第24位和第10位均升至第9位，前者改善显著。"地方保护"评分从4.26分降至3.75分，排名也从第6位落至第14位。

行政干预和政府廉洁效率

从2016年到2019年，河南的"行政干预和政府廉洁效率"评分从3.60分小幅升至3.68分，排名由第14位微降至第15位。分项指数中，"政府干预"2012年、2016年保持在第14位，2019年降至第23位，是唯一评分下降的分项，值得警惕；"与政府打交道占工作时间比例"和"官员廉洁守法"评分均上升0.22分至3.74分，前者改善幅度不及其他省份，排名下降2位至第16位，后者排名上升3位至第19位；"审批手续简便易行"评分基本不变，但排名由第5位大幅降至第15位。

企业经营的法治环境

从2016年到2019年，河南的"企业经营的法治环境"评分从3.70分上升到3.91分，排名由第27位跃至第11位，改善比较显著。从分项指数发现，各项评分都有所提升，但"司法公正和效率"排名从第20位降至第24位，其他分项指数排名均显著提高，"企业合同正常履行"、"经营者财产和人身安全保障"和"知识产权、技术和品牌保护"分别从第25位、30位、16位上升至第11位、14位、11位，位于中上水平。

企业的税费负担

从2016年到2019年，河南的"企业的税费负担"评分从3.48分微降至3.47分，基本稳定，排名从第26位跃至第14位。其中，"法定税负"评分从3.12分显著上升至4.04分，排名从第25位大幅上升至第11位；"依法征税"评分从3.63分升至4.04分，排名从第28位升至第24位；这些反映企业的实际税负减轻了。2019年新修订的"社保缴费"和"其他缴费"两个分项指数，评分分别为2.98分和2.82分，排名为第5位和第19位。

金融服务和融资成本

从 2016 年到 2019 年，河南的"金融服务和融资成本"评分从 3.04 分升至 3.46 分，但排名从第 23 位落至第 26 位。其中，"银行贷款"评分有所提升，排名提升 2 位至第 22 位；"其他融资"的评分小幅下降，排名从第 17 位下降至第 24 位，两者位于全国下游水平。"贷款利率"和"其他融资利率"评分明显上升，但融资成本改善幅度与其他省份相仿，因此排名没有显著变化，分别列第 29 位和第 17 位。说明河南的企业融资条件需要改进。

人力资源供应

从 2016 年到 2019 年，河南的"人力资源供应"评分从 3.29 分升至 3.59 分，排名从第 19 位微升至第 18 位。3 个方面指数评分都有提高，但其中"技术人员"和"管理人员"排名分别从第 16 位下降至第 18 位和第 22 位，"熟练工人"排名从第 24 位升至第 19 位。3 个分项指数均位于全国中下游水平。

基础设施条件

从 2016 年到 2019 年，河南"基础设施条件"评分从 3.90 分微降至 3.86 分，排名保持在第 17 位，仍处于中游水平。其中"电水气供应条件"和"其他基础设施条件"的排名从第 25 位和第 17 位升至第 21 位和第 16 位；"铁路公路运输条件"从第 12 位降至第 15 位。

市场环境和中介服务

从 2016 年到 2019 年，河南的"市场环境和中介服务"评分从 3.14 分升至 3.36 分，但排名由第 21 位落至第 22 位。分项指数中，"市场需求"和"过度竞争"评分从 2016 年的 3.24 分和 2.80 分提高到 3.43 分和 3.27 分，排名从第 19 位和第 30 位提高到第 18 位和第 15 位，说明市场环境有所改善。"中介组织服务"和"行业协会服务"评分有小幅提高，但不如多数省份进步快，2019 年的排名分别下降 6 位和 10 位至第 22 位和第 25 位。

湖北

表 5-17 湖北企业经营环境各方面指数、各分项指数的排名及分值

指数	2010 年		2012 年		2016 年		2019 年	
	分值	排名	分值	排名	分值	排名	分值	排名
政策公开、公平、公正	2.91	18	2.91	17	3.80	8	3.73	11
政策规章制度公开透明	3.09	21	3.13	15	3.86	7	3.67	26
行政执法公正	2.87	12	3.05	14	3.73	10	3.76	14
对不同企业一视同仁	2.78	18	2.56	22	3.43	17	3.48	19
地方保护					4.17	9	3.99	7
行政干预和政府廉洁效率	3.23	12	3.24	13	3.52	18	3.62	23
政府干预	3.90	3	3.54	7	3.63	19	3.76	8
与政府打交道占工作时间比例			3.50	18	3.68	13	3.15	30
审批手续简便易行	2.94	15	2.90	9	3.27	24	3.73	11
官员廉洁守法	2.90	8	2.87	20	3.52	23	3.85	8
企业经营的法治环境	3.09	15	3.15	21	3.90	9	3.83	21
司法公正和效率	2.81	15	2.89	20	3.48	26	3.88	15
企业合同正常履行	3.55	12	3.35	24	3.96	5	3.79	14
经营者财产和人身安全保障	3.37	18	3.51	18	4.21	11	3.85	27
知识产权、技术和品牌保护	3.20	16	3.34	18	3.95	7	3.79	23
企业的税费负担			2.74	17	3.72	6	3.37	24
法定税负			2.13	13	3.29	14	3.97	16
依法征税					3.68	25	3.97	30
税外收费			3.35	20	4.20	3		
社保缴费							2.69	28
其他缴费							2.84	17
金融服务和融资成本	2.92	7	3.04	14	3.37	16	3.76	7
银行贷款	3.00	6	2.78	15	3.54	14	3.70	3
其他融资	3.00	5	3.13	14	3.30	16	3.55	4
贷款利率					3.65	12	3.83	17
其他融资利率					2.98	19	3.97	12
人力资源供应	2.63	21	2.75	21	3.53	5	3.89	3
技术人员	2.52	23	2.71	19	3.34	12	3.91	2
管理人员	2.63	20	2.68	23	3.54	6	3.88	5
熟练工人	2.74	17	2.87	16	3.71	2	3.88	5

指数	2010 年		2012 年		2016 年		2019 年	
	分值	排名	分值	排名	分值	排名	分值	排名
基础设施条件	3.22	11	3.29	17	4.27	4	4.05	8
电水气供应条件			3.90	17	4.21	8	4.06	13
铁路公路运输条件			3.24	7	4.45	2	4.12	6
其他基础设施条件			2.73	24	4.14	5	3.97	9
市场环境和中介服务	2.96	18	2.90	22	3.25	15	3.43	14
市场需求					3.43	8	3.48	12
过度竞争					3.23	12	3.21	17
中介组织服务	3.14	18	3.19	20	3.43	17	3.69	13
行业协会服务	2.74	20	2.79	18	2.91	24	3.34	16
总评	3.00	14	3.01	19	3.67	8	3.71	8

湖北的企业经营环境，在 2010 年、2012 年、2016 年和 2019 年的全国排名依次为第 14 位、第 19 位、第 8 位和第 8 位；得分依次为 3.00 分、3.01 分、3.67 分和 3.71 分，近些年来有明显进步。

2019 年企业经营环境的 8 个方面指数中，"人力资源供应"、"金融服务和融资成本"和"基础设施条件"是湖北省相对较好的方面，在全国的排名分别为第 3 位、第 7 位和第 8 位。前两者 2019 年评分比 2016 年有显著提高。"政策公开、公平、公正"和"市场环境和中介服务"排名居中，分别为第 11、14 位，评分比 2016 年一降一升。"行政干预和政府廉洁效率"、"企业经营的法治环境"和"企业的税费负担"排名下降幅度较大，分别下降 5 位、12 位和 18 位至第 23 位、21 位和 24 位，位于全国下游水平；后两者的评分也下降了，值得警惕。

政策公开、公平、公正

从 2016 年到 2019 年，湖北的"政策公开、公平、公正"方面指数评分从 3.80 分微降至 3.73 分，全国排名从第 8 位降至第 11 位。分项指数中，"政策规章制度公开透明"评分下降，排名从第 7 位大幅降至第 26 位；"行政执法公正"和"对不同企业一视同仁"分别从第 10 位降至第 14 位、从第 17 位降至第 19 位；"地方保护"评分由 4.17 分降至 3.99 分，但排名从第 9 位升至第 7 位。湖北 2019 年的该方面情况相较于 2016 年有所退步。

行政干预和政府廉洁效率

从 2016 年到 2019 年，湖北的"行政干预和政府廉洁效率"评分由 3.52 分小幅升至 3.62 分，而排名从第 18 位降至第 23 位。其中，"与政府打交道占工作时间比例"评分降幅较大，从 3.68 分降至 3.15 分，排名下降 17 位至第 30 位。其他 3 个分项指数评分均有不同程度上升，"政府干预"、"审批手续简便易行"和"官员廉洁守法"排名分别上升 11 位、13 位和 15 位，2019 年居第 8 位、第 11 位和第 8 位。整体来看，企业与政府打交道仍需要花费较多时间，导致湖北省"行政干预和政府廉洁效率"方面指数排名下降。

企业经营的法治环境

从 2016 年到 2019 年，湖北的"企业经营的法治环境"评分从 3.90 分小幅降至 3.83 分，而排名从第 9 位大幅落回第 21 位。分项指数中，除"司法公正和效率"评分有明显上升外，其他 3 个分项指数评分均出现下降。从排名来看，"司法公正和效率"上升 11 位至第 15 位，"企业合同正常履行"由第 5 位降至第 14 位，"经营者财产和人身安全保障"由第 11 位降至第 27 位，"知识产权、技术和品牌保护"由第 7 位降至第 23 位。说明这是湖北企业经营环境的薄弱环节之一。

企业的税费负担

从 2016 年到 2019 年，湖北的"企业的税费负担"评分从 3.72 分降至 3.37 分，排名从第 6 位陡降至第 24 位。其中，"法定税负"和"依法征税"评分上升，但不及全国平均升幅，前者排名从第 14 位降至第 16 位，后者从第 25 位降至第 30 位。2019 年新修订的"社保缴费"和"其他缴费"两个分项指数评分分别为 2.69 分和 2.84 分，排名为第 28 位和第 17 位。

金融服务和融资成本

从 2016 年到 2019 年，湖北的"金融服务和融资成本"评分从 3.37

分升至 3.76 分,排名从第 16 位升至第 7 位。2019 年,"银行贷款"从第 14 位跃至第 3 位,"其他融资"排名大幅提升至第 4 位。"贷款利率"和"其他融资利率"评分分别是 3.83 分和 3.97 分,也都有明显的提高,但前者排名下降 5 位至第 17 位,后者排名上升 7 位至第 12 位。整体看,企业贷款难问题有明显的缓解,融资成本也有明显下降。

人力资源供应

从 2016 年到 2019 年,湖北的"人力资源供应"评分从 3.53 分升至 3.89 分,排名也从第 5 位上升至第 3 位。3 个分项指数评分都有不同程度提高。其中,"技术人员"排名上升 10 位至第 2 位,进步明显,"管理人员"排名小幅上升 1 位至第 5 位,而"熟练工人"排名则小幅回落至第 5 位。整体来看,湖北省人力资源供应比较充足,逐渐形成企业经营环境的一项优势。

基础设施条件

从 2016 年到 2019 年,湖北的"基础设施条件"评分从 4.27 分回落至 4.05 分,排名从第 4 位降至第 8 位。3 个分项指数"电水气供应条件"、"铁路公路运输条件"和"其他基础设施条件"评分都有下降,排名下降 4~5 位不等,2019 年分别列第 13 位、第 6 位和第 9 位。这些变化有可能与相关服务条件的改变有关。

市场环境和中介服务

从 2016 年到 2019 年,湖北的"市场环境和中介服务"评分从 3.25 分升至 3.43 分,排名从第 15 位升至第 14 位。其中,分项指数"中介组织服务"和"行业协会服务"评分和排名都有改善,前者从第 17 位升至第 13 位,后者从第 24 位升至第 16 位。"市场需求"与"过度竞争"评分没有显著改变,排名分别从第 8、第 12 位降至第 12、第 17 位。

湖南

表 5 –18　湖南企业经营环境各方面指数、各分项指数的排名及分值

指数	2010 年		2012 年		2016 年		2019 年	
	分值	排名	分值	排名	分值	排名	分值	排名
政策公开、公平、公正	2.87	21	2.78	25	3.68	15	3.67	16
政策规章制度公开透明	3.14	15	2.97	27	3.63	21	3.81	14
行政执法公正	2.84	18	2.87	23	3.61	18	3.65	21
对不同企业一视同仁	2.63	27	2.52	26	3.32	25	3.33	27
地方保护					4.15	10	3.88	10
行政干预和政府廉洁效率	3.10	19	3.04	26	3.68	12	3.64	21
政府干预	3.62	19	3.31	21	3.65	17	3.52	26
与政府打交道占工作时间比例			3.39	21	3.90	11	3.60	22
审批手续简便易行	2.91	18	2.52	28	3.56	9	3.63	20
官员廉洁守法	2.79	15	2.82	21	3.60	16	3.81	14
企业经营的法治环境	3.06	21	3.07	24	3.79	23	3.90	14
司法公正和效率	2.79	16	2.78	23	3.49	25	3.88	13
企业合同正常履行	3.43	25	3.38	22	3.74	21	3.77	18
经营者财产和人身安全保障	3.21	25	3.35	25	4.09	21	4.02	13
知识产权、技术和品牌保护	3.34	3	3.32	22	3.86	13	3.91	17
企业的税费负担			2.77	15	3.54	21	3.32	28
法定税负			2.19	7	3.14	24	3.79	29
依法征税					3.68	24	4.05	21
税外收费			3.35	19	3.81	15		
社保缴费							2.74	25
其他缴费							2.69	24
金融服务和融资成本	2.73	20	3.17	7	2.96	26	3.54	21
银行贷款	2.56	23	2.95	8	3.58	12	3.40	21
其他融资	2.94	9	3.23	6	3.36	12	3.40	6
贷款利率					3.02	24	3.81	20
其他融资利率					1.90	25	3.54	28
人力资源供应	2.70	10	2.87	10	3.42	11	3.56	21
技术人员	2.61	13	2.81	8	3.19	22	3.58	17
管理人员	2.86	7	2.97	4	3.47	9	3.42	27
熟练工人	2.64	22	2.84	17	3.60	8	3.67	20

指数	2010 年		2012 年		2016 年		2019 年	
	分值	排名	分值	排名	分值	排名	分值	排名
基础设施条件	2.98	25	3.25	19	4.11	10	3.81	24
电水气供应条件			3.82	20	4.14	11	3.86	27
铁路公路运输条件			3.10	17	4.11	11	3.84	23
其他基础设施条件			2.83	19	4.07	7	3.72	17
市场环境和中介服务	2.97	15	2.95	16	3.40	7	3.34	24
市场需求					3.32	14	3.37	20
过度竞争					3.21	13	3.05	27
中介组织服务	3.10	22	3.29	10	3.61	11	3.65	16
行业协会服务	2.93	6	2.77	19	3.47	3	3.28	20
总评	2.91	21	2.98	22	3.57	16	3.60	19

湖南的企业经营环境，在 2010 年、2012 年、2016 年和 2019 年全国排名依次为第 21 位、第 22 位、第 16 位和第 19 位；历年得分依次为 2.91分、2.98 分、3.57 分和 3.60 分，评分维持上升趋势，但 2019 年上升幅度很小，导致排名回落 3 名。

2019 年与 2016 年相比，企业经营环境的 8 个方面指数中，"政策公开、公平、公正"评分和排名微降，"企业经营的法治环境"评分和排名均上升，2019 年分别排在第 16、14 位，位于全国中游；其他的 6 个方面指数排名均在 20 位以后，其中"行政干预和政府廉洁效率"从第 12 位降至第 21位，"企业的税费负担"从第 21 位跌至第 28 位，"人力资源供应"、"基础设施条件"和"市场环境和中介服务"的排名降幅都在 10 位以上，分别为第 21、24 和 24 位。"金融服务和融资成本"有改善，评分从 2016 年的 2.96分升至 2019 年的 3.54 分，排名也从第 26 位升至第 21 位。

政策公开、公平、公正

从 2016 年到 2019 年，湖南的"政策公开、公平、公正"方面指数评分从 3.68 分微降至 3.67 分，排名变动不大，2019 年为第 16 位。该方面指数中，"政策规章制度公开透明"评分有明显提高，全国排名由第 21

位升至第 14 位；"行政执法公正"和"对不同企业一视同仁"评分改善不显著，排名分别由第 18、25 位降至第 21、27 位。"地方保护"评分从 4.15 分降至 3.88 分，排名稳定在第 10 位。

行政干预和政府廉洁效率

从 2016 年到 2019 年，湖南的"行政干预和政府廉洁效率"评分从 3.68 分微降至 3.64 分，排名由第 12 位落至第 21 位。分项指数中，仅"官员廉洁守法"排名上升 2 位至第 14 位，评分上升 0.22 分至 3.81 分，其他 3 个分项指数排名均下滑。"与政府打交道占工作时间比例"评分降幅最大，达到 0.30 分，排名由第 11 位降至第 22 位。"政府干预"和"审批手续简便易行"排名分别下降 9 位和 11 位至第 26 位和第 20 位。可见在此期间"行政干预和政府廉洁效率"方面有所退步，需引起警惕。

企业经营的法治环境

从 2016 年到 2019 年，湖南的"企业经营的法治环境"评分从 3.79 分上升到 3.90 分，排名由第 23 位跃至第 14 位。从分项指数发现，除了"经营者财产和人身安全保障"评分微降，其余各项评分都有所提升。其中"司法公正和效率"提升 0.39 分，排名由第 25 位升至第 13 位，改善显著。"企业合同正常履行"和"经营者财产和人身安全保障"稳中有进，从 2016 年的第 21 位分别提高到第 18 位和第 13 位。"知识产权、技术和品牌保护"由第 13 位下降至第 17 位。整体法治环境有明显改善，但仍存在进步空间。

企业的税费负担

从 2016 年到 2019 年，湖南的"企业的税费负担"评分从 3.54 分降至 3.32 分，排名从第 21 位回落至第 28 位。其中，"法定税负"评分从 3.14 分升至 3.79 分，但排名由第 24 位下滑至第 29 位；"依法征税"评分从 3.68 分升至 4.05 分，排名从第 24 位上升到第 21 位。2019 年新修订的"社保缴费"和"其他缴费"两个分项指数，评分分别为 2.74 分和 2.69 分，排名为第 25 位和第 24 位。整体来看，湖南的税费减负还有较大提升空间。

金融服务和融资成本

从 2016 年到 2019 年，湖南的"金融服务和融资成本"评分从 2.96 分升至 3.54 分，排名从第 26 位上升到第 21 位。其中，"银行贷款"评分从 3.58 分降至 3.40 分，排名下降 9 位至第 21 位，"其他融资"的评分从 3.36 分微升至 3.40 分，排名由第 12 位升至第 6 位。"贷款利率"和"其他融资利率"2016 年评分分别为 3.02 分和 1.90 分，排名第 24、25 位，2019 年评分上升至 3.81 分和 3.54 分，排名第 20、28 位。说明企业融资便利度下降，但平均融资成本有明显改善。在"金融服务和融资成本"方面，湖南还有较大的提升空间。

人力资源供应

从 2016 年到 2019 年，湖南的"人力资源供应"评分从 3.42 分升至 3.56 分，但排名从第 11 位跌至第 21 位。该方面指数中，2019 年"技术人员"评分和排名均上升，排名从第 22 位上升至第 17 位，"管理人员"和"熟练工人"评分虽然变化不大，但排名从 2016 年的第 9 位和第 8 位大幅跌落至 2019 年的第 27 位和第 20 位。可见湖南企业管理人员和熟练工人的缺乏比较突出。

基础设施条件

从 2016 年到 2019 年，湖南的"基础设施条件"评分从 4.11 分降至 3.81 分，排名由第 10 位下滑至第 24 位。3 个分项指数评分都有下降，"电水气供应条件"和"铁路公路运输条件"2016 年均为第 11 位，2019 年分别下降至第 27 位和第 23 位，"其他基础设施条件"从第 7 位跌至第 17 位。

市场环境和中介服务

从 2016 年到 2019 年，湖南的"市场环境和中介服务"评分从 3.40 分降至 3.34 分，排名由第 7 位陡降至第 24 位。"中介组织服务"下降 5 位至第 16 位，"行业协会服务"从 2016 年的第 3 位大幅下滑至 2019 年的第 20 位。"市场需求"评分微升，"过度竞争"评分下降，两者分别从第 14、13 位降至第 20 位和第 27 位，说明仍然面临过度竞争的困扰。

广东

表 5－19　广东企业经营环境各方面指数、各分项指数的排名及分值

指数	2010 年		2012 年		2016 年		2019 年	
	分值	排名	分值	排名	分值	排名	分值	排名
政策公开、公平、公正	3.02	7	3.09	6	3.87	3	4.01	2
政策规章制度公开透明	3.20	11	3.24	5	3.70	15	4.05	2
行政执法公正	2.96	8	3.18	7	3.75	7	3.89	3
对不同企业一视同仁	2.91	8	2.84	5	3.59	8	3.72	3
地方保护					4.42	2	4.38	1
行政干预和政府廉洁效率	3.29	7	3.42	5	3.77	7	3.88	4
政府干预	3.83	7	3.51	10	3.81	5	3.86	3
与政府打交道占工作时间比例			4.09	2	3.87	12	3.85	6
审批手续简便易行	3.15	5	3.07	5	3.75	3	3.80	4
官员廉洁守法	2.88	9	2.98	14	3.65	14	3.99	3
企业经营的法治环境	3.11	13	3.21	14	3.88	11	3.98	4
司法公正和效率	2.88	11	2.96	15	3.73	5	3.97	6
企业合同正常履行	3.52	17	3.53	6	3.87	10	3.86	10
经营者财产和人身安全保障	3.35	20	3.51	17	4.11	16	4.05	9
知识产权、技术和品牌保护	3.16	22	3.31	24	3.79	20	4.04	4
企业的税费负担			2.73	18	3.48	27	3.48	12
法定税负			2.02	25	3.23	16	3.98	14
依法征税					3.81	19	4.18	4
税外收费			3.45	16	3.40	30		
社保缴费							2.89	14
其他缴费							2.87	15
金融服务和融资成本	2.84	13	3.02	18	3.02	25	3.70	11
银行贷款	2.86	8	2.76	18	3.52	16	3.50	16
其他融资	2.73	21	3.01	21	3.50	5	3.38	10
贷款利率					2.54	27	3.82	18
其他融资利率					2.54	22	4.08	6
人力资源供应	2.62	24	2.72	22	3.40	13	3.77	9
技术人员	2.50	24	2.66	22	3.34	13	3.71	12
管理人员	2.72	11	2.83	13	3.44	12	3.80	10
熟练工人	2.64	23	2.66	26	3.41	17	3.80	12

指数	2010 年		2012 年		2016 年		2019 年	
	分值	排名	分值	排名	分值	排名	分值	排名
基础设施条件	3.39	7	3.21	23	4.17	6	4.23	3
电水气供应条件			3.51	29	4.26	6	4.27	3
铁路公路运输条件			3.12	14	4.15	9	4.30	3
其他基础设施条件			3.01	7	4.08	6	4.12	3
市场环境和中介服务	3.12	7	3.13	5	3.55	4	3.63	2
市场需求					3.67	2	3.66	4
过度竞争					3.30	10	3.27	13
中介组织服务	3.33	5	3.34	7	3.86	5	3.99	3
行业协会服务	2.79	15	2.89	8	3.38	6	3.58	5
总评	3.05	8	3.07	11	3.64	10	3.83	3

广东的企业经营环境，在 2010 年、2012 年、2016 年和 2019 年的全国排名依次为第 8 位、第 11 位、第 10 位和第 3 位，历年得分依次为 3.05 分、3.07 分、3.64 分和 3.83 分。2019 年广东省得分和全国排名均出现明显改善。

2019 年，在企业经营环境的 8 个方面指数中，除"企业的税费负担"、"金融服务和融资成本"及"人力资源供应"排名在全国第 10 位左右外，其他方面指数排名均在全国前 4 位内。2019 年与 2016 年相比，除了"企业的税费负担"评分不变，排名上升，其他 7 个方面指数评分和排名都有进一步提高。从 2016 年到 2019 年，"政策公开、公平、公正"、"行政干预和政府廉洁效率"和"企业经营的法治环境"排名分别从第 3、第 7、第 11 位上升到第 2、第 4、第 4 位。"企业的税费负担"和"金融服务和融资成本"排名提升非常明显，分别从全国第 27、第 25 位提升至第 12、第 11 位。"人力资源供应"、"基础设施条件"和"市场环境和中介服务"从第 13、第 6、第 4 位上升到第 9、第 3、第 2 位。整体来看，2019 年广东省营商环境进步明显，居全国前列。

政策公开、公平、公正

从 2016 年到 2019 年，广东的"政策公开、公平、公正"方面指数评分从 3.87 分升至 4.01 分，全国排名从第 3 位升至第 2 位。分项指数中，"政策规章制度公开透明"排名上升幅度最大，由第 15 位升至第 2 位，"行政执法公正"从第 7 位上升到第 3 位，"对不同企业一视同仁"由第 8 位升至第 3 位，这三项的评分都有明显上升。"地方保护"2016 年评分 4.42 分，排名第 2 位，2019 年以 4.38 分排名第 1 位，领先全国。

行政干预和政府廉洁效率

从 2016 年到 2019 年，广东的"行政干预和政府廉洁效率"评分由 3.77 分升至 3.88 分，而排名由第 7 位升至第 4 位。各分项指数中，"官员廉洁守法"评分变动最大，上升 0.34 分至 3.99 分，排名从第 14 位跃升至第 3 位，其他 3 个分项指数评分变动不大。"政府干预"和"与政府打交道占工作时间比例"排名分别上升 2 位和 6 位至第 3 位和第 6 位，"审批手续简便易行"排名则由第 3 位降至第 4 位。

企业经营的法治环境

从 2016 年到 2019 年，广东的"企业经营的法治环境"评分从 3.88 分上升到 3.98 分，排名从第 11 位升至第 4 位。分项指数中，"司法公正和效率"评分从 3.73 分升至 3.97 分，排名下降 1 位至第 6 位；"企业合同正常履行"评分和排名基本不变，排名仍为第 10 位，"经营者财产和人身安全保障"和"知识产权、技术和品牌保护"排名分别从第 16、第 20 位明显上升至第 9、第 4 位。整体来看，法治环境有明显改善。

企业的税费负担

从 2016 年到 2019 年，广东的"企业的税费负担"评分保持在 3.48 分无变化，但排名从第 27 位跃至第 12 位。其中，"法定税负"评分从 3.23 分显著提升至 3.98 分，排名由第 16 位升至第 14 位；"依法征税"评分由 3.81 分升至 4.18 分，排名从第 19 位跃至第 4 位，说明企业税负有明显减轻。2019 年新修订的"社保缴费"和"其他缴费"两个分项指数，评分分别为 2.89 分和 2.87 分，排名为第 14 位和第 15 位，位于全国中游水平。

金融服务和融资成本

从 2016 年到 2019 年，广东的"金融服务和融资成本"评分从 3.02 分大幅上升至 3.70 分，排名从第 25 位升至第 11 位。其中，"银行贷款"评分和排名基本未变，2019 年排名维持在第 16 位，"其他融资"评分从 3.50 分下降至 3.38 分，排名由第 5 位下降至第 10 位。"贷款利率"和"其他融资利率"评分和排名上升显著，两者评分从 2016 年的 2.54 分分别上升至 3.82 分和 4.08 分，前者排名从第 27 位上升至第 18 位，后者从第 22 位上升至第 6 位。整体来看，在此期间广东企业融资成本改善明显。

人力资源供应

从 2016 年到 2019 年，广东的"人力资源供应"的评分从 3.40 分显著上升至 3.77 分，排名也从第 13 位升至第 9 位。3 个分项指数评分都有显著上升，其中"技术人员"和"管理人员"排名变动不大，2019 年分别为第 12 位和第 10 位，"熟练工人"由第 17 位上升至第 12 位。看来广东人力资源供应有所改善。

基础设施条件

从 2016 年到 2019 年，广东的"基础设施条件"评分从 4.17 分升至 4.23 分，排名从第 6 位升至第 3 位。2016 年和 2019 年该方面指数中各分项指数评分都超过 4.00 分，"电水气供应条件"、"铁路公路运输条件"和"其他基础设施条件"从 2016 年的第 6、9、6 位均升至第 3 位，说明广东省基础条件不断改善，实力较强。

市场环境和中介服务

从 2016 年到 2019 年，广东的"市场环境和中介服务"评分从 3.55 分升至 3.63 分，排名上升 2 位，居第 2 位。其中，"中介组织服务"和"行业协会服务"评分和排名都有所提高，2019 年分别为第 3 位和第 5 位；"市场需求"与"过度竞争"评分没有显著变化，排名分别从第 2 位、第 10 位降至第 4 位和第 13 位。

广西

表 5-20 广西企业经营环境各方面指数、各分项指数的排名及分值

指数	2010年		2012年		2016年		2019年	
	分值	排名	分值	排名	分值	排名	分值	排名
政策公开、公平、公正	2.84	24	3.01	10	3.85	4	3.76	10
政策规章制度公开透明	3.01	26	3.11	17	3.62	24	3.83	11
行政执法公正	2.72	25	3.06	12	3.62	17	3.56	28
对不同企业一视同仁	2.80	15	2.86	4	3.41	20	3.56	10
地方保护					4.76	1	4.10	5
行政干预和政府廉洁效率	3.02	24	3.33	9	3.79	6	3.57	26
政府干预	3.49	26	3.49	12	3.55	24	3.33	30
与政府打交道占工作时间比例			3.77	7	4.65	3	3.82	8
审批手续简便易行	2.82	20	2.87	12	3.41	16	3.56	23
官员廉洁守法	2.69	23	3.16	4	3.55	20	3.56	31
企业经营的法治环境	2.96	25	3.32	7	3.81	18	3.90	13
司法公正和效率	2.73	23	3.09	8	3.62	15	3.89	11
企业合同正常履行	3.44	23	3.59	4	3.76	20	3.61	24
经营者财产和人身安全保障	3.17	26	3.64	9	4.10	17	4.17	3
知识产权、技术和品牌保护	2.99	29	3.42	9	3.76	22	3.94	14
企业的税费负担			2.86	8	3.66	11	3.51	5
法定税负			2.21	6	3.34	12	4.14	4
依法征税					3.76	21	4.00	26
税外收费			3.52	11	3.86	8		
社保缴费							3.06	3
其他缴费							2.83	18
金融服务和融资成本	2.66	25	3.20	6	4.08	1	3.73	9
银行贷款	2.72	18	3.01	4	3.72	5	3.72	2
其他融资	2.56	27	3.21	8	3.22	19	3.61	1
贷款利率					4.39	2	3.90	14
其他融资利率					5.00	1	3.70	22
人力资源供应	2.66	16	2.87	8	3.31	18	3.48	24
技术人员	2.60	15	2.80	9	3.21	21	3.17	27
管理人员	2.44	27	2.78	16	3.28	17	3.72	13
熟练工人	2.94	5	3.04	4	3.45	15	3.56	26

指数	2010 年		2012 年		2016 年		2019 年	
	分值	排名	分值	排名	分值	排名	分值	排名
基础设施条件	2.97	26	3.08	26	3.93	14	4.04	10
电水气供应条件			3.57	28	4.07	14	4.11	9
铁路公路运输条件			2.91	24	3.83	19	4.06	11
其他基础设施条件			2.77	22	3.90	15	3.94	12
市场环境和中介服务	2.86	26	3.01	11	3.04	28	3.50	10
市场需求					3.00	27	3.67	3
过度竞争					2.90	27	3.44	2
中介组织服务	3.06	26	3.19	19	3.41	18	3.56	24
行业协会服务	2.67	25	2.86	10	2.86	26	3.33	17
总评	2.87	25	3.09	9	3.68	7	3.69	12

广西的企业经营环境，在 2010 年、2012 年、2016 年和 2019 年，全国排名依次为第 25 位、第 9 位、第 7 位和第 12 位，历年得分依次为 2.87 分、3.09 分、3.68 分和 3.69 分。2019 年比 2016 年评分基本未变，排名从第 7 位降至第 12 位，仍在中上游范围。

在企业经营环境的 8 个方面指数中，"市场环境和中介服务"、"人力资源供应"和"基础设施条件"评分相比 2016 年有明显提高，分别提升 0.46 分、0.17 分和 0.11 分；"市场环境和中介服务"全国排名从第 28 位跃升至第 10 位，进步最大；"基础设施条件"排名从第 14 位升至第 10 位；但"人力资源供应"改善不及其他省份，排名从第 18 位降至第 24 位。

"政策公开、公平、公正"评分有小幅下降，排名降低 6 位至第 10 位；"企业经营的法治环境"评分小幅上升，排名上升 5 位至第 13 位；"企业的税费负担"评分下降 0.15 分，由于降幅小于其他省份，排名反而上升 6 位至第 5 位。

评分和排名下降显著的方面指数有"金融服务和融资成本"和"行政干预和政府廉洁效率"，分别下降 0.35 分、0.23 分，全国排名分别下降 8 位、20 位，至第 9 位、第 26 位。这两个方面是拖累广西评分和排名的主要因素。

2019 年，"行政干预和政府廉洁效率"和"人力资源供应"是广西的薄弱环节，2019 年两者排名分别位于全国第 26、24 位。"企业的税费负担"方面指数是广西的优势环节，2019 年排名为第 5 位。其他的方面指数 2019 年排名均在全国第 10 位左右。

政策公开、公平、公正

从 2016 年到 2019 年，广西的"政策公开、公平、公正"方面指数评分从 3.85 分降至 3.76 分，全国排名从第 4 位下降至第 10 位。分项指数中，"政策规章制度公开透明"和"对不同企业一视同仁"评分都有提高，排名分别由第 24 位、第 20 位升至第 11 位、第 10 位；"行政执法公正"和"地方保护"评分下降，排名分别从第 17 位、第 1 位明显降至第 28 位、第 5 位。整体看，"行政执法公正"是该方面的相对薄弱环节。

行政干预和政府廉洁效率

从 2016 年到 2019 年，广西的"行政干预和政府廉洁效率"评分由 3.79 分降至 3.57 分，排名由第 6 位大幅下跌至第 26 位。4 个分项指数排名均出现不同程度下滑，"政府干预"和"与政府打交道占工作时间比例"评分分别下降 0.22 分和 0.83 分，排名分别下降 6 位和 5 位至第 30 位和第 8 位；"审批手续简便易行"评分上升 0.14 分，但排名由第 16 位降至第 23 位；"官员廉洁守法"评分保持不变，但排名从第 20 位下降至第 31 位。广西"行政干预和政府廉洁效率"整体排名落后于大多数地区，值得警惕。

企业经营的法治环境

从 2016 年到 2019 年，广西的"企业经营的法治环境"评分从 3.81 分升到 3.90 分，排名从第 18 位升至第 13 位。分项指数除"企业合同正常履行"下降了 0.15 分，排名从第 20 位下降至第 24 位外，其余 3 个分项指数的评分和排名都有不同幅度的提升。从排名来看，"司法公正和效率"、"经营者财产和人身安全保障"和"知识产权、技术和品牌保护"2016 年分别位于第 15 位、第 17 位和第 22 位，2019 年分别上升至第 11 位、第 3 位和第 14 位。

企业的税费负担

从 2016 年到 2019 年，广西的"企业的税费负担"评分从 3.66 分降至 3.51 分，而排名从第 11 位升至第 5 位。其中，"法定税负"评分由 3.34 分大幅上升至 4.14 分，排名由第 12 位跃至第 4 位；"依法征税"评分从 3.76 分增至 4.00 分，不过改善幅度不及其他省份，排名从第 21 位下降至第 26 位。2019 年新修订的"社保缴费"和"其他缴费"两个分项指数，评分分别为 3.06 分和 2.83 分，前者排名为第 3 位，后者排名为第 18 位。

金融服务和融资成本

从 2016 年到 2019 年，广西的"金融服务和融资成本"评分从 4.08 分降至 3.73 分，排名从第 1 位下降至第 9 位。分项指数中，"银行贷款"的排名从第 5 位升至第 2 位，"其他融资"从第 19 位跃至第 1 位，改善明显。"贷款利率"和"其他融资利率"2016 年的评分为 4.39 分和 5.00 分，分列于第 2 位和第 1 位，但 2019 年评分和排名大幅下降，分别以 3.90 分和 3.70 分排名第 14 位和第 22 位。整体看，广西"金融服务和融资成本"评分下降主要受到企业融资成本上升的拖累。

人力资源供应

从 2016 年到 2019 年，广西的"人力资源供应"评分从 3.31 分升至 3.48 分，但改善不及其他省份，排名从第 18 位降至第 24 位。各分项指数评分中，"技术人员"评分微降 0.04 分，但排名下降 6 位至第 27 位；"管理人员"和"熟练工人"评分分别从 3.28 分、3.45 分上升至 3.72 分、3.56 分；"管理人员"排名上升 4 位至第 13 位，"熟练工人"排名从第 15 位降至第 26 位。技术人员和熟练工人供应仍相对短缺。

基础设施条件

从 2016 年到 2019 年，广西的"基础设施条件"评分从 3.93 分升至 4.04 分，排名从第 14 位升至第 10 位。该方面指数中，"电水气供应条件"排名由第 14 位升至第 9 位，"铁路公路运输条件"和"其他基础设施条件"分别上升 8 位、3 位，列于第 11 位和第 12 位。

市场环境和中介服务

从 2016 年到 2019 年，广西的"市场环境和中介服务"评分从 3.04 分升至 3.50 分，排名从第 28 位显著升至第 10 位。分项指数中，2019 年"中介组织服务"从第 18 位降至第 24 位，位于下游水平；"行业协会服务"排名则进步了 9 位，以 3.33 分升至第 17 位；"市场需求"与"过度竞争"改善明显，从第 27 位分别跃至第 3 位和第 2 位。

海南

表 5 – 21　海南企业经营环境各方面指数、各分项指数的排名及分值

指数	2010 年		2012 年		2016 年		2019 年	
	分值	排名	分值	排名	分值	排名	分值	排名
政策公开、公平、公正	2.88	19	2.86	20	3.47	28	3.10	28
政策规章制度公开透明	2.91	29	3.10	20	3.55	28	3.84	10
行政执法公正	2.83	19	2.86	25	3.67	14	3.68	19
对不同企业一视同仁	2.91	7	2.62	19	3.52	9	3.41	25
地方保护					3.16	24	1.49	29
行政干预和政府廉洁效率	3.09	21	3.17	17	3.51	19	3.56	27
政府干预	3.50	25	2.86	29	3.64	18	3.57	22
与政府打交道占工作时间比例			3.67	10	3.39	17	3.60	22
审批手续简便易行	2.68	24	2.86	14	3.45	15	3.46	26
官员廉洁守法	2.78	17	2.76	22	3.55	21	3.62	29
企业经营的法治环境	3.00	23	3.21	13	3.61	29	3.65	31
司法公正和效率	2.78	17	2.93	17	3.42	28	3.62	30
企业合同正常履行	3.26	28	3.38	21	3.42	30	3.38	31
经营者财产和人身安全保障	3.32	21	3.48	19	4.00	25	3.84	28
知识产权、技术和品牌保护	3.09	27	3.62	2	3.58	29	3.75	25
企业的税费负担			3.12	2	3.62	17	3.32	27
法定税负			2.29	2	3.18	22	3.78	30
依法征税					3.76	22	4.05	20
税外收费			3.95	1	3.91	7		
社保缴费							2.70	26
其他缴费							2.72	23
金融服务和融资成本	2.54	28	3.04	13	3.72	5	3.64	15
银行贷款	2.25	29	2.71	19	3.58	13	3.59	9
其他融资	2.57	26	2.95	26	3.12	23	3.38	9
贷款利率					4.19	3	3.68	22
其他融资利率					3.99	6	3.92	14
人力资源供应	2.62	23	2.87	9	3.21	24	3.35	29
技术人员	2.67	8	2.81	7	3.15	24	3.22	26
管理人员	2.52	25	2.86	10	3.03	30	3.30	29
熟练工人	2.68	20	2.95	8	3.45	14	3.54	27

续表

指数	2010 年		2012 年		2016 年		2019 年	
	分值	排名	分值	排名	分值	排名	分值	排名
基础设施条件	2.95	28	2.98	28	3.56	30	3.82	22
电水气供应条件			3.62	27	3.79	28	4.00	16
铁路公路运输条件			2.95	23	3.52	28	3.92	18
其他基础设施条件			2.38	28	3.36	30	3.54	27
市场环境和中介服务	2.92	22	3.00	14	3.05	27	3.29	27
市场需求					3.15	25	3.32	25
过度竞争					3.06	20	3.11	24
中介组织服务	3.09	23	3.29	11	3.03	30	3.54	27
行业协会服务	2.91	7	2.80	14	2.97	23	3.19	24
总评	2.88	23	3.01	18	3.47	23	3.47	28

海南的企业经营环境，在 2010 年、2012 年、2016 年和 2019 年的全国排名依次为第 23 位、第 18 位、第 23 位和第 28 位；历年得分依次为 2.88 分、3.01 分、3.47 分和 3.47 分。2016～2019 年评分没有改善，全国排名呈现下降。

在企业经营环境的 8 个方面指数中，"基础设施条件"、"市场环境和中介服务"和"人力资源供应"2019 年评分比 2016 年有明显提高，分别提升 0.26 分、0.24 分和 0.14 分；"基础设施条件"的全国排名从第 30 位升至第 22 位，进步较大；"市场环境和中介服务"排名维持在第 27 位；但"人力资源供应"改善不及其他省份，排名从第 24 位降至第 29 位。

"金融服务和融资成本"、"行政干预和政府廉洁效率"和"企业经营的法治环境"评分各有小幅度升降，但排名分别下降 10 位、8 位和 2 位，至第 15 位、第 27 位和第 31 位。

"政策公开、公平、公正"和"企业的税费负担"评分明显下降，分别下降 0.37 分和 0.30 分，前者排名维持在第 28 位，后者排名下降 10 位至第 27 位。这两个方面是海南评分和排名下降的主要拖累。

2019 年，"金融服务和融资成本"是海南表现最好的方面指数，在全国排第 15 位，其他的 7 个方面指数排名均在第 22 位以后，"企业经营的法治环境"评分虽无下降但排名降至第 31 位，居全国末位。总体来看，海南的企业经营环境有较大改进空间。

政策公开、公平、公正

从 2016 年到 2019 年，海南的"政策公开、公平、公正"方面指数评分从 3.47 分降为 3.10 分，全国排名仍为第 28 位。该方面指数中，"政策规章制度公开透明"改善明显，从第 28 位跃至第 10 位，"行政执法公正"和"对不同企业一视同仁"的排名在 2016 年分列于第 14 位、第 9 位，2019 年下降为第 19 位和第 25 位。"地方保护"评分从 3.16 分显著降至 1.49 分，排名由第 24 位下滑至第 29 位。

行政干预和政府廉洁效率

从 2016 年到 2019 年，海南的"行政干预和政府廉洁效率"评分从 3.51 分小幅升至 3.56 分，但排名由第 19 位落至第 27 位。分项指数中，"与政府打交道占工作时间比例"评分变动幅度最大，上升 0.21 分至 3.60 分，但改善不及其他省份，排名由第 17 位降至第 22 位。其他 3 个分项指数评分只有小幅度变动，但排名均出现下降。其中，"政府干预"、"审批手续简便易行"和"官员廉洁守法"排名分别下降 4 位、11 位和 8 位至第 22 位、第 26 位和第 29 位。总体上，该方面指数有较大改进空间。

企业经营的法治环境

从 2016 年到 2019 年，海南的"企业经营的法治环境"评分从 3.61 分小幅上升至 3.65 分，但排名由第 29 位下降至第 31 位，成为海南企业经营环境的突出短板。其中，"司法公正和效率"评分有所上升，"企业合同正常履行"和"经营者财产和人身安全保障"评分下降，三者 2019 年排名都比 2016 年有所下降，分别列第 30 位、第 31 位、第 28 位；仅"知识产权、技术和品牌保护"排名小幅上升，从第 29 位升至第 25 位。

企业的税费负担

从 2016 年到 2019 年，海南的"企业的税费负担"评分从 3.62 分下降至 3.32 分，排名从第 17 位降至第 27 位。其中，"法定税负"评分从 3.18 分大幅上升至 3.78 分，但改善仍不及其他省份，2019 年排名从第 22 位下滑至第 30 位；"依法征税"评分从 3.76 分增至 4.05 分，排名由第 22 位升至第 20 位。2019 年新修订的"社保缴费"和"其他缴费"两个分项指数，评分分别为 2.70 分和 2.72 分，排名分别为第 26 位和第 23 位。整体来看，海南在降低企业的税费负担上有较大提升空间。

金融服务和融资成本

从 2016 年到 2019 年，海南的"金融服务和融资成本"评分从 3.72 分小幅降至 3.64 分，排名则从第 5 位跌至第 15 位。其中，"银行贷款"评分变动不大，排名从第 13 位上升至第 9 位；"其他融资"评分从 3.12 分上升至 3.38 分，排名从第 23 位上升至第 9 位；"贷款利率"和"其他融资利率"2019 年排名明显下降，分别从第 3 位和第 6 位跌至第 22 位和第 14 位。

人力资源供应

从 2016 年到 2019 年，海南的"人力资源供应"评分从 3.21 分升至 3.35 分，排名从第 24 位落至第 29 位。其中，"技术人员"和"管理人员"排名变动不大，分别为第 26 位和第 29 位；"熟练工人"排名由第 14 位降至第 27 位，下降明显。可见在此期间海南人力资源供应状况改善不及其他省份，技术人员、管理人员、熟练工人都相对缺乏。

基础设施条件

从 2016 年到 2019 年，海南的"基础设施条件"评分从 3.56 分升至 3.82 分，排名由第 30 位升至第 22 位，有明显改善。2016 年 3 个分项指数"电水气供应条件"、"铁路公路运输条件"和"其他基础设施条件"的排名位于第 28~30 位，2019 年各分项指数评分和排名均有所上升，分列于第 16 位、第 18 位和第 27 位。

市场环境和中介服务

从 2016 年到 2019 年，海南的"市场环境和中介服务"评分从 3.05 分升至 3.29 分，排名维持在第 27 位。各分项指数评分都有上升，其中，"中介组织服务"排名从第 30 位微升至第 27 位，"行业协会服务"从第 23 位稍降至第 24 位；"市场需求"和"过度竞争"分别列第 25 位和第 24 位。

重庆

表 5 - 22　重庆企业经营环境各方面指数、各分项指数的排名及分值

指数	2010 年		2012 年		2016 年		2019 年	
	分值	排名	分值	排名	分值	排名	分值	排名
政策公开、公平、公正	2.95	14	3.11	4	3.93	1	3.77	8
政策规章制度公开透明	3.14	14	3.33	3	4.18	2	3.79	16
行政执法公正	3.01	5	3.22	5	4.02	1	3.72	18
对不同企业一视同仁	2.69	25	2.79	8	3.71	4	3.62	5
地方保护					3.79	18	3.95	8
行政干预和政府廉洁效率	3.25	8	3.22	15	3.54	17	3.69	13
政府干预	3.70	15	3.49	11	3.71	12	3.74	9
与政府打交道占工作时间比例			3.61	13	3.39	16	3.80	9
审批手续简便易行	2.93	17	2.85	15	3.65	7	3.33	31
官员廉洁守法	2.87	10	2.96	15	3.41	26	3.87	7
企业经营的法治环境	3.27	3	3.33	4	3.94	7	3.88	17
司法公正和效率	3.17	2	3.16	3	3.63	13	3.92	8
企业合同正常履行	3.43	24	3.48	8	3.98	3	3.49	30
经营者财产和人身安全保障	3.45	9	3.53	16	4.29	7	4.08	5
知识产权、技术和品牌保护	3.23	10	3.51	6	3.88	11	4.03	5
企业的税费负担			2.82	12	3.63	14	3.38	23
法定税负			2.08	18	3.35	11	4.30	1
依法征税					3.82	17	4.26	1
税外收费			3.55	9	3.73	18		
社保缴费							2.82	21
其他缴费							2.15	31
金融服务和融资成本	2.88	8	3.12	9	3.40	15	3.80	4
银行贷款	2.83	10	2.97	6	3.67	7	3.97	1
其他融资	2.92	10	3.17	11	3.31	15	3.59	2
贷款利率					3.35	19	3.64	23
其他融资利率					3.26	15	4.00	9
人力资源供应	2.66	17	3.01	2	3.63	3	3.98	1
技术人员	2.56	19	2.89	4	3.51	6	3.82	5
管理人员	2.71	13	3.01	3	3.73	3	4.10	1
熟练工人	2.70	19	3.12	2	3.65	5	4.03	1

指数	2010 年		2012 年		2016 年		2019 年	
	分值	排名	分值	排名	分值	排名	分值	排名
基础设施条件	3.16	15	3.35	11	4.44	2	3.89	16
电水气供应条件			3.86	19	4.35	3	4.00	16
铁路公路运输条件			3.26	5	4.41	3	4.00	12
其他基础设施条件			2.93	11	4.57	1	3.67	21
市场环境和中介服务	2.96	19	3.02	10	3.39	8	3.59	5
市场需求					3.45	6	3.33	23
过度竞争					3.31	9	3.36	7
中介组织服务	3.12	19	3.39	5	3.65	8	4.05	2
行业协会服务	2.83	14	2.80	16	3.16	14	3.62	2
总评	3.03	11	3.12	6	3.74	3	3.75	6

重庆的企业经营环境,在 2010 年、2012 年、2016 年和 2019 年的全国排名依次为第 11 位、第 6 位、第 3 位和第 6 位;历年得分依次为 3.03 分、3.12 分、3.74 分和 3.75 分,2016~2019 年变动不大。

在企业经营环境的 8 个方面指数中,4 个方面指数 2019 年评分比 2016 年出现明显提升。其中,"金融服务和融资成本"和"人力资源供应"评分上升 0.40 分和 0.35 分,排名上升 11 位和 2 位,至第 4 位和第 1 位;"市场环境和中介服务"和"行政干预和政府廉洁效率"评分上升 0.20 分和 0.15 分,排名上升 3 位和 4 位,至第 5 位和第 13 位。

"企业经营的法治环境"评分小幅下降 0.07 分,但排名大幅下降 10 位至第 17 位。

评分明显下降的方面指数有"基础设施条件"、"企业的税费负担"以及"政策公开、公平、公正",分别下降 0.55 分、0.25 分和 0.16 分,全国排名分别下降 14 位、9 位和 7 位,至第 16 位、第 23 位和第 8 位。这 3 个方面指数抵消了前面 4 个方面指数评分的上升,导致重庆的排名小幅下降。

2019 年,重庆有 4 个方面指数在全国前 10 位,"人力资源供应"位居全国第一,"金融服务和融资成本"也排名靠前。"企业的税费负担"

为第 23 位，是薄弱环节。

政策公开、公平、公正

从 2016 年到 2019 年，重庆的"政策公开、公平、公正"方面指数评分从 3.93 分降至 3.77 分，全国排名从第 1 位下降至第 8 位。分项指数中，2019 年"政策规章制度公开透明"、"行政执法公正"和"对不同企业一视同仁"评分各有不同程度下降，排名分别从第 2 位降至第 16 位、从第 1 位降至第 18 位、从第 4 位降至第 5 位。"地方保护"评分上升，排名由第 18 位升至第 8 位。

行政干预和政府廉洁效率

从 2016 年到 2019 年，重庆的"行政干预和政府廉洁效率"评分由 3.54 分升至 3.69 分，排名从第 17 位升至第 13 位。分项指数中，"政府干预"评分变动不大，排名上升 3 位至第 9 位；"与政府打交道占工作时间比例"和"官员廉洁守法"评分分别上升 0.41 分、0.46 分，排名分别由第 16 位升至第 9 位、由第 26 位跃升至第 7 位，改善显著；"审批手续简便易行"评分下降 0.32 分，排名由第 7 位大跌至第 31 位，处于全国末位，值得警惕。

企业经营的法治环境

从 2016 年到 2019 年，重庆的"企业经营的法治环境"评分从 3.94 分小幅降至 3.88 分，排名从第 7 位降至第 17 位。分项指数中，"司法公正和效率"和"知识产权、技术和品牌保护"评分改善明显，前者排名从第 13 位升至第 8 位，后者从第 11 位升至第 5 位。"企业合同正常履行"评分下降幅度较大，排名从第 3 位陡降至第 30 位。"经营者财产和人身安全保障"评分有所下降，但排名从第 7 位升至第 5 位。2016～2019 年整体法治环境从全国前 10 位内降至中游水平，有改善的空间。

企业的税费负担

从 2016 年到 2019 年，重庆的"企业的税费负担"评分从 3.63 分降至 3.38 分，排名从第 14 位降为第 23 位。其中，"法定税负"和"依法征税"评分大幅提升至 4.30 分和 4.26 分，排名分别由第 11 位和第 17 位跃至第 1 位,可见企业税负有明显改善。但"社保缴费"和"其他缴费"两个分项指数评分分别为 2.82 分和 2.15 分,排名分别为第 21 位和第 31 位。企业缴费负担偏重成为比较突出的问题。

金融服务和融资成本

从 2016 年到 2019 年,重庆的"金融服务和融资成本"评分从 3.40 分大幅升至 3.80 分,排名从第 15 位升至第 4 位。其中,"银行贷款"稳中有进,从第 7 位升至第 1 位,"其他融资"由第 15 位跃至第 2 位,显示企业融资可得性出现明显改善。"贷款利率"和"其他融资利率"2019 年分别以 3.64 分和 4.00 分排名第 23 位和第 9 位。总的看,重庆市"金融服务和融资成本"方面从中游水平上升至全国前列。

人力资源供应

从 2016 年到 2019 年,重庆的"人力资源供应"评分从 3.63 分升至 3.98 分,排名从第 3 位升至第 1 位。3 个分项指数评分均有明显提升,排名也都上升到全国前列。"技术人员"、"管理人员"和"熟练工人"分别为第 5 位、第 1 位和第 1 位。总的看,重庆人力资源供应充足,处于全国领先位置。

基础设施条件

从 2016 年到 2019 年,重庆的"基础设施条件"评分从 4.44 分降至 3.89 分,排名从第 2 位跌至第 16 位。该方面指数中,2019 年各分项指数评分和排名均有不同程度的下降,"电水气供应条件"和"铁路公路运输条件"分别降至第 16 位和第 12 位,"其他基础设施条件"退步最为明显,从第 1 位落至第 21 位。这方面变化的原因有待研究。

市场环境和中介服务

从 2016 年到 2019 年,重庆的"市场环境和中介服务"评分从 3.39 分升至 3.59 分,排名从第 8 位升至第 5 位。其中,"中介组织服务"从第 8 位升至第 2 位,"行业协会服务"从第 14 位跃至第 2 位;"市场需求"与"过度竞争"分别从第 6 位、第 9 位变为第 23 位和第 7 位。看来需求不足的困扰比较严重。

四川

表 5 - 23 四川企业经营环境各方面指数、各分项指数的排名及分值

指数	2010 年		2012 年		2016 年		2019 年	
	分值	排名	分值	排名	分值	排名	分值	排名
政策公开、公平、公正	2.94	16	2.87	19	3.62	19	3.81	5
政策规章制度公开透明	3.13	17	3.04	21	3.56	27	3.72	23
行政执法公正	2.94	10	3.02	16	3.51	23	3.76	13
对不同企业一视同仁	2.76	21	2.53	25	3.38	21	3.50	15
地方保护					4.05	15	4.24	3
行政干预和政府廉洁效率	3.23	13	3.22	14	3.37	24	3.78	7
政府干预	3.68	16	3.33	18	3.51	26	3.76	7
与政府打交道占工作时间比例			3.66	11	3.01	21	3.97	3
审批手续简便易行	3.05	9	2.76	19	3.48	14	3.67	17
官员廉洁守法	2.81	13	2.96	16	3.50	24	3.73	21
企业经营的法治环境	3.16	9	3.23	12	3.81	20	3.91	9
司法公正和效率	2.95	8	3.03	10	3.65	11	3.87	17
企业合同正常履行	3.47	21	3.44	15	3.61	23	3.78	16
经营者财产和人身安全保障	3.41	13	3.45	21	4.05	22	4.00	15
知识产权、技术和品牌保护	3.22	11	3.41	13	3.91	9	3.98	7
企业的税费负担			2.81	13	3.64	13	3.49	10
法定税负			2.07	20	3.21	18	4.09	8
依法征税					3.86	12	4.04	23
税外收费			3.56	8	3.85	9		
社保缴费							3.09	2
其他缴费							2.74	22
金融服务和融资成本	2.83	14	3.06	12	2.29	31	3.80	3
银行贷款	2.78	13	2.78	14	3.23	25	3.60	8
其他融资	2.84	15	3.10	16	3.12	24	3.41	5
贷款利率					1.15	31	4.11	6
其他融资利率					1.67	28	4.10	5
人力资源供应	2.70	11	2.77	19	3.50	7	3.67	16
技术人员	2.59	16	2.70	20	3.40	9	3.58	16
管理人员	2.70	14	2.72	22	3.48	8	3.67	16
熟练工人	2.83	11	2.90	13	3.63	7	3.76	16

指数	2010 年		2012 年		2016 年		2019 年	
	分值	排名	分值	排名	分值	排名	分值	排名
基础设施条件	3.25	10	3.31	15	4.04	12	3.72	26
电水气供应条件			3.89	18	4.06	15	3.87	26
铁路公路运输条件			3.11	15	4.14	10	3.65	25
其他基础设施条件			2.92	13	3.91	13	3.64	23
市场环境和中介服务	2.90	24	2.92	17	3.23	16	3.39	17
市场需求					3.20	23	3.36	22
过度竞争					3.01	23	3.13	22
中介组织服务	3.07	25	3.23	16	3.55	14	3.65	15
行业协会服务	2.71	21	2.75	21	3.18	13	3.40	14
总评	3.00	13	3.05	15	3.44	24	3.70	11

四川的企业经营环境，在 2010 年、2012 年、2016 年和 2019 年的全国排名依次为第 13 位、第 15 位、第 24 位和第 11 位；历年得分依次为 3.00 分、3.05 分、3.44 分和 3.70 分。2016~2019 年改善显著。

在企业经营环境的 8 个方面指数中，2019 年与 2016 年相比，有 6 个方面指数评分明显上升。其中，评分上升最明显的是"金融服务和融资成本"，从 2.29 分大幅上升至 3.80 分，全国排名从第 31 位跃升至第 3 位，说明四川在解决企业融资难问题上进步显著；"行政干预和政府廉洁效率"评分上升 0.41 分，排名大幅上升 17 位至第 7 位；"政策公开、公平、公正"排名上升 14 位至第 5 位；"企业经营的法治环境"评分上升 0.10 分，排名从第 20 位上升到第 9 位。"人力资源供应"和"市场环境和中介服务"评分分别上升 0.17 分、0.16 分，但排名下降至第 16 位和第 17 位。

评分下降的方面指数是"基础设施条件"和"企业的税费负担"，分别下降 0.32 分和 0.15 分，前者排名下降 14 位至第 26 位，后者降幅小于其他省份，排名上升 3 位至第 10 位。

2019 年，"金融服务和融资成本"和"政策公开、公平、公正"是四川的优势方面，排名位居全国第3位和第5位。"行政干预和政府廉洁效率"、"企业经营的法治环境"和"企业的税费负担"也位于全国前10位之内，排名分别为第7位、第9位和第10位。"基础设施条件"是四川的相对薄弱环节，2019年排名较低。

政策公开、公平、公正

从2016年到2019年，四川的"政策公开、公平、公正"方面指数评分从3.62分升至3.81分，全国排名从第19位升至第5位。各分项指数评分都有提高，其中"政策规章制度公开透明"和"对不同企业一视同仁"分别由第27位、第21位升至第23、第15位；"行政执法公正"排名跃升10位至第13位，处于中游水平；"地方保护"评分从4.05分升至4.24分，排名由第15位升至第3位。

行政干预和政府廉洁效率

从2016年到2019年，四川的"行政干预和政府廉洁效率"评分从3.37分升至3.78分，排名由第24位大幅升至第7位。4个分项指数的评分均出现不同程度的上升，"与政府打交道占工作时间比例"上升幅度最大，达到0.97分，其他3个分项指数评分上升幅度在0.20~0.25分。从排名来看，仅"审批手续简便易行"排名下降3位至第17位，其他3个分项指数排名均出现上升，"政府干预"、"与政府打交道占工作时间比例"和"官员廉洁守法"排名分别上升19位、18位和3位，位列第7位、第3位和第21位。

企业经营的法治环境

从2016年到2019年，四川的"企业经营的法治环境"评分从3.81分上升到3.91分，排名由第20位升至第9位。从分项指数的排名来看，"司法公正和效率"评分上升，但排名从第11位降至第17位；"企业合同正常履行"和"知识产权、技术和品牌保护"评分和排名均有上升，前者从第23位升至第16位，后者从第9位升至第7位；"经营者财产和人身安全保障"评分微降，但排名从第22位升至第15位。

企业的税费负担

从 2016 年到 2019 年，四川的"企业的税费负担"评分从 3.64 分降至 3.49 分，但排名从第 13 位升至第 10 位。其中，"法定税负"评分和排名上升，2019 年评分达到 4.09 分，排名全国第 8 位；"依法征税"评分上升，但排名下降，2019 年从第 12 位降至第 23 位。2019 年新修订的"社保缴费"和"其他缴费"两个分项指数，评分分别为 3.09 分和 2.74 分，排名分别为第 2 位和第 22 位，前者位于全国前列，后者位于全国中下游。四川"企业的税费负担"排名处于中上游，是四川相对较好的一个方面，但部分分项指数有较大改进空间。

金融服务和融资成本

从 2016 年到 2019 年，四川的"金融服务和融资成本"评分从 2.29 分大幅升至 3.80 分，排名从第 31 位跃至第 3 位。4 个分项指数评分和排名均出现显著的改善。其中，"银行贷款"和"其他融资"2019 年排名大幅上升，分列于第 8 位和第 5 位，企业融资难问题有所改善；"贷款利率"和"其他融资利率"2019 年评分和排名同样出现大幅上升，分别以 4.11 分和 4.10 分升至第 6 位和第 5 位。反映出企业融资条件改善，融资成本也降低了，居于全国前列。

人力资源供应

从 2016 年到 2019 年，四川的"人力资源供应"评分从 3.50 分升至 3.67 分，但排名从第 7 位降至第 16 位。3 个分项指数"技术人员"、"管理人员"和"熟练工人"评分都有提高，排名分别从第 9、第 8、第 7 位均降至第 16 位，显示改善幅度被其他省份超过。

基础设施条件

从 2016 年到 2019 年，四川"基础设施条件"的评分从 4.04 分降至 3.72 分，排名由第 12 位降至第 26 位。其中，"电水气供应条件"、"铁路公路运输条件"和"其他基础设施条件"排名分别从 2016 年的第 15、第 10、第 13 位下降至 2019 年的第 26、第 25、第 23 位。原因有待进一步研究。

市场环境和中介服务

从 2016 年到 2019 年，四川"市场环境和中介服务"的评分从 3.23 分升至 3.39 分，排名变动不大，由第 16 位降至第 17 位。4 个分项指数评分都有提高，其中"中介组织服务"和"行业协会服务"的排名分别从第 14、13 位微降至第 15 位和第 14 位；"市场需求"和"过度竞争"均上升 1 位，排在第 22 位。

贵州

表 5－24 贵州企业经营环境各方面指数、各分项指数的排名及分值

指数	2010 年		2012 年		2016 年		2019 年	
	分值	排名	分值	排名	分值	排名	分值	排名
政策公开、公平、公正	2.78	28	2.96	14	3.67	16	3.47	18
政策规章制度公开透明	2.96	28	3.15	12	3.70	16	3.62	29
行政执法公正	2.78	21	3.15	8	3.33	30	3.58	27
对不同企业一视同仁	2.62	28	2.58	21	3.45	15	3.50	15
地方保护					4.22	7	3.17	18
行政干预和政府廉洁效率	2.94	27	3.18	16	3.75	8	3.65	19
政府干预	3.44	28	3.58	6	3.55	25	3.58	21
与政府打交道占工作时间比例			3.31	26	4.46	5	3.59	24
审批手续简便易行	2.57	28	2.70	22	3.33	20	3.69	13
官员廉洁守法	2.51	27	3.03	11	3.68	11	3.73	20
企业经营的法治环境	2.90	29	3.16	20	3.78	24	3.77	25
司法公正和效率	2.67	24	2.92	18	3.48	27	3.77	26
企业合同正常履行	3.24	29	3.39	20	3.55	26	3.65	21
经营者财产和人身安全保障	3.06	29	3.39	23	4.10	18	3.92	24
知识产权、技术和品牌保护	3.08	28	3.39	14	3.98	6	3.73	28
企业的税费负担			2.95	3	3.59	19	3.51	4
法定税负			2.18	8	3.10	26	3.88	24
依法征税					3.85	13	4.12	9
税外收费			3.71	4	3.83	13		
社保缴费							2.96	8
其他缴费							3.08	3
金融服务和融资成本	2.74	19	3.00	21	3.26	20	3.68	13
银行贷款	2.61	21	2.61	21	3.18	27	3.58	12
其他融资	2.77	20	3.10	17	3.18	20	3.19	25
贷款利率					3.37	17	3.94	11
其他融资利率					3.33	13	4.00	9
人力资源供应	2.66	15	2.76	20	3.10	30	3.56	20
技术人员	2.58	18	2.79	12	2.95	29	3.31	25
管理人员	2.55	23	2.73	20	3.05	29	3.73	11
熟练工人	2.86	10	2.76	23	3.30	25	3.65	22

续表

指数	2010 年		2012 年		2016 年		2019 年	
	分值	排名	分值	排名	分值	排名	分值	排名
基础设施条件	3.00	24	3.11	25	3.77	21	3.65	27
电水气供应条件			3.77	23	3.93	23	3.88	25
铁路公路运输条件			3.03	21	3.73	24	3.65	26
其他基础设施条件			2.53	27	3.65	20	3.40	28
市场环境和中介服务	2.72	29	2.81	23	2.96	30	3.31	26
市场需求					3.25	17	3.42	19
过度竞争					2.88	28	3.15	20
中介组织服务	2.94	29	3.12	26	3.23	25	3.38	29
行业协会服务	2.57	28	2.61	27	2.50	31	3.27	21
总评	2.83	28	2.99	21	3.49	21	3.57	21

　　贵州的企业经营环境，在 2010 年、2012 年、2016 年和 2019 年的全国排名依次为第 28 位、第 21 位、第 21 位和第 21 位；历年得分依次为 2.83 分、2.99 分、3.49 分和 3.57 分。2019 年比 2016 年评分小幅提高，排名无变化。

　　在企业经营环境的 8 个方面指数中，2019 年比 2016 年明显改善的方面有"人力资源供应"、"金融服务和融资成本"和"市场环境和中介服务"，评分分别提高 0.46 分、0.42 分和 0.35 分，全国排名分别上升 10 位、7 位和 4 位，至第 20 位、第 13 位和第 26 位。

　　"企业的税费负担"和"企业经营的法治环境"评分变动不大，前者排名大幅上升 15 位至第 4 位，后者下降 1 位至第 25 位。

　　评分明显下降的方面指数有"政策公开、公平、公正"、"行政干预和政府廉洁效率"和"基础设施条件"，分别下降 0.21 分、0.10 分和 0.12 分，全国排名分别下降 2 位、11 位和 6 位，至第 18 位、第 19 位和第 27 位。

　　2019 年，"企业的税费负担"是贵州较好的方面，居全国第 4 位。"企业经营的法治环境"、"基础设施条件"和"市场环境和中介服务"是相对薄弱环节，位于第 25、第 27 和第 26 位。其他的方面指数排名均位于中游或中下游，其中"行政干预和政府廉洁效率"排名下降显著，值得警惕。

政策公开、公平、公正

从 2016 年到 2019 年，贵州的"政策公开、公平、公正"方面指数评分从 3.67 分降至 3.47 分，全国排名从第 16 位落至第 18 位。各分项指数中，"政策规章制度公开透明"和"地方保护"评分和排名下降，前者排名从第 16 位大幅下降至第 29 位，后者排名从第 7 位跌至第 18 位。"行政执法公正"评分有明显上升，排名从第 30 位上升至第 27 位；"对不同企业一视同仁"评分微升，排名维持在第 15 位不变。

行政干预和政府廉洁效率

从 2016 年到 2019 年，贵州的"行政干预和政府廉洁效率"评分从 3.75 分下降至 3.65 分，排名由第 8 位下滑至第 19 位。分项指数中，"与政府打交道占工作时间比例"评分显著下降，排名从第 5 位大幅下降至第 24 位；"政府干预"和"官员廉洁守法"评分微升，前者排名从第 25 位升至第 21 位，后者从第 11 位降至第 20 位；"审批手续简便易行"评分改善显著，排名从第 20 位升至第 13 位。总体上，该方面指数有明显下降，需引起警惕。

企业经营的法治环境

从 2016 年到 2019 年，贵州的"企业经营的法治环境"评分和排名变化不大，下降 1 位排在第 25 位。分项指数中，"司法公正和效率"和"企业合同正常履行"评分有提高，排名分别上升 1 位和 5 位，至第 26 位、第 21 位；"经营者财产和人身安全保障"和"知识产权、技术和品牌保护"评分均有下降，排名分别从第 18 位和第 6 位降至第 24 位和第 28 位，落入下游水平。整体看，该方面指数落后于全国大多数省份。

企业的税费负担

从 2016 年到 2019 年，贵州的"企业的税费负担"评分从 3.59 分微降至 3.51 分，但排名从第 19 位跃至第 4 位。其中，"法定税负"和"依法征税"评分都有明显提高，排名分别从第 26 位升至第 24 位、从第 13 位升至第 9 位。"社保缴费"和"其他缴费"两个分项指数排名分别为第 8 位和第 3 位，处在上游水平。

金融服务和融资成本

从 2016 年到 2019 年，贵州的"金融服务和融资成本"评分从 3.26 分升至 3.68 分，排名从第 20 位升至第 13 位。其中，"银行贷款"评分上升，排名从第 27 位大幅上升至第 12 位；"其他融资"评分无明显变化，排名下滑 5 位至第 25 位；"贷款利率"和"其他融资利率"评分显著上升，排名升至第 11 位和第 9 位。显示企业融资条件改善。

人力资源供应

从 2016 年到 2019 年，贵州的"人力资源供应"评分从 3.10 分升至 3.56 分，排名从第 30 位回升至第 20 位。3 个分项指数的评分都有所提高，排名也出现程度不等的提升。"技术人员"、"管理人员"和"熟练工人"分别由第 29 位、第 29 位、第 25 位回升至第 25 位、第 11 位、第 22 位。整体来看，在此期间贵州人力资源供应状况有明显改善。

基础设施条件

从 2016 年到 2019 年，贵州的"基础设施条件"评分从 3.77 分降至 3.65 分，排名由第 21 位降至第 27 位。其中，"电水气供应条件"、"铁路公路运输条件"和"其他基础设施条件"的评分和排名都有所下降，2019 年排名分别为第 25、第 26 和第 28 位。

市场环境和中介服务

从 2016 年到 2019 年，贵州的"市场环境和中介服务"评分从 2.96 分升至 3.31 分，排名由第 30 位升至第 26 位。4 个分项指数评分都有上升，"中介组织服务"排名从第 25 位降至第 29 位；"行业协会服务"从第 31 位显升至第 21 位；"市场需求"和"过度竞争"分别从第 17 位和第 28 位变动至第 19 位和第 20 位。"市场环境和中介服务"仍是贵州企业经营环境的弱项之一。

云南

表 5 - 25 云南企业经营环境各方面指数、各分项指数的排名及分值

指数	2010 年		2012 年		2016 年		2019 年	
	分值	排名	分值	排名	分值	排名	分值	排名
政策公开、公平、公正	2.99	11	2.81	24	3.70	14	3.69	14
政策规章制度公开透明	3.24	7	2.98	25	3.70	14	3.73	22
行政执法公正	2.93	11	3.03	15	3.52	21	3.67	20
对不同企业一视同仁	2.79	17	2.42	28	3.36	22	3.50	15
地方保护					4.20	8	3.86	11
行政干预和政府廉洁效率	3.24	10	3.11	22	3.65	13	3.73	11
政府干预	3.71	14	3.35	17	3.39	28	3.68	14
与政府打交道占工作时间比例			3.34	24	4.76	1	3.86	5
审批手续简便易行	3.12	7	2.63	24	3.30	22	3.55	24
官员廉洁守法	2.97	4	3.05	9	3.16	31	3.82	12
企业经营的法治环境	3.20	7	3.09	23	3.52	31	3.84	20
司法公正和效率	3.04	4	2.92	19	3.32	29	3.90	9
企业合同正常履行	3.58	8	3.33	25	3.48	28	3.60	25
经营者财产和人身安全保障	3.29	22	3.29	29	3.77	31	4.00	15
知识产权、技术和品牌保护	3.18	21	3.14	28	3.52	30	3.85	18
企业的税费负担			2.58	28	3.35	31	3.49	9
法定税负			1.97	28	3.20	20	3.95	18
依法征税					3.32	31	4.11	13
税外收费			3.18	27	3.52	27		
社保缴费							2.95	10
其他缴费							2.95	11
金融服务和融资成本	2.63	26	2.92	27	2.89	27	3.45	27
银行贷款	2.49	27	2.32	28	3.05	30	3.59	10
其他融资	2.59	25	3.06	19	3.16	21	3.36	12
贷款利率					3.40	16	3.29	30
其他融资利率					1.95	24	3.57	27
人力资源供应	2.85	6	2.71	23	3.31	17	3.76	10
技术人员	2.78	5	2.72	18	3.18	23	3.73	9
管理人员	2.72	12	2.59	24	3.25	19	3.73	12
熟练工人	3.04	2	2.81	20	3.50	12	3.82	10

续表

指数	2010 年		2012 年		2016 年		2019 年	
	分值	排名	分值	排名	分值	排名	分值	排名
基础设施条件	3.09	17	2.86	29	3.62	27	3.74	25
电水气供应条件			3.70	24	3.82	27	4.09	12
铁路公路运输条件			2.53	29	3.55	27	3.50	29
其他基础设施条件			2.34	29	3.50	28	3.64	23
市场环境和中介服务	2.97	17	2.80	24	2.98	29	3.33	25
市场需求					2.98	28	3.27	27
过度竞争					3.02	22	3.27	14
中介组织服务	3.06	27	2.92	29	3.14	28	3.70	12
行业协会服务	2.79	16	2.77	20	2.77	28	3.09	29
总评	2.98	15	2.86	27	3.38	28	3.63	17

云南的企业经营环境，在 2010 年、2012 年、2016 年和 2019 年的全国排名依次为第 15 位、第 27 位、第 28 位和第 17 位；评分依次为 2.98分、2.86 分、3.38 分和 3.63 分；2016～2019 年评分有显著提高。

2019 年在企业经营环境的 8 个方面指数中，仅"政策公开、公平、公正"评分和排名基本不变，其他多数方面指数评分和排名均有不同程度的提高。

评分上升显著的方面指数包括"企业经营的法治环境"、"金融服务和融资成本"、"人力资源供应"和"市场环境和中介服务"，评分上升幅度在 0.32 分和 0.56 分之间，全国排名分别为第 20 位、第 27 位、第 10位、第 25 位，多数还没有走出下游区间。

其他 3 个方面指数评分上升幅度在 0.08 分和 0.14 分之间。其中，"企业的税费负担"排名大幅上升 22 位至第 9 位；"行政干预和政府廉洁效率"和"基础设施条件"排名均上升 2 位，至第 11 位、第 25 位。

2019 年，云南有 4 个方面指数排名在第 10 位上下，分别是"政策公开、公平、公正"、"行政干预和政府廉洁效率"、"企业的税费负担"和"人力资源供应"，其余 4 个方面指数排名均在第 20 位以后，有较大改进空间。

政策公开、公平、公正

从 2016 年到 2019 年，云南的"政策公开、公平、公正"方面指数评分变动不大，从 3.70 分微降至 3.69 分，全国排名稳定在第 14 位。在分项指数中，"政策规章制度公开透明"评分有微弱提高，但排名从第 14 位下降至第 22 位；"行政执法公正"和"对不同企业一视同仁"评分有明显提高，排名分别从第 21 位升至第 20 位、从第 22 位升至第 15 位；"地方保护"评分由 4.20 分降至 3.86 分，排名从第 8 位降至第 11 位。

行政干预和政府廉洁效率

从 2016 年到 2019 年，云南的"行政干预和政府廉洁效率"评分从 3.65 分升至 3.73 分，排名由第 13 位升至第 11 位。分项指数中，仅"与政府打交道占工作时间比例"评分显著下降 0.90 分，排名下降 4 位至第 5 位。其他 3 个分项指数评分均出现上升，"政府干预"和"官员廉洁守法"评分上升 0.30 分和 0.66 分，排名大幅上升 14 位和 19 位至第 14 位和第 12 位。"审批手续简便易行"评分上升 0.25 分，但幅度不及其他一些省份，排名从第 22 位降至第 24 位。总体上，近年来该方面指数有一定程度改善。

企业经营的法治环境

从 2016 年到 2019 年，云南的"企业经营的法治环境"评分从 3.52 分上升到 3.84 分，排名由第 31 位升至第 20 位。各分项指数中，"司法公正和效率"评分提高幅度很大，排名从第 29 位升至第 9 位，尤为显著，其他分项指数评分和排名都有程度不等的提高。显示云南企业经营的法治环境有明显改善。

企业的税费负担

从 2016 年到 2019 年，云南的"企业的税费负担"评分从 3.35 分升至 3.49 分，排名从第 31 位跃至第 9 位。其中，"法定税负"评分由 3.20 分升至 3.95 分，排名从第 20 位小幅升至第 18 位；"依法征税"评分从 3.32 分升至 4.11 分，排名由第 31 位跃至第 13 位。2019 年新修订的"社保缴费"和"其他缴费"两个分项指数，评分均为 2.95 分，排名分别为第10位和第11位。整体来看，在此期间云南在降低企业的税费负担上取得一定成效。

金融服务和融资成本

从2016年到2019年，云南的"金融服务和融资成本"评分从2.89分升至3.45分，但排名仍维持在第27位。其中，"银行贷款"和"其他融资"2019年评分都有提高，排名分别上升20位和9位，分列于第10、12位，说明企业融资便利度有明显改善。"贷款利率"和"其他融资利率"2019年以3.29分和3.57分排在第30位和第27位，显示在企业融资成本方面还有较大改善空间。

人力资源供应

从2016年到2019年，云南的"人力资源供应"评分从3.31分升至3.76分，排名从第17位升至第10位。其中，"技术人员"从第23位跃至第9位；"管理人员"名次从第19位回升至第12位；"熟练工人"排名提升2位，为第10位。整体看，云南人力资源供应状况有较明显的改善。

基础设施条件

从2016年到2019年，云南的"基础设施条件"评分从3.62分升至3.74分，排名上升两位，列第25位。其中，"电水气供应条件"评分上升至4.09分，排名从第27位跃至第12位；"铁路公路运输条件"排名下降两位，为第29位；"其他基础设施条件"排名从第28位升至第23位。整体来看，云南"基础设施条件"仍然有待改善。

市场环境和中介服务

从2016年到2019年，云南的"市场环境和中介服务"评分从2.98分升至3.33分，排名由第29位升至第25位。"中介组织服务"排名从第28位升至第12位；"行业协会服务"下降1位至第29位；"市场需求"和"过度竞争"评分从2.98分和3.02分均升至3.27分，排名升至第27位和第14位。

陕西

表 5 - 26　陕西企业经营环境各方面指数、各分项指数的排名及分值

指数	2010 年		2012 年		2016 年		2019 年	
	分值	排名	分值	排名	分值	排名	分值	排名
政策公开、公平、公正	2.84	25	2.99	11	3.63	18	3.61	17
政策规章制度公开透明	3.09	22	3.14	14	3.69	18	3.57	31
行政执法公正	2.77	23	3.12	11	3.69	13	3.49	30
对不同企业一视同仁	2.66	26	2.72	13	3.25	29	3.54	12
地方保护					3.87	16	3.85	12
行政干预和政府廉洁效率	3.02	25	3.14	20	3.37	25	3.67	16
政府干预	3.58	21	3.24	26	3.83	4	3.58	20
与政府打交道占工作时间比例			3.35	23	2.64	26	3.77	11
审批手续简便易行	2.65	27	2.69	23	3.22	26	3.67	18
官员廉洁守法	2.65	24	2.95	17	3.78	7	3.66	25
企业经营的法治环境	3.03	22	3.20	16	3.90	8	3.81	23
司法公正和效率	2.75	20	2.99	11	3.72	7	3.83	22
企业合同正常履行	3.51	19	3.41	18	3.83	13	3.66	20
经营者财产和人身安全保障	3.22	24	3.45	20	4.33	4	3.94	22
知识产权、技术和品牌保护	3.19	19	3.35	17	3.72	24	3.83	20
企业的税费负担			2.84	10	3.53	22	3.43	19
法定税负			2.22	5	2.92	30	3.88	25
依法征税					3.83	15	4.06	19
税外收费			3.46	14	3.83	12		
社保缴费							2.88	16
其他缴费							2.91	13
金融服务和融资成本	2.71	22	3.03	16	3.47	12	3.56	19
银行贷款	2.54	24	2.79	13	3.46	20	3.12	30
其他融资	2.73	23	2.99	24	3.39	11	2.91	30
贷款利率					3.25	22	3.96	10
其他融资利率					3.77	8	4.26	1
人力资源供应	2.65	18	2.83	15	3.19	27	3.56	19
技术人员	2.52	22	2.79	10	3.06	28	3.47	20
管理人员	2.65	17	2.76	19	3.19	22	3.50	21
熟练工人	2.79	14	2.93	10	3.31	23	3.72	18

续表

指数	2010 年		2012 年		2016 年		2019 年	
	分值	排名	分值	排名	分值	排名	分值	排名
基础设施条件	3.01	23	3.29	16	3.89	18	3.85	18
电水气供应条件			3.93	15	4.06	16	3.89	24
铁路公路运输条件			3.12	13	3.97	15	3.97	13
其他基础设施条件			2.81	20	3.64	21	3.69	20
市场环境和中介服务	2.85	27	2.92	18	3.26	14	3.40	16
市场需求					3.11	26	3.33	23
过度竞争					3.14	16	3.36	6
中介组织服务	3.12	20	3.25	14	3.58	13	3.58	21
行业协会服务	2.67	25	2.79	17	3.22	12	3.31	18
总评	2.86	27	3.01	20	3.53	19	3.61	18

陕西的企业经营环境，在 2010 年、2012 年、2016 年和 2019 年的全国排名依次为第 27 位、第 20 位、第 19 位和第 18 位；历年得分依次为 2.86 分、3.01 分、3.53 分和 3.61 分。2016～2019 年陕西评分和排名呈小幅改善态势。

2019 年，在企业经营环境的 8 个方面指数中，"人力资源供应"和"行政干预和政府廉洁效率"改善较大，评分分别提高 0.38 分、0.30 分，全国排名分别上升 8 位、9 位，至第 19 位、第 16 位；"市场环境和中介服务"和"金融服务和融资成本"评分分别上升 0.13 分、0.10 分，但改善幅度不及其他省份，排名分别下降 2 位、7 位，至第 16 位、第 19 位。

"政策公开、公平、公正"和"基础设施条件"评分和排名变动均不大，前者排名为第 17 位，后者排名为 18 位。

"企业经营的法治环境"和"企业的税费负担"评分均下降 0.09 分，但前者排名大幅下降 15 位至第 23 位，后者上升 3 位至第 19 位。

2019 年，陕西 8 个方面指数排名位于全国第 16 位到第 23 位之间。其中"市场环境和中介服务"排名最高，为第 16 位；"企业经营的法治环境"排名最低，居第 23 位，是陕西的相对短板。

政策公开、公平、公正

从 2016 年到 2019 年，陕西的"政策公开、公平、公正"方面指数评分和排名变动不大，2019 年以 3.61 分排在第 17 位。该方面指数中，"政策规章制度公开透明"和"行政执法公正"评分下降，排名均大幅下滑，分别从第 18 位和第 13 位降至第 31 位和第 30 位；"对不同企业一视同仁"的评分和排名显著上升，排名从第 29 位跃至第 12 位；"地方保护"评分变动不大，排名从第 16 位升至第 12 位。

行政干预和政府廉洁效率

从 2016 年到 2019 年，陕西的"行政干预和政府廉洁效率"评分从 3.37 分升至 3.67 分，排名则由第 25 位升至第 16 位。分项指数中，"政府干预"和"官员廉洁守法"评分分别下降 0.25 分和 0.12 分，排名分别从第 4 位和第 7 位下降至第 20 位和第 25 位；但"与政府打交道占工作时间比例"和"审批手续简便易行"评分分别显著上升 1.14 分和 0.44 分，排名从第 26 位分别上升至第 11 位和第 18 位。总体上，该方面指数还有进一步改进空间。

企业经营的法治环境

从 2016 年到 2019 年，陕西的"企业经营的法治环境"评分从 3.90 分小幅降至 3.81 分，全国排名由第 8 位陡降至第 23 位。分项指数中，"司法公正和效率"、"企业合同正常履行"和"经营者财产和人身安全保障"从上游降至下游，2019 年排名分别为第 22 位、第 20 位和第 22 位；"知识产权、技术和品牌保护"评分和名次均有所提升，2019 年为第 20 位。总体上，2019 年陕西在这方面的表现不及全国大多数省份。

企业的税费负担

从 2016 年到 2019 年，陕西的"企业的税费负担"评分从 3.53 分小幅降至 3.43 分，但排名从第 22 位升至第 19 位。其中，"法定税负"评分从 2.92 分明显上升至 3.88 分，排名从第 30 位升至第 25 位；"依法征税"评分由 3.83 分升至 4.06 分，排名却从第 15 位降至第 19 位。总体看，企业税负有所减轻。2019 年新修订的"社保缴费"和"其他缴费"两个分项指数，评分分别为 2.88 分和 2.91 分，排名分别为第 16 位和第 13 位，均位于全国中游。

金融服务和融资成本

从 2016 年到 2019 年，陕西的"金融服务和融资成本"评分从 3.47 分微升至 3.56 分，排名从第 12 位下降至第 19 位。其中，"银行贷款"和"其他融资"的评分显著下降，排名分别从第 20 位和第 11 位均降至第 30 位，反映企业融资便利度出现恶化；"贷款利率"和"其他融资利率"评分显著上升，2019 年分别以 3.96 分和 4.26 分排名第 10 位和第 1 位。看来陕西企业贷款难问题加重，但平均融资成本有明显改善。

人力资源供应

从 2016 年到 2019 年，陕西的"人力资源供应"评分从 3.19 分升至 3.56 分，排名从第 27 位升至第 19 位。从评分看，3 个分项指数评分均有不同程度的上升。从排名看，"技术人员"从第 28 位升至第 20 位；"管理人员"排名变动不大，为第 21 位；"熟练工人"由 2016 年的第 23 位升至第 18 位。整体来看，在此期间陕西人力资源供应整体状况出现改善，其中熟练工人供应情况相对较好。

基础设施条件

从 2016 年到 2019 年，陕西的"基础设施条件"评分从 3.89 分微降至 3.85 分，排名维持在第 18 位。2019 年 3 个分项指数中，"电水气供应条件"评分下降，排名下降 8 位至第 24 位；"铁路公路运输条件"和"其他基础设施条件"评分变动不大，排名分别为第 13 位和第 20 位。

市场环境和中介服务

从 2016 年到 2019 年，陕西的"市场环境和中介服务"评分从 3.26 分升至 3.40 分，但排名下降两位，居第 16 位。分项指数中，"中介组织服务"和"行业协会服务"2019 年排名分别下降 8 位和 6 位至第 21 位和第 18 位；"市场需求"和"过度竞争"2019 年评分和排名有所改善，分别以 3.33 分和 3.36 分排在第 23 位和第 6 位。

甘肃

表 5 - 27　甘肃企业经营环境各方面指数、各分项指数的排名及分值

指数	2010 年		2012 年		2016 年		2019 年	
	分值	排名	分值	排名	分值	排名	分值	排名
政策公开、公平、公正	3.02	6	2.84	22	3.51	24	3.34	20
政策规章制度公开透明	3.36	3	2.94	28	3.61	25	3.65	28
行政执法公正	2.85	16	3.00	19	3.63	16	3.59	24
对不同企业一视同仁	2.86	13	2.59	20	3.41	19	3.35	26
地方保护					3.39	23	2.77	19
行政干预和政府廉洁效率	3.12	16	3.07	24	3.23	27	3.37	31
政府干预	3.68	17	3.24	24	3.76	9	3.18	31
与政府打交道占工作时间比例			3.79	6	1.98	28	3.31	27
审批手续简便易行	2.77	22	2.58	26	3.51	13	3.35	30
官员廉洁守法	2.77	19	2.71	26	3.68	10	3.65	27
企业经营的法治环境	3.06	20	3.02	25	3.85	13	3.69	30
司法公正和效率	2.73	22	2.73	27	3.76	4	3.71	28
企业合同正常履行	3.53	16	3.09	28	3.88	9	3.59	28
经营者财产和人身安全保障	3.42	12	3.35	26	4.10	19	3.88	25
知识产权、技术和品牌保护	3.21	14	3.50	7	3.66	27	3.59	30
企业的税费负担			2.86	9	3.88	3	3.33	25
法定税负			2.26	3	3.90	3	3.94	19
依法征税					3.98	4	4.13	8
税外收费			3.45	15	3.76	16		
社保缴费							2.82	20
其他缴费							2.41	29
金融服务和融资成本	2.78	17	2.79	29	2.72	28	3.81	2
银行贷款	2.75	15	2.39	27	3.37	21	3.47	17
其他融资	2.73	22	2.78	28	2.93	28	3.29	18
贷款利率					3.05	23	4.21	4
其他融资利率					1.54	29	4.25	2
人力资源供应	2.48	26	2.42	28	3.11	29	3.74	13
技术人员	2.39	26	2.33	28	3.12	26	3.75	7
管理人员	2.62	21	2.26	29	3.15	25	3.65	18
熟练工人	2.43	28	2.65	27	3.07	31	3.82	10

续表

指数	2010 年		2012 年		2016 年		2019 年	
	分值	排名	分值	排名	分值	排名	分值	排名
基础设施条件	2.85	29	3.12	24	3.69	25	3.84	19
电水气供应条件			4.09	7	3.78	29	3.82	28
铁路公路运输条件			2.71	27	3.83	18	3.88	19
其他基础设施条件			2.57	26	3.46	29	3.82	13
市场环境和中介服务	2.92	21	2.74	28	3.13	22	3.38	19
市场需求					3.22	20	3.29	26
过度竞争					3.17	15	3.35	10
中介组织服务	3.30	9	3.15	24	3.22	26	3.59	20
行业协会服务	2.68	24	2.68	24	2.90	25	3.29	19
总评	2.88	24	2.84	28	3.39	26	3.56	24

甘肃的企业经营环境，在 2010 年、2012 年、2016 年和 2019 年的全国排名依次为第 24 位、第 28 位、第 26 位和第 24 位，仍处于全国下游水平；历年得分依次为 2.88 分、2.84 分、3.39 分和 3.56 分，2016～2019年略有改善。

在企业经营环境的 8 个方面指数中，"金融服务和融资成本"、"人力资源供应"和"市场环境和中介服务"在 2016～2019 年评分改善最大，分别上升 1.09 分、0.62 分和 0.25 分，全国排名分别上升 26 位、16 位和 3 位，2019 年列第 2 位、第 13 位和第 19 位。"基础设施条件"和"行政干预和政府廉洁效率"评分也有改善，分别上升 0.15 分、0.14 分，前者排名上升 6 位至第 19 位，但后者排名下降 4 位至第 31 位，成为甘肃的短板。

"企业的税费负担"评分降幅最大，下降 0.55 分，排名也从第 3 位陡降至第 25 位。"政策公开、公平、公正"和"企业经营的法治环境"评分也分别下降 0.17 分、0.16 分，前者排名上升 4 位至第 20 位，后者排名大幅下降 17 位至第 30 位。

2019 年，"金融服务和融资成本"从甘肃的薄弱项转变为优势项，评分从 2.72 分大幅上升至 3.81 分，排名升至全国第 2 位。"行政干预和政府廉洁效率"、"企业经营的法治环境"和"企业的税费负担"是甘肃的薄弱环节，排名在第 31、第 30 和第 25 位，居全国下游水平。

政策公开、公平、公正

从 2016 年到 2019 年，甘肃的"政策公开、公平、公正"方面指数评分从 3.51 分降至 3.34 分，但排名从第 24 位升至第 20 位。该方面指数中，"地方保护"评分从 3.39 分下降至 2.77 分，是方面指数评分下降的主要原因。其他分项指数评分变动不大。从排名来看，仅"地方保护"分项排名有所上升，从第 23 位上升至第 19 位，其他三个分项指数虽然评分有升有降，但排名均出现下滑。其中，"政策规章制度公开透明"、"行政执法公正"和"对不同企业一视同仁"的排名分别从第 25、第 16、第 19 位降至第 28、第 24、第 26 位。

行政干预和政府廉洁效率

从 2016 年到 2019 年，甘肃的"行政干预和政府廉洁效率"评分从 3.23 分小幅升至 3.37 分，但排名由第 27 位落至第 31 位。分项指数中，仅"与政府打交道占工作时间比例"评分上升，排名从第 28 位略升至第 27 位，其他 3 个分项指数评分均出现不同程度下降。"政府干预"评分降幅最大，排名从第 9 位骤降至全国末位；"审批手续简便易行"和"官员廉洁守法"排名也分别从第 13 位和第 10 位下降至第 30 位和第 27 位。目前该方面指数居全国末位，是甘肃省的薄弱环节。

企业经营的法治环境

从 2016 年到 2019 年，甘肃的"企业经营的法治环境"评分从 3.85 分降至 3.69 分，排名由第 13 位陡降至第 30 位。分项指数中，"司法公正和效率"和"企业合同正常履行"从第 4 和第 9 位的上游水平均落至第 28 位；"经营者财产和人身安全保障"从第 19 位降至第 25 位；"知识产权、技术和品牌保护"评分小幅下降，排名从第 27 位降至第 30 位。总体看，法治环境 2019 年有所恶化，成为另一个薄弱环节，值得警惕。

企业的税费负担

从 2016 年到 2019 年，甘肃的"企业的税费负担"评分从 3.88 分降至 3.33 分，排名从第 3 位落至第 25 位，从领先位置下滑至全国下游水平。其中，"法定税负"从第 3 位降至第 19 位；"依法征税"评分由 3.98 分升至 4.13 分，但排名从第 4 位降至第 8 位。2019 年新修订的"社保缴费"和"其他缴费"两个分项指数，评分分别为 2.82 分和 2.41 分，排名分别为第 20 位和第 29 位，显示企业缴费负担偏重，成为企业经营环境的另一弱项。

金融服务和融资成本

从 2016 年到 2019 年，甘肃的"金融服务和融资成本"评分从 2.72 分显著上升至 3.81 分，排名从第 28 位跃至第 2 位。分项指数中，"银行贷款"评分上升，排名提升 4 位至第 17 位，"其他融资"评分上升幅度较大，排名从第 28 位的落后水平升至第 18 位，显示企业融资可得性有所改善；"贷款利率"和"其他融资利率"进步明显，分别以 4.21 分和 4.25 分排在第 4 位和第 2 位，显示企业融资成本下降，使该方面指数成为甘肃的一个优势项。

人力资源供应

从 2016 年到 2019 年，甘肃的"人力资源供应"评分从 3.11 分升至 3.74 分，排名则从第 29 位跃至第 13 位。3 个分项指数的评分和排名均出现改善，2019 年"技术人员"、"管理人员"和"熟练工人"排名分别提升 19 位、7 位、21 位至第 7 位、第 18 位和第 10 位。整体来看，2016 ~ 2019 年甘肃人力资源供应状况进步明显。

基础设施条件

从 2016 年到 2019 年，甘肃的"基础设施条件"评分从 3.69 分升至 3.84 分，排名由第 25 位升至第 19 位。分项指数中，"其他基础设施条件"评分从 3.46 分上升至 3.82 分，上升最显著，其他两个分项指数评分变动不大。从排名来看，"其他基础设施条件"排名由第 29 位跃至第 13

位，而"电水气供应条件"和"铁路公路运输条件"排名变动不大，2019 年分别为第 28 位和第 19 位。

市场环境和中介服务

从 2016 年到 2019 年，甘肃的"市场环境和中介服务"评分从 3.13 分升至 3.38 分，排名由第 22 位升至第 19 位。2019 年各分项指数评分均有程度不等的上升。从排名来看，"中介组织服务"和"行业协会服务"2019 年排名均上升 6 位，分别为第 20 位和第 19 位。"市场需求"和"过度竞争"2016 年排名为第 20 位和第 15 位，2019 年前者排名下降至第 26 位，后者排名上升至第 10 位。

宁夏

表 5 – 28 宁夏企业经营环境各方面指数、各分项指数的排名及分值

指数	2010 年		2012 年		2016 年		2019 年	
	分值	排名	分值	排名	分值	排名	分值	排名
政策公开、公平、公正	2.72	29	2.78	26	3.58	22	3.19	25
政策规章制度公开透明	3.04	24	3.00	23	3.59	26	3.68	25
行政执法公正	2.63	29	2.86	24	3.37	29	3.77	12
对不同企业一视同仁	2.50	29	2.48	27	3.30	27	3.18	31
地方保护					4.06	14	2.13	21
行政干预和政府廉洁效率	2.98	26	3.10	23	3.41	21	3.64	20
政府干预	3.57	22	3.21	27	3.74	11	3.55	25
与政府打交道占工作时间比例			3.36	22	2.87	24	3.62	21
审批手续简便易行	2.67	25	2.79	16	3.15	29	3.64	19
官员廉洁守法	2.39	29	2.62	28	3.89	3	3.77	17
企业经营的法治环境	2.90	28	3.02	26	3.80	22	3.74	26
司法公正和效率	2.52	29	2.66	29	3.52	22	3.68	29
企业合同正常履行	3.54	14	3.24	27	3.52	27	3.64	22
经营者财产和人身安全保障	3.17	27	3.55	14	4.26	8	3.95	21
知识产权、技术和品牌保护	3.14	25	3.32	23	3.89	10	3.70	29
企业的税费负担			2.73	19	3.73	5	3.50	6
法定税负			2.00	27	3.00	27	4.00	12
依法征税			3.89	8			4.05	22
税外收费			3.46	13	4.30	1		
社保缴费							2.95	10
其他缴费							3.00	5
金融服务和融资成本	3.02	5	3.45	1	3.33	17	3.58	17
银行贷款	3.13	3	3.03	3	3.33	23	3.45	18
其他融资	3.00	5	3.67	1	2.89	29	3.36	12
贷款利率					3.82	5	3.84	16
其他融资利率					3.28	14	3.67	23
人力资源供应	2.63	22	2.54	27	3.14	28	3.47	25
技术人员	2.54	20	2.41	27	3.07	27	3.09	29
管理人员	2.54	24	2.38	28	3.11	27	3.45	25
熟练工人	2.79	13	2.83	19	3.22	27	3.86	6

指数	2010 年		2012 年		2016 年		2019 年	
	分值	排名	分值	排名	分值	排名	分值	排名
基础设施条件	3.08	19	3.35	10	3.60	29	3.82	23
电水气供应条件			4.38	2	3.93	22	3.95	19
铁路公路运输条件			2.75	26	3.33	29	3.86	21
其他基础设施条件			2.93	12	3.56	27	3.64	23
市场环境和中介服务	2.76	28	2.79	25	3.29	12	3.38	20
市场需求					3.37	11	3.45	14
过度竞争					3.52	1	3.00	29
中介组织服务	3.00	28	3.14	25	3.26	24	3.64	17
行业协会服务	2.38	29	2.59	29	3.00	21	3.41	13
总评	2.86	26	2.98	23	3.48	22	3.54	25

　　宁夏的企业经营环境，在 2010 年、2012 年、2016 年和 2019 年的全国排名依次为第 26 位、第 23 位、第 22 位和第 25 位，改善不明显，历年得分依次为 2.86 分、2.98 分、3.48 分和 3.54 分。

　　2019 年与 2016 年比较，在企业经营环境的 8 个方面指数中，"人力资源供应"、"金融服务和融资成本"、"行政干预和政府廉洁效率"和"基础设施条件"评分均出现明显改善，升幅在 0.21 分至 0.33 分，全国排名分别上升 3 位、0 位、1 位和 6 位，至第 25 位、第 17 位、第 20 位和第 23 位。

　　"企业经营的法治环境"和"市场环境和中介服务"评分变化不大，排名分别下降 4 位、8 位，至第 26 位、第 20 位。

　　评分显著下降的方面指数有"政策公开、公平、公正"和"企业的税费负担"，分别下降 0.39 分、0.23 分，排名从第 22 位、第 5 位降至第 25 位、第 6 位。

　　2019 年，"企业的税费负担"仍然是宁夏的优势项，排名第 6 位。"金融服务和融资成本"排名为第 17 位。其他的 6 个方面指数排名均在第 20 位以后，尤其在政策公开公平公正和法治环境方面有较大改进空间。

政策公开、公平、公正

从2016年到2019年，宁夏的"政策公开、公平、公正"方面指数评分从3.58分降至3.19分，全国排名从第22位落至第25位，成为宁夏的一个薄弱环节。分项指数中，"行政执法公正"评分显著提高，2019年排名上升17位至第12位；"地方保护"评分大幅下降，排名从第14位下降到第21位。"政策规章制度公开透明"和"对不同企业一视同仁"评分一升一降，前者2019年排在第25位，后者排名下降4位至第31位。

行政干预和政府廉洁效率

从2016年到2019年，宁夏的"行政干预和政府廉洁效率"评分从3.41分升至3.64分，排名变动不大，为第20位。分项指数中，"政府干预"和"官员廉洁守法"评分分别下降0.19分和0.12分，排名均下降14位，分别列在第25位和第17位；"与政府打交道占工作时间比例"和"审批手续简便易行"评分显著提高，分别上升0.75分和0.49分，排名分别上升3位和10位至第21位和第19位。总体上，该方面指数仍有较大改进空间。

企业经营的法治环境

从2016年到2019年，宁夏的"企业经营的法治环境"评分从3.80分微降至3.74分，排名由第22位落至第26位，是宁夏的另一薄弱环节。分项指数中，"司法公正和效率"评分维持上升趋势，但排名从第22位落至第29位；"企业合同正常履行"评分小幅上升，排名上升5位至第22位；"经营者财产和人身安全保障"和"知识产权、技术和品牌保护"评分下滑，排名也分别从第8位和第10位落至第21、29位。整体上，企业经营的法治环境位于全国的下游水平，有较大提升空间。

企业的税费负担

从2016年到2019年，宁夏的"企业的税费负担"评分从3.73分降至3.50分，排名变动不大，为第6位。其中，"法定税负"提升了1分达到4.00分，排名从第27位跃至第12位；"依法征税"评分由3.89分升至 4.05 分，但改善幅度不及其他省份，排名从第 8 位跌至第 22 位。2019 年新修订的"社保缴费"和"其他缴费"两个分项指数，评分分别为 2.95 分和 3.00 分，排名分别为第 10 位和第 5 位，位于全国上游水平。总体看，企业的税费负担相对较轻，是宁夏企业经营环境的优势。

金融服务和融资成本

从 2016 年到 2019 年，宁夏的"金融服务和融资成本"评分从 3.33 分升至 3.58 分，排名维持在第 17 位。分项指数中，所有的分项指数评分均有幅度不等的上升。"银行贷款"和"其他融资"的排名分别由第 23 位、第 29 位的落后水平升至第 18 位和第 12 位的中游水平附近；"贷款利率"和"其他融资利率"2019 年评分有所上升，但改善幅度不及其他省份，排名下滑，分别从第 5 位和第 14 位下滑至第 16 位和第 23 位。

人力资源供应

从 2016 年到 2019 年，宁夏的"人力资源供应"评分从 3.14 分升至 3.47 分，排名从第 28 位小幅升至第 25 位。3 个分项指数的评分均有不同程度提高，其中"技术人员"和"管理人员"的排名变动不大，2016 年均排在第 27 位，2019 年排名分别为第 29 位和第 25 位；"熟练工人"评分显著上升，排名上升 21 位，跃至第 6 位。可见在此期间宁夏技术人员和管理人员仍较缺乏，而熟练工人供应情况有明显改善。

基础设施条件

从 2016 年到 2019 年，宁夏的"基础设施条件"评分从 3.60 分升至 3.82 分，排名由第 29 位升至第 23 位。其中，"电水气供应条件"由第 22 位升至第 19 位；"铁路公路运输条件"上升 8 位至第 21 位，改善幅度较大；"其他基础设施条件"从第 27 位升至第 23 位。总体上，宁夏的"基础设施条件"有改善，但仍居全国下游。

市场环境和中介服务

从 2016 年到 2019 年，宁夏的"市场环境和中介服务"评分从 3.29 分升至 3.38 分，但排名由第 12 位降至第 20 位。分项指数中，"中介组织服务"和"行业协会服务"的评分和排名均有所上升，前者排名从第24位上升至第17位，后者从第21位升至第13位，均有进步；"市场需求"评分变动不大，排名从第11位下滑至第14位，"过度竞争"评分从3.52分下降至3.00分，排名从第1位大幅下滑至第29位。可见企业受到过度竞争的困扰比较突出。

新疆

表5-29　新疆企业经营环境各方面指数、各分项指数的排名及分值

指数	2010年		2012年		2016年		2019年	
	分值	排名	分值	排名	分值	排名	分值	排名
政策公开、公平、公正	2.78	27	2.74	29	3.22	30	3.10	29
政策规章制度公开透明	2.97	27	3.10	19	3.31	31	3.59	30
行政执法公正	2.67	27	2.72	29	3.44	28	3.56	28
对不同企业一视同仁	2.72	24	2.38	29	3.31	26	3.48	22
地方保护					2.81	28	1.78	26
行政干预和政府廉洁效率	2.90	28	2.86	29	3.05	29	3.66	18
政府干预	3.21	29	3.18	28	3.38	29	3.63	16
与政府打交道占工作时间比例			3.03	29	1.85	29	3.80	9
审批手续简便易行	2.52	29	2.34	29	3.34	19	3.52	25
官员廉洁守法	2.52	26	2.66	27	3.63	15	3.70	22
企业经营的法治环境	2.92	27	3.00	28	3.53	30	3.85	18
司法公正和效率	2.62	28	2.74	26	3.28	31	3.85	21
企业合同正常履行	3.31	27	3.07	29	3.31	31	3.77	17
经营者财产和人身安全保障	3.15	28	3.30	28	3.91	28	3.81	29
知识产权、技术和品牌保护	3.20	15	3.41	12	3.63	28	3.96	12
企业的税费负担			2.61	27	3.49	24	3.43	20
法定税负			1.97	29	2.94	29	4.18	3
依法征税					3.53	29	4.12	12
税外收费			3.25	25	4.00	4		
社保缴费							2.85	19
其他缴费							2.56	26
金融服务和融资成本	2.48	29	2.84	28	3.03	24	3.33	30
银行贷款	2.47	28	2.62	20	3.69	6	3.41	20
其他融资	2.42	29	2.72	29	3.32	14	3.15	27
贷款利率					3.33	20	3.23	31
其他融资利率					1.80	26	3.52	29
人力资源供应	2.29	29	2.33	29	3.36	14	3.21	30
技术人员	2.34	28	2.27	29	3.63	3	2.93	30
管理人员	2.27	27	2.47	27	3.38	14	3.22	30
熟练工人	2.25	29	2.27	29	3.09	28	3.48	29

续表

指数	2010 年		2012 年		2016 年		2019 年	
	分值	排名	分值	排名	分值	排名	分值	排名
基础设施条件	3.03	22	3.03	27	3.61	28	3.62	29
电水气供应条件			3.70	25	3.94	20	3.89	23
铁路公路运输条件			2.63	28	3.31	30	3.59	28
其他基础设施条件			2.76	23	3.59	24	3.37	29
市场环境和中介服务	2.89	25	2.78	26	3.23	16	3.44	13
市场需求					3.19	24	3.37	21
过度竞争					3.25	11	3.41	4
中介组织服务	3.16	17	3.00	27	3.41	21	3.48	28
行业协会服务	2.61	27	2.86	9	3.09	17	3.48	8
总评	2.76	29	2.80	29	3.32	31	3.45	29

新疆的企业经营环境，在 2010 年、2012 年的全国排名均为第 29 位，2016 年落至第 31 位，2019 年回升至第 29 位；历年得分依次为 2.76 分、2.80 分、3.32 分和 3.45 分，虽评分不断上升，但改善幅度相对慢于多数省份。

2019 年与 2016 年比较，企业经营环境的 8 个方面指数，"行政干预和政府廉洁效率"、"企业经营的法治环境"和"市场环境和中介服务"评分和排名有明显提高，分别上升 0.61 分、0.31 分和 0.20 分，排名分别上升 11 位、12 位和 3 位，至第 18 位、第 18 位和第 13 位。"金融服务和融资成本"评分上升 0.29 分，但幅度不及其他省份，排名下降 6 位至第 30 位。

"政策公开、公平、公正"、"企业的税费负担"和"人力资源供应"评分都有下降，但前两者排名分别上升 1 位和 4 位，至第 29 位和第 20 位，"人力资源供应"排名从第 14 位降至第 30 位。"基础设施条件"评分基本不变，排名由第 28 位微降至第 29 位。

2019 年，"市场环境和中介服务"是新疆排名相对较高的方面指数，排名第 13 位；"行政干预和政府廉洁效率"、"企业经营的法治环境"和

"企业的税费负担"排名在第 18 ~ 20 位的中游偏下位置。相对弱项是"政策公开、公平、公正"、"金融服务和融资成本"、"人力资源供应"和"基础设施条件"，排名均在第 29 ~ 30 位。

政策公开、公平、公正

从 2016 年到 2019 年，新疆的"政策公开、公平、公正"方面指数评分从 3.22 分小幅降至 3.10 分，全国排名变动不大，列第 29 位，是新疆的一个弱项。各分项指数中，"政策规章制度公开透明"和"行政执法公正"评分有改善，排名变动不大，分别为第 30 位和第 28 位；"对不同企业一视同仁"评分和排名均有提高，排名从第 26 位升至第 22 位；"地方保护"评分下降幅度较大，影响了该方面指数的评分，但排名变动不大，为第 26 位。

行政干预和政府廉洁效率

从 2016 年到 2019 年，新疆的"行政干预和政府廉洁效率"评分从 3.05 分升至 3.66 分，排名从第 29 位升至第 18 位，改善显著。各分项指数评分都有提高。其中，"与政府打交道占工作时间比例"评分提升幅度最大，上升 1.95 分，排名上升 20 位至第 9 位；"政府干预"评分也有较大改善，上升 0.25 分，排名从第 29 位升至第 16 位；"审批手续简便易行"和"官员廉洁守法"评分也有改善，但幅度不及其他省份，排名分别下降 6 位和 7 位至第 25 位和第 22 位。总体上，新疆的"行政干预和政府廉洁效率"有显著进步，但仍有改进空间。

企业经营的法治环境

从 2016 年到 2019 年，新疆的"企业经营的法治环境"评分从 3.53 分上升到 3.85 分，排名由第 30 位跃至第 18 位。分项指数中，2019 年除"经营者财产和人身安全保障"评分和排名轻微下降外，其他分项指数评分和排名都有显著改善。其中，"司法公正和效率"和"企业合同正常履行"从第 31 位分别升至第 21 位、第 17 位；"知识产权、技术和品牌保护"从第 28 位大幅升至第 12 位。2019 年新疆的"企业经营的法治环境"

有明显改善。

企业的税费负担

从 2016 年到 2019 年，新疆的"企业的税费负担"评分变动不大，排名从第 24 位升至第 20 位。其中，"法定税负"2019 年评分为 4.18 分，排名从第 29 位跃至第 3 位，处于全国领先位置；"依法征税"评分由 3.53 分升至 4.12 分，排名也由第 29 位的较末位升至第 12 位的中游水平。2019 年新修订的"社保缴费"和"其他缴费"两个分项指数，评分分别为 2.85 分和 2.56 分，排名分别为第 19 位和第 26 位，位于全国中下游或下游。整体看，新疆企业税负明显减轻，但缴费负担还有较大改善空间。

金融服务和融资成本

从 2016 年到 2019 年，新疆的"金融服务和融资成本"评分从 3.03 分升至 3.33 分，但排名下降 6 位至第 30 位。其中，"银行贷款"、"其他融资"和"贷款利率"评分都有下降，排名分别从第 6 位、第 14 位和第 20 位下滑至第 20 位、第 27 位和第 31 位。"其他融资利率"评分显著提高，但排名从第 26 位下降至第 29 位。整体看，企业融资难和融资贵问题趋于严重，成为制约新疆企业经营环境的一个重要因素。

人力资源供应

从 2016 年到 2019 年，新疆的"人力资源供应"评分从 3.36 分降至 3.21 分，排名从第 14 位陡降至第 30 位。其中，"技术人员"评分和排名显著下滑，从 2016 年的第 3 位大幅下滑至 2019 年的第 30 位；"管理人员"从 2016 年第 14 位的中游水平落至 2019 年的第 30 位；"熟练工人"评分上升，但排名从第 28 位降至第 29 位。总体看，新疆"人力资源供应"出现短缺，以技术人员短缺最为突出。

基础设施条件

从 2016 年到 2019 年，新疆的"基础设施条件"评分和排名变动不大，以 3.62 分排在第 29 位。其中，"电水气供应条件"从第 20 位降至第 23 位；"铁路公路运输条件"有所改善，排名从第 30 位上升到第 28 位；

"其他基础设施条件"评分下降,排名从第 24 位降至第 29 位。基础设施条件一直是新疆的一个弱项。

市场环境和中介服务

从 2016 年到 2019 年,新疆的"市场环境和中介服务"评分从 3.23 分升至 3.44 分,排名由第 16 位升至第 13 位,是各方面指数中排名较高的方面。分项指数中,"中介组织服务"评分微升,但排名从第 21 位降至第 28 位;"行业协会服务"评分升幅较显著,排名从第 17 位升至第 8 位;"市场需求"和"过度竞争"评分分别由 3.19 分和 3.25 分上升到 3.37 分和 3.41 分,排名也从第 24 位和第 11 位升至第 21 位和第 4 位。

六
企业经营环境指数的构造和计算方法

　　企业经营环境指数由 8 个方面指数组成，每个方面指数反映企业经营环境某一特定方面。每个方面指数由三到四个分项指数组成。本报告中的方面指数与 2016 年报告相同，但在"企业的税费负担"方面指数中，用"社保缴费"和"其他缴费"两个分项指数代替了原来的"税外收费"分项指数。在本报告中，企业经营环境指数总共包括 30 个分项指数（或称基础指数）。

　　企业经营环境指数的基础数据全部来自对全国各地各类企业的问卷调查。本次调查的有效样本企业总数为 1891 户，调查于 2019 年开始，2020 年结束（在报告中统称为 2019 年数据）。样本企业的分布已经在前言中说明。本报告每一项基础指数来自企业问卷的一个问题，由样本企业经营者（企业董事长、总经理或 CEO）对当地某一特定领域企业经营环境的评价或提供的信息形成。各项评价由 5 个分值组成，由被调查者进行选择；在大部分指标中，5 代表"很好"，4 代表"较好"，3 代表"一般"，2 代表"较差"，1 代表"很差"。

　　上述选项根据某些问题的设置而有所改变。例如，"在当地找到需要的技术人员是否容易"这一问题，选项更替为 5 "容易"、4 "还好"、3 "不好说"、2 "较难"、1 "很难"。

　　按照上述评分方法，3 分是中性评价，评分 4 分或 5 分是比较正面的评价；反之，评分 1 分或 2 分是比较负面的评价。

有个别分项指数采用了客观数量指标。例如"社保缴费"和"其他缴费"，是分别按两项缴费占企业销售额的百分比（由被调查者估算）划分为5个区间，并以5~1的分值进行赋值。赋值规则的设定考虑了缴费比例与以往调查中被调查者对该问题主观评价的换算关系。具体划分见本报告第二部分第3节相关部分的具体说明。

又如企业负责人"与政府打交道占工作时间比例"，按被调查者估计的时间比例赋值为：10%以下为5分，25%及以上为1分，其余按相应比例在10%~25%区间内的分布赋值。

再如关于融资成本，对银行贷款利率的评分按以下标准：平均6%以下为5分，10%及以上为1分，其余按相应比例在6%~10%区间内的分布赋值；对其他渠道融资的评分按10%以下为5分，20%及以上为1分，其余按相应比例在10%~20%区间内的分布赋值。详见本报告第二部分第3节相关部分的具体说明。

在计算各省份的分项指数评分时，我们以每个省份所有有效样本对该问题评分的算术平均值作为该省份该分项指数的评分。有效样本是指剔除了该项信息缺失或评分异常的样本后的合格样本。

方面指数的评分方法，是按每个省份分项指数评分的算术平均值计算。总指数的评分方法，是按每个省份8个方面指数评分的算术平均值计算。全国（或分地区）总指数或全国某一方面指数的评分，是全国（或该地区）各省份总指数或某一方面指数评分的算术平均值。

由于各省份的人口规模和经济规模不同，企业数量也不同，使用分省份的算术平均得分来反映全国的企业经营环境未必十分准确。但无论是根据人口规模、经济规模、企业数量或其他因素进行加权，也都可能有顾此失彼、不尽合理之处。我们认为使用算术平均法计算是一个相对比较合理的方法。

表6-1列出了企业经营环境指数体系的具体构成，包括所使用的全部方面指数和分项指数（2019年）。

表 6-1 企业经营环境指数构成（2019年）

指数名称	指数类别
企业经营环境	总指数
1. 政策公开、公平、公正	方面指数
1.1 政策规章制度公开透明（政策公开透明）	分项指数
1.2 政策执行和行政执法公正（行政执法公正）	分项指数
1.3 对不同企业一视同仁	分项指数
1.4 对企业销售和其他经营活动的不合理地方保护（地方保护）	分项指数
2. 行政干预和政府廉洁效率	方面指数
2.1 政府在行政审批、行政执法、行业准入、投资和其他方面的过多干预（政府干预）	分项指数
2.2 与政府打交道占工作时间比例（与政府打交道时间比例）	分项指数
2.3 审批手续简便易行	分项指数
2.4 当地党政官员廉洁守法（官员廉洁守法）	分项指数
3. 企业经营的法治环境	方面指数
3.1 公检法机关公平有效执法保护企业合法权益（司法公正和效率）	分项指数
3.2 企业合同正常履行	分项指数
3.3 经营者财产和人身安全保障	分项指数
3.4 知识产权、技术和品牌保护（知识产权保护）	分项指数
4. 企业的税费负担	方面指数
4.1 法定税负的合理性（法定税负）	分项指数
4.2 政府依法征税（依法征税）	分项指数
4.3 社保缴费占销售额比例（社保缴费）	分项指数
4.4 其他缴费占销售额比例（其他缴费）	分项指数
5. 金融服务和融资成本	方面指数
5.1 获得银行贷款难易度（银行贷款）	分项指数
5.2 获得其他正规或民间渠道融资难易度（其他融资）	分项指数
5.3 银行贷款利率（贷款利率）	分项指数
5.4 其他融资利率	分项指数
6. 人力资源供应	方面指数
6.1 技术人员供应情况（技术人员）	分项指数
6.2 管理人员供应情况（管理人员）	分项指数
6.3 熟练工人供应情况（熟练工人）	分项指数
7. 基础设施条件	方面指数
7.1 电水气供应条件	分项指数
7.2 铁路公路运输条件	分项指数
7.3 其他基础设施条件	分项指数

续表

指数名称	指数类别
8. 市场环境和中介服务	方面指数
8.1 市场需求旺盛度（市场需求）	分项指数
8.2 过度竞争压力（过度竞争）	分项指数
8.3 中介组织服务条件（中介组织服务）	分项指数
8.4 行业协会服务条件（行业协会服务）	分项指数

图书在版编目（CIP）数据

中国分省企业经营环境指数 2020 年报告 / 王小鲁，
樊纲，胡李鹏著. -- 北京：社会科学文献出版社，
2020.12

（国民经济研究所系列丛书）

ISBN 978 - 7 - 5201 - 7689 - 7

Ⅰ.①中… Ⅱ.①王… ②樊… ③胡… Ⅲ.①企业管
理 - 研究报告 - 中国 - 2020 Ⅳ.①F279.23

中国版本图书馆 CIP 数据核字（2020）第 241841 号

国民经济研究所系列丛书

中国分省企业经营环境指数 2020 年报告

著　　者 / 王小鲁　樊　纲　胡李鹏

出 版 人 / 王利民
组稿编辑 / 恽　薇
责任编辑 / 颜林柯

出　　版 / 社会科学文献出版社·经济与管理分社（010）59367226
　　　　　地址：北京市北三环中路甲 29 号院华龙大厦　邮编：100029
　　　　　网址：www.ssap.com.cn
发　　行 / 市场营销中心（010）59367081　59367083
印　　装 / 三河市东方印刷有限公司

规　　格 / 开　本：787mm × 1092mm　1/16
　　　　　印　张：15.75　字　数：224 千字
版　　次 / 2020 年 12 月第 1 版　2020 年 12 月第 1 次印刷
书　　号 / ISBN 978 - 7 - 5201 - 7689 - 7
定　　价 / 89.00 元